핵심 개념을 깊이 있게,
삶과 연계한 배움의 과정을 소중히 여기는 수업

2022 개정 교육과정과
깊이 있는 수업

배움의 숲 나무학교

에듀니티

6 　**프롤로그** 2022 개정 교육과정의 4가지 키워드 _백순우

핵심 개념을 깊이 있게, 배움의 과정을 소중히
— 삶과 연계한 깊이 있는 수업 —

37 　**[영어]** Speak Up to Connect: 언어의 힘 _오서현
57 　**[국어]** 말과 글로 사랑을 가꾸는 시간, 사랑력 기르기 수업 _조혜진
77 　**[가정]** 주체적인 삶을 살아가기 위한 균형 잡힌 식사 구성 수업 _최은정
95 　**[도덕·윤리]** 삶의 지혜가 되는 철학 오디오북 제작 프로젝트 _정다정

모두가 주인공이 되는 교실
— 학습자 주도성과 능동적 수업 참여 —

117 　**[국어]** 영향을 주고받는 대화가 있는 국어 수업 _양철웅
143 　**[수학]** 실험을 통한 실생활 프로젝트 수학 수업 _김진권
165 　**[국어]** 도전! 스타트업 창업 수업 _신경훈
183 　**[역사]** 주도적 시민으로 거듭나기, 사회참여 정책 제안 수업 _이광현

3부

경계를 넘나드는 배움의 연결

- 교육과정 자율화와 진로연계교육 -

209	[도덕·윤리] 슬기로운 갈등 관리 프로젝트, 융합수업 _김선명
227	[국어] 지역 전문가와 함께하는 기후생태 정보 팩트체크 프로젝트 _박준일
249	[영어] '너'를 알고, '나'를 알면 보이는 우리의 길 _권은미
269	[아동생활지도] 미래 교사의 첫걸음! 아동의 생활 습관 형성을 위한 모의 수업 _조미경

4부

미래를 준비하는 슬기로운 교실

- 미래사회 대비를 위한 역량 함양 -

293	[과학] 지능정보기술을 활용한 물리학 실험 _강장현
313	[수학] 다 있는 수학 내용에 에듀테크 잘 뿌리기 _황윤상
331	[초등 실과] 지속가능성과 생태 감수성을 배우는 친환경 농업 프로젝트 _김준수
353	[사회] 생태 감수성을 지닌 세계시민으로 성장하는 지속가능한 발전 수업 _문진아

| 372 | 참고문헌 |

{ 프롤로그 }

2022 개정 교육과정의 4가지 키워드

백순우 * 온양여자고등학교

불확실성을 살아가는 교사의 마음

'교육과정 개정? 좋은 말은 다 넣는 거 아냐?'

교육과정이 개정되면 교사는 걱정이 앞선다. 교육과정이 개정되기까지 여러 주체가 논의에 참여하고 사회적 합의를 이뤄내는 모습은 물론 의미 있다. 더 나은 미래를 만들어 나가는 모습은 참 긍정적이다. 하지만 현실 속 교사는 무수히 많은 교육과정 개정의 배경을 이해하고 개정된 교육과정을 행정적으로 반영하며, 추구하고자 하는 인간상을 내면화한 후 교수·학습과 평가를 혁신해야 한다. 세세하게 용어는 변경되고 입시 제도도 개편되니 학생과 학부모들은 불안해한다. 교사가 여러 연수를 쫓아다니고 책과 보고서를 읽으며 열심히 공부하면 좋지만, 현실이 너무나 벅차 학교에서 드러나지 않게 당분간 적당히 숨어 지내기도 한다.

국가교육과정은 규범적이고 포괄적이고 추상적일 수밖에 없다. 당대 중요한 논의들, 더 나은 미래를 위한 방향들을 시의성 있게 담아내야 국가교육과정이라는 이름을 쓸 만할 것이다. 그래서 교육과정 개정과 관련된 논의나 연구자료를 읽을 땐 '그렇지, 그래야지'하고 되뇔 수밖에 없다. 그렇다면, 어디서부터 어떻게 바꿔나가야 할까?

교사는 학자들이 하는 것처럼 교육과 관련된 개념의 위계를 분석하고 정리할 필요는 없다. 대신 교육과정을 이해하고 현실에서 실현할 수 있는 영역들을 빠르게 찾아 현장에 적합한 형태로 재구성해야 한다. 다행히도, 이번 2022 개정 교육과정은 기존 2015 개정 교육과정의 흐름을 이어가면서 학교 현장의 여러 교사가 치열하게 추구하고자 노력한 영역들을 많이 담아낸 듯하다. 우리가 하는 고민을 새로운 교육과정에서 살펴볼 수 있다는 것은 기쁜 일이다.

이번 개정 교육과정은 미래 교육으로의 대전환을 추구하고 있다. 교육혁신이라는 표현은 사회 전반에서 너무나 많이 쓰여 진부하게 느껴지지만, 예측하기 어려운 변화 흐름에 대응할 교육혁신을 끌어내겠다는 교육계의 의지는 분명하게 느낄 수 있다. 그러면 교사는 당장 마주한 교실에서 무엇부터 해야 할까?

교과별로 학문을 가르치고 줄을 세워 선발한 지금까지 우리 교육의 한계는 너무나 많이 비판받아 왔다. 이를 극복하고자 지난 10여 년 동안 우리 교육은 혁신에 몰두했다. 학교를 혁신하고 공간을 혁신하고 교육과정과 내용을 혁신하고 있다. 이번 2022 개정 교육과정을 적용하면서는 미래 학생들이 의미 있는 삶을 살 수 있도록 어떻게 가르치고 평가해야 하는가에 대한 답에 초점을 맞춰 여러모로 새로운 시도를 해볼 필요가 있다.

'배움의 숲 나무학교'는 교실에서 시작하는 교육의 변화를 믿으며 지역에서부터, 내 교실 속 수업에서부터 실천하고자 모인 충청남도 지역 교사학습공동체이다. 우리 공동체 교사들은 '삶이 곧 앎이다'라는 관점을 바탕으로 모든 교사가 수업 전문가로서 올곧게 설 수 있기를 바라고 있다. 2016년도부터 교실 속 실천을 공유해 왔으며 여러 동료 교사가 새로운 도전의 기회를 가질 수 있도록 터를 마련하고자 분주히 달려왔다.

이번 2022 개정 교육과정의 키워드들은 배움의 숲 나무학교가 실천해 온 수업들과 맞닿아 있다. 배움의 숲 나무학교에서 활동하고 있는 여러 선생님은 학생들이 삶을 살아가는 힘을 기르고 서로 연대하고 포용할 줄 알며, 불확실한 미래에서도 주도적으로 살아갈 수 있도록 수업 실천을 이어왔다. 이 책은 배움의 숲 나무학교 운영팀인 작은숲 선생님들이 고민과 공동체의 수업 경험담을 어딘가에서 분투하고 있을 선생님과 공감하며 나누고자 용기를 낸 결과이다. 이 책에서 나누고자 하는 이야기는 교실 수업 사례를 자랑삼아 들려주는 것이 결코 아니라, 연대하고자 하는 어느 선생님의 고백이다.

많은 용기와 함께 긴 수업을 짧은 글로 표현하고자 고민하신 배움의 숲 나무학교 작은숲 모든 선생님께 감사를 드린다. 더불어 부족한 책이 세상에 나와 또 다른 소중한 선생님과 연결될 수 있도록 기회를 주신 에듀니티 대표님과 편집부에 감사의 인사를 전한다. 마지막으로 우리 아이들의 미래와 더 나은 교육을 위해 시간을 내서 이 책을 읽고 계신 소중한 선생님을 오늘도 진심으로, 진심으로 응원한다.

불확실성을 살아가는 교사의 마음

　A는 활발하게 활동하는 의료 코디네이터다. A가 다니는 회사는 주 2회만 출근을 하고 2회는 비대면 컨설팅 업무를 수행하고 있다. 회사에는 더 이상 종이를 쓰지 않는다. 환경 문제와 의료 글로벌화에 대한 범정부적인 노력에 발맞춰 모든 사무를 온라인화·국제표준화한 A의 회사는 의료 코디네이터 분야에서 가장 주목받는 유니콘 기업이 되었다. 비록 학창시절 성적은 낮았지만, 여러 스마트기기를 다루는 것을 즐기고 사람들과 대화하고 협력하는 것을 즐겼던 A는 현재 국내에서 의료 코디네이터 실적 최상위권을 유지하고 있다. 오늘도 전 세계에서 A와 함께 의료 서비스를 선택하고자 문의를 주는 고객 연락이 이어진다. 인종, 문화, 종교의 벽을 뛰어넘어 사람들과 소통하고 함께 고민하기를 즐기는 A는 생성형 인공지능보다 더 고객의 수요에 맞는 질 높은 서비스를 제공하는 것으로 소문이 자자하다. 한국 의료기기 분야의 기술력과 맞물려 A는 의료 코디네이터 분야에서 세계적으로 인기가 높다.

　B는 N잡러다. 직업 2개, 3개가 당연시되는 사회에서 자신이 가진 지식과 직업들을 연결하여 업무 시간에 구애 받지 않으며 소득을 창출한다. 특히 반려동물 미용 분야와 맞춤형 미용기기 생산, 온라인 마케팅 등 B는 미용·마케팅 분야에서 누구보다 자기 업무에 대한 주도성이 뛰어나 자신의 관심 분야가 서로 연결되고 시너지 효과를 낼 수 있도록 창의적으로 일한다. 고객들은 혁신적이고 독특한 매력이 있는 B의 상품을 앞다퉈 구매하고 B의 일상은 온라인에서 광고가 되어 관심을 가지는 것마다 사업 아이템이 된다. 특히 B가 학창시절부터 줄곧 참여하고 있는 기후 위기 대응, 생태계 보호를 위한 공정 무역 참여, 유기 동물 돌봄 프로젝트는 많은 공감대를 얻어 B가 소개하는 상품은 다른 상품들에 비해 가격이 높아도 언제나 더 잘 팔리는, 이른바 사람 자체를 믿고 사는 브랜드가 되었다.

2022 개정 교육과정이 들어오는 2025년, 비록 공부는 못하지만 착하고 배려심 많은 학생이 교실에 있다. 내 교과에서 조금 어려운 개념을 설명하면 곧잘 책상에 엎어지지만, 마음은 곱고 관심 있는 분야에는 꽤 열정도 있다. 이 학생이 자신의 강점을 잘 발휘하여 미래에도 자신의 삶을 잘 가꿀 수 있도록 돕고자 한다면, 우리는 수업 시간에 무엇을 가르쳐야 할까? 10년 뒤, 지금과 많이 다른 세상과 마주해서도 주도적으로 자신의 삶을 꾸려나가 주변 사람들과 좋은 관계를 맺고 스스로 행복한 삶을 꾸려나가며 함께하는 사람들에게 선한 영향력을 미치는 모습을 보고 싶다면, 교사로서 어떤 지원을 해야 할까? 앞으로 어떤 역량을 발휘할 수 있도록, 수업과 평가, 교육과정을 변화시켜야 할까?

코로나19로 혹독한 시기를 보낸 것도 잠시, 경제 위기, AI 혁신, 국제 사회의 갈등 등 2022 개정 교육과정이 논의된 시기에는 참 많은 일들이 일어났다. 복잡한 사회상과 다양성의 확대 흐름 속에서 폐쇄적인 문화, 편협한 인식, 혐오와 갈등은 오히려 세상에 더 늘어만 가는 듯하다. 이러한 흐름 속에서 협력, 존중, 공동체성 등을 학교에서 함양하는 일은 더욱 중요한 일이 되었다. 더불어 대한민국 교육은 절체절명의 인구 감소 위기를 맞이하였다. 모든 학습자를 소중하게 여기고 한 명 한 명이 모두 사회구성원으로 더불어 살아갈 수 있도록 돕는 맞춤형 교육은 더 절실해졌다. 이제 학교는 갇힌 섬이거나 국가의 기능적인 기관이 아닌, 여러 자원들을 연계하고 창의적으로 시도하며 역동성을 보여야 할 가능성의 공간이 되었다.

2022 개정 교육과정은 이렇게 불확실한 미래에 대처하고 세계적으로 새롭게 대두되고 있는 삶의 방식과 인간상을 반영하고자 국민과 함

께하는 미래형 교육과정으로 개정이 추진되었다. 2015 개정 교육과정이 현장에 안착했다고 보기 어려운 2021년에 개정이 시작된 것에는 코로나19로 대표되는 감염병의 위기, 인공지능의 발전, 기후 위기와 생태 환경 변화, 사회의 복잡성과 다양성 확대 등 불확실한 미래에 대한 위기의식이 중요하게 작용하였다.

  2022 개정 교육과정은 전체적인 기조와 틀에서 2015 개정 교육과정을 유지·계승하고 있다. 그러면서도 기존 연구·개발형 교육과정 개정 방식에 더해 토론, 포럼, 공청회, 설문조사 등 여러 주체의 의견을 수렴하기 위한 협의를 거쳤다. 이렇게 개정된 국가 교육과정에서, 교사가 가장 중요하게 여겨야 할 수업 개선을 위해, 가장 눈여겨봐야 할 논의들은 무엇이 있을까? 이미 마주한 2022 개정 교육과정에서 우리 수업에 담아야 할 4가지 핵심 주제들을 살펴보고자 한다.

> **핵심 1. 삶과 연계한 깊이 있는 수업**
> # 역량 향상은 어떻게 가능할까?

역량이라는 말이 이제는 꽤 익숙하지만, 여전히 교사들에게 역량을 가르친다는 것은 혼란스러운 일이다. 많은 교사는 역량을 어떻게 가르치라는 것인지, 이렇게 하는 것이 맞는지, 이렇게 해서 학습자와 학부모의 요구를 충족시킬 수 있는지 확신이 없다. OECD에서 실행한 DeSeCo 프로젝트(1997-2003)는 삶에서 만나는 다양한 문제들을 성공적으로 해결하는 능력으로 역량을 주목할 수 있게 하였지만, 과거처럼 지식을 가르치지는 않는 것 외에, 모든 교과에서 어떻게 역량을 함양할 수 있는지에 대해서 구체적으로 방법을 제시하지는 않았다. 이렇게 막연히 역량을 다루다 보면 교과 지식이 담기지 않은 활동만 하게 되거나 성장은 없는 분주한 과업만 나열되게 된다.

핵심역량 향상은 교육과정을 구성하는 교과에서 삶과 연계한 깊이 있는 학습 경험을 통해 가능하다고 한다. 깊이 있는 학습은 특정 교과의 틀에 얽매이지 않고 교과와 교과 간의 연계와 통합 속에서 더 잘 이루어지고 학생들의 삶과 잘 연계된 학습 맥락이 주어질 때 가능하다. 또한 학생들 스스로 자신의 학습 과정에 대해 돌아보고 성찰하는 과정이 필요하다.

이러한 핵심역량은 각 교과 고유의 내용 특성에 따라 교과 역량으로 구체화되고 이것이 교육과정상의 성취기준으로 더욱 구체화되어 교수·학습과 평가의 준거가 된다. 역량은 선천적인 것이 아니며, 잘 짜인 학습을 통해 성장할 수 있고 구체적인 상황과 맥락 속에서 학생이 성공적인 수행을 해낼 수 있도록 한다. 또한 역량은 지식과 기능, 태도와 동기 등 인지적·정의적 특성들이 연결되고 종합적으로 가동하여 학습자가 무언가를 수행할 수 있도록 한다.

역량을 중요하게 다룬다는 관점이 익숙하지 않기에 종종 오해도 생긴다. 역량 향상을 지향하는 수업은 지식을 결코 가르치지 않는 것인가? 이는 역량 개념을 무언가 쌓아야 할 내용으로 인식할 때 발생할 수 있는 오류일 것이다. 역량 함양을 중시하는 관점은 '무엇을 아는가?'를 소홀히 하지 않는다. 하지만 아는 것만을 핵심으로 여기는 것도 아니다. 역량 중심 교육과정에서는 학습자가 '무엇을 할 수 있는가?'라는 수행이 핵심이다. 역량을 중요시하는 교육 현장에서는 삶을 살아가며 얻게 되는 능력, 가지고 있는 자원, 상황 맥락을 동원하고 사용할 수 있도록 지원한다. 학습자가 삶에 직면한 문제를 해결할 수 있도록 학습에 참여시키고 알아야 할 것들을 스스로 학습하도록 지속적으로 돕고 격려하는 것이 역량을 함양하는 수업이다.

그렇다면, 2022 개정 교육과정에서의 역량은 2015 개정 교육과정에서의 역량과 무엇이 다를까? 2015 개정 교육과정은 지식 위주의 암기식 교육을 벗어나고자 역량 개념을 교육과정에서 구체적으로 제시하여 인문·사회·과학기술에 대한 기초소양 함양 중심의 통합교육 기반을 마련하고자 하였다. 지식 습득 방식의 교육에서 통합과 융합을 중시하고 무엇을 할 수 있는가에 초점을 두는 교육으로 나아가는 계기를 마련했다. 단, 가론에서 역량 중심 교육과정을 구체적으로 제시하지 않아 교과별 특성을 역량과 함께 충분히 다루지는 않고 있다.

이와 달리 2022 개정 교육과정은 급변하는 교육 환경 변화 흐름 속에서 역량 강화와 기초소양 함양을 언급하며 학습자 개별 성장과 맞춤형 교육을 구현하고자 한다. 예측할 수 없는 변화 속에서 학생들이 주도성을 바탕으로 자신의 삶을 개척할 수 있도록 수행에 동력을 제공하면서 한편으로는 배려와 책임을 강조하여 민주시민 의식을 길러 삶과 사회의 주체로 설 수 있도록 지향점이 전환되었다. 이러한 맥락은 교육과정에서 제시하는 6가지 핵심역량에서도 찾아볼 수 있다.

2015 개정 교육과정 핵심역량

역량	역량의 의미
자기관리 역량	자아정체성과 자신감을 가지고 자신의 삶과 진로에 필요한 기초 능력과 자질을 갖추어 자기주도적으로 살아갈 수 있는 역량
지식정보처리 역량	문제를 합리적으로 해결하기 위하여 다양한 영역의 지식과 정보를 처리하고 활용할 수 있는 역량
창의적 사고 역량	폭넓은 기초 지식을 바탕으로 다양한 전문 분야의 지식, 기술, 경험을 융합적으로 활용하여 새로운 것을 창출하는 역량
심미적 감성 역량	인간에 대한 공감적 이해와 문화적 감수성을 바탕으로 삶의 의미와 가치를 발견하고 향유하는 역량
의사소통 역량	다양한 상황에서 자신의 생각과 감정을 효과적으로 표현하고 다른 사람의 의견을 경청하며 존중하는 역량
공동체 역량	지역·국가·세계 공동체의 구성원에게 요구되는 가치와 태도를 가지고 공동체 발전에 적극적으로 참여하는 역량

출처:「교육부 고시 제2015-80호 초·중등학교 교육과정 총론」, 교육부. 2016

2022 개정 교육과정 핵심역량

역량	역량의 의미
자기관리 역량	자아정체성과 자신감을 가지고 자신의 삶과 진로를 스스로 설계하며 이에 필요한 기초 능력과 자질을 갖추어 자기주도적으로 살아갈 수 있는 역량
지식정보처리 역량	문제를 합리적으로 해결하기 위하여 다양한 영역의 지식과 정보를 깊이 있게 이해하고 비판적으로 탐구하며 활용할 수 있는 역량
창의적 사고 역량	폭넓은 기초 지식을 바탕으로 다양한 전문 분야의 지식, 기술, 경험을 융합적으로 활용하여 새로운 것을 창출하는 역량
심미적 감성 역량	인간에 대한 공감적 이해와 문화적 감수성을 바탕으로 삶의 의미와 가치를 성찰하고 향유하는 역량
협력적 소통 역량	다른 사람의 관점을 존중하고 경청하는 가운데 자신의 생각과 감정을 효과적으로 표현하며 상호협력적인 관계에서 공동의 목적을 구현하는 역량
공동체 역량	지역·국가·세계 공동체의 구성원에게 요구되는 개방적·포용적 가치와 태도로 지속 가능한 인류 공동체 발전에 적극적이고 책임감 있게 참여하는

출처: 「교육부 고시 제2022-33호 초·중등학교 교육과정 총론」. 교육부. 2022

    2015 개정 교육과정은 6대 핵심역량으로 자기관리 역량, 지식정보처리 역량, 창의적 사고 역량, 심미적 감성 역량, 의사소통 역량, 공동체 역량을 제시하였다. 이는 OECD Education 2030 프로젝트에서 미래사회 역량으로 제시하는 창의성, 문제해결력, 협동 및 공감능력, 비판적 사고력, 심미적 감성, 공동체 의식을 우리 교육과정에 맞게 반영한 것인데, 2022 개정 교육과정에서는 의사소통 역량을 협력적 소통 역량으로 변경하였다. 이는 의사소통을 넘어 협력을 통해 문제를 해결하고 목표를 달성할 수 있도록 방향을 제시하였다고 볼 수 있다.

2022 개정 교육과정의 내용체계는 역량을 향상시킬 수 있는 수업을 위해 서술 방식을 변경하였다. 핵심 개념과 일반화된 지식, 내용요소와 기능으로 나뉘어졌던 2015 개정 교육과정과 달리 핵심 아이디어와 범주로서 지식·이해, 과정·기능, 가치·태도를 도입하고 있다.

[표 1] 2015 개정 교육과정 국어과 초등학교 쓰기 내용체계 예시

핵심 개념	일반화된 지식	학년(군)별 내용 요소 초등학교			기능
		1~2학년	3~4학년	5~6학년	
쓰기의 본질	쓰기는 쓰기 과정에서의 문제를 해결하며 의미를 구성하고 사회적으로 소통하는 행위이다.			· 의미 구성 과정	· 맥락 이해하기 · 독자 분석하기 · 아이디어 생산하기 · 글 구성하기 · 자료·매체 활용하기 · 표현하기 · 고쳐쓰기 · 독자와 교류하기 · 점검·조정하기
목적에 따른 글의 유형 - 정보 전달 - 설득 - 친교·정서 표현 쓰기와 매체	의사소통의 목적, 매체 등에 따라 다양한 글 유형이 있으며, 유형에 따라 쓰기의 초점과 방법이 다르다.	· 주변 소재에 대한 글 · 겪은 일을 표현하는 글	· 의견을 표현하는 글 · 마음을 표현하는 글	· 설명하는 글 [목적과 대상, 형식과 자료] · 주장하는 글 [적절한 근거와 표현] · 체험에 대한 감상을 표현한 글	

출처: 「교육부 고시 제2015-74호 국어과 교육과정」 교육부. 2016

[표 2] 2022 개정 교육과정 국어과 초등학교 쓰기 내용체계 예시

핵심 아이디어	• 쓰기는 언어를 비롯한 다양한 기호나 매체를 활용하여 인간의 생각과 감정을 글로 표현함으로써 의미를 구성하는 행위이다. • 필자는 상황 맥락 및 사회·문화적 맥락 속에서 자신의 의사소통 목적을 달성하기 위하여 다양한 유형의 글을 쓴다. • 필자는 쓰기 과정에서 부딪히는 문제를 해결하기 위하여 적절한 쓰기 전략을 사용하여 글을 쓴다. • 필자는 쓰기 경험을 통해 언어 공동체의 구성원으로 성장하고, 쓰기 윤리를 갖추어 독자와 소통함으로써 바람직한 의사소통 문화를 만들어 간다.		

범주		내용 요소		
		초등학교		
		1~2학년	3~4학년	5~6학년
지식·이해	쓰기 맥락		• 상황 맥락	• 상황 맥락 • 사회·문화적 맥락
	글의 유형	• 주변 소재에 대해 소개하는 글 • 겪은 일을 표현하는 글	• 절차와 결과를 보고하는 글 • 이유를 들어 의견을 제시하는 글 • 독자에게 마음을 전하는 글	• 대상의 특성이 나타나게 설명하는 글 • 적절한 근거를 들어 주장하는 글 • 체험에 대한 감상을 나타내는 글
과정·기능	쓰기의 기초	• 글자 쓰기 • 단어 쓰기 • 문장 쓰기	• 문단 쓰기	
	계획하기		• 목적, 주제 고려하기	• 독자, 매체 고려하기
	내용 생성하기	• 일상을 소재로 내용 생성하기	• 목적, 주제에 따라 내용 생성하기	• 독자, 매체를 고려하여 내용 생성하기
	내용 조직하기		• 절차와 결과에 따라 내용 조직하기	• 통일성을 고려하여 내용 조직하기
	표현하기	• 자유롭게 표현하기	• 정확하게 표현하기	• 독자를 고려하여 표현하기
	고쳐쓰기		• 문장, 문단 수준에서 고쳐쓰기	• 글 수준에서 고쳐쓰기
	공유하기	• 쓴 글을 함께 읽고 반응하기		
	점검과 조정		• 쓰기 과정과 전략에 대해 점검·조정하기	
가치·태도		• 쓰기에 대한 흥미	• 쓰기 효능감	• 쓰기에 적극적 참여 • 쓰기 윤리 준수

출처: 「교육부 고시 제2022-33호 국어과 교육과정」, 교육부, 2022

2015 개정 교육과정과 2022 개정 교육과정에서 사용하고 있는 여러 용어는 개념 기반 교육과정과 관련이 있다. 개념 기반 교육과정에서는 역량 함양을 가능하게 하는 이해를 강조한다. 2022 개정 교육과정에서는 '핵심 개념'을 '핵심 아이디어'로 구체화하여 나타내고 있는데, 핵심 아이디어를 이해한다는 것은 개념적 이해에 도달한다는 것을 말한다.

개념적 이해에 도달한 학습자는 지식을 단순히 정보로 남기는 것이 아니라 다양한 맥락에서 다른 범주, 상황과 연결지어 가치 있는 무언가를 구성해 나갈 수 있다. 기존 지식, 기능 습득 중심의 수업에서 역량을 함양하는 수업으로 나아간다면, 학습자는 개념적 이해를 바탕으로 여러 실제적인 맥락 속에서 지식을 통합적으로 다뤄 삶 속에서 만나는 과제를 해결해 나갈 수 있게 된다. 교실에서는 학생이 삶 속에서 무엇을 할 수 있고 어떤 삶을 만들어 나갈 수 있는지에 주목할 수 있을 것이다.

> **핵심 2. 학습자 주도성(Student agency)**
> **교실 주인공으로 우뚝 서는 학습자를 만나고 싶다!**

2015 개정 교육과정의 인간상은 '지식정보사회가 요구하는 창의융합형 인간'이다. 그리고 2022 개정 교육과정은 '포용성과 창의성을 갖춘 주도적인 사람'을 길러내고자 인간상을 설정하였다. 2022 개정 교육과정에서는 이전 교육과정과 달리 두드러지게 살펴볼 수 있는 키워드가 있다. 바로 주도적인 사람, 즉 학습자 주도성이다. 2022 개정 교육과

정은 맞춤형 교육과 함께 고교학점제를 중심으로 하는 선택형 교육과정을 제시하고 있다. 학습에서 주도적으로 참여하고 실천할 존재로 학생을 강조하며, 학습에 대한 성찰과 책임을 강조한다.

주도성은 영어의 'agency'를 번역하여 사용하는 용어이다. 'agency'는 주체성, 행위자성 등으로 번역되기도 하는데, OECD Education 2030 프로젝트의 핵심 개념어이기에 2022 개정 교육과정에도 중요하게 반영되어 있다. 학습자는 자신의 삶을 더 잘 살아 나가는 데 필요한 역량을 함양하고, 어떤 목적을 위하여 능동적으로 결정하기도 하는 존재이다. 하지만 학생들은 교실 속 수업에서 수동적이고 때로는 강압적으로 학습을 이어나가고 있다. 학생들이 미래 사회를 살아갈 수 있도록 하는 수업을 위해, 학습자 주도성을 중요시하는 것은 가장 시급한 일이다.

OECD에서는 여러 연구를 지속하고 종합하여 2019년 5월, 학습나침반을 제시한다. 이 학습나침반은 학습자가 자신의 방식으로 환경을 개척하고 목표를 향해 나아가도록 하는 메시지가 담겨있다. 왼쪽 아래 학생의 말풍선에는 'Student agency'라는 글귀가 있다. 학습자는 더 잘 살고 더 풍요로운 사회를 만드는 변혁의 주체로서 목표를 정하고 실천하고 책임을 지는 능동적인 존재로 표현되었다.

학습자 주도성을 지닌 학습자는 자신의 삶을 위해 열정적인 학습을 해나갈 수 있다. 그리고 주도성은 자신의 삶만을 위해 발휘하지 않고 세상을 향해 발휘한다. 주도성을 지닌다는 것은, 나와 나를 둘러싼 환경, 공동체, 사회, 세계에 선한 영향을 주는 것까지 포함한다. 학습자 주도성은 단순히 나의 삶과 나의 목표를 위해 실천하는 개인이 아니라, 내가 공동체에 영향을 미칠 것을 알고 연대하여 책임감을 가지고 지속적으로 실천하는 민주시민으로서의 삶을 포함한다. 그리고 학습자 주도성에는 언제나 동행해야 하는 사람들이 있다. 동료, 교사, 가족 등 함께하는 구성원들은 공동 주체로서 주도성을 발휘하게 된다. 내가 속한 집단의 구성원 서로는 서로에게 영향을 미치고 모든 것은 연결되어 모든 장소가 학습의 터가 되고 모두가 모두에게 책임감을 발휘하는 공동체적인 삶의 방식이 학습자 주도성 개념에 담겨있다.

[그림 1] OECD Education 학습나침반

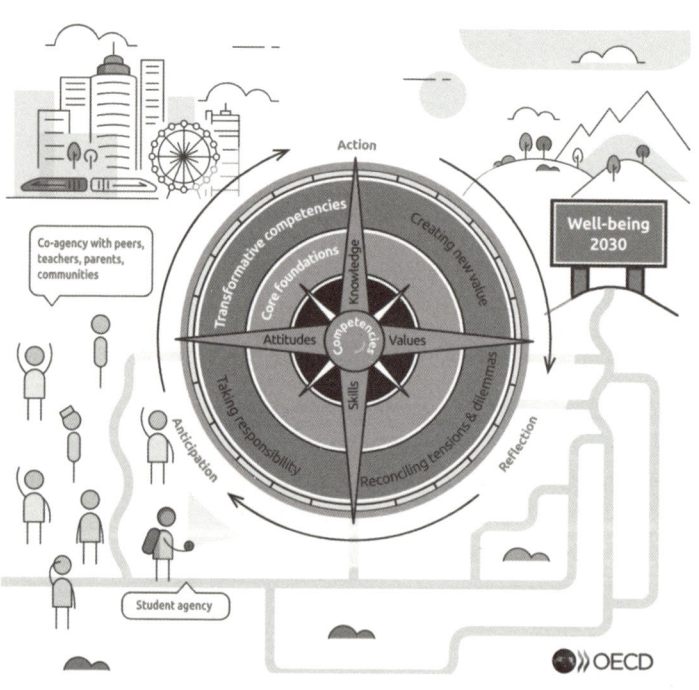

출처: 「OECD Future of education and skills 2030 conceptual learning framework: A series of concept notes」, OECD. 2019.

2022년 유네스코 국제미래교육위원회가 발간한 보고서는 '정의롭지 못한 부분을 바로잡고 미래를 바꿔 놓을 교육을 위한 새로운 사회계약'의 필요성을 언급하고 있다. 우리는 여전히 교실에서 서로를 이해하고 포용하는 데 어려움을 겪고 있다. 학습자 주도성이 실현되어 정상적인 궤도에 오른다면, 학생들은 혐오와 갈등의 목소리를 멈추고 교실 속 책임을 지는 주체로 우뚝 설 수 있을 것이다. 이를 위해 학생의 개별적인 특성, 개개인의 목적과 지향성, 삶의 궤적과 학습 경험, 처한 상황, 교실 문화 등 많은 부분을 교사가 섬세하게 지원하고 수업에서 다룰 필요가 있다.

학습자 주도성에 주목하는 수업은 어떤 모습일까? 아마, 지식의 양보다는 역량의 질에 주목하고, 진도를 나가는 것보다는 학습자의 시도와 성장을 발현시키는 수업이 학습자 주도성을 실현시키는 좋은 수업이라고 불릴 것이다. 교실은 사회를 긍정적으로 변화시키거나 공적 책임감을 인식할 수 있는 공간이 될 것이고 학교는 학습자가 현실의 문제에 주도적으로 참여하도록 기회를 얻는 장소가 될 것이다. 그리고 학생들의 주도성을 자극하고 추동하는 과제를 잘 제시하여 긴 호흡의 융합적인 수업을 만들어내는 것이 좋은 수업을 위한 교사의 전문성으로 인식될 수 있을 것이다.

또한, 목표에 따라 자원을 관리하고 과제를 체계적으로 잘 수행해나가는 주도성뿐만 아니라, 책임 있게 행동하고 학교공동체 구성원의 삶을 성찰하며 다른 구성원과 사회에 선한 영향력을 미치는 모습이 중요한 평가 장면이 될 것이다. 수업에서 학생 스스로 창의력을 발휘하여 자신이 과제를 해결해 나가는 장면은 이제 많이 찾아볼 수 있다. 하지만 학습자의 욕망을 공적 영역으로 확장하도록 과제를 제시하고 어떻게 사회적 실천을 담아서 과제를 성취하는지 살펴보는 것은 여전히 어려운 일이다. 앞으로 이러한 장면을 의미 있게 실현시키는 것이 학교에서 중요한 과제로 여겨질 것이다.

최근 과도한 민원과 교육활동 침해로 인해 교육계에도 적당히 타협하며 가치 판단이 담긴 일들에는 손을 대지 않으려는 분위기가 있다. 이 과정에서 주도성 개념이 오해를 받아 학습자에게 모든 학습 책임을 전가하고 학습 결과에 대해서 교사는 책임이 없다는 인식을 가진 소수의 사람들이 목소리를 높이기도 한다. 나아가 학습 결과를 오롯이 가정이나 지능의 탓으로 돌리며 학교 무용론을 언급하는 사람들도 심심치 않게 만날 수 있다.

2022 개정 교육과정에서 주도성 개념을 제대로 이해한다면, 학습자 주도성과 교사 주도성이 '제로섬 게임 Zero-Sum Game'의 관계가 아니라 시너지를 일으켜야 하는 관계라는 것을 알 수 있다. 학습자 주도성을 발현하기 위해서는 교사와 학생의 관계를 기존의 수직적 관계에서 수평적 관계에서 바라볼 필요가 있다. 교사 역시 수업에서 자신을 또 한 명의 학습자로 인식하며 세계와의 관계 속에서 자신의 욕망을 공적 영역으로 확장해나가는 주체가 되어야 한다. 학교가 공적 책임과 연대감을 확산하는 공간으로 여겨질 때, 학교공동체는 학생의 배움에 더 적극적이고 치밀하게 개입하여 협력적 주도성 Co-Agency을 발휘할 수 있다. 구성원 모두가 주도성을 발휘할 때, 학습자는 세계를 살아가는 주체로 우뚝 설 것이다.

> **핵심 3. 교육과정 자율화와 진로연계교육**
> # 유연하고 다채로운 수업 실현!

 우리나라 교육과정은 국가가 주도하는 교육과정에서 여러 주체들의 다양한 관점과 의견을 반영하는 교육과정이 되도록 지속적으로 개선을 거듭하였다. 과거 권위주의 시대 교육을 생각하면, 현재 교육과정은 학교와 교사에게 많은 부분 책임이 이양되어 있다. 하지만 교사 교육과정 개념 정립과 현장의 실천, 평가까지 이어질 수 있는 정책적 지원은 갈 길이 멀다. 학교 교육과정 자율화 또한 자유학기제와 고교학점제의 시행 아래 여러 영역에서 가능성이 열리고 있지만 현실적인 문제들로 인해 어려움이 상당하다.

 2022 개정 교육과정은 교사 권한 확대 필요성에 대한 논의와 흐름을 함께하며 교육과정의 자율화와 분권화를 중요한 의제로 제시하고 있다. 초등학교, 중학교에 신설되는 학교자율시간, 고등학교를 여러 의미에서 엄청나게 바꿔 놓고 있는 고교학점제 적용 등으로 우리나라 교육에서의 자율화와 분권화 흐름은 더욱 가속화하고 있다.

 2022 개정 교육과정을 통해 초등학교와 중학교는 학교자율시간을 확보하였다. 학교자율시간은 학교가 교육과정을 자유롭게 설계하고 운영할 수 있는 시간이다. 연간 34주 기준으로 학기별 1주를 학교자율시간으로 확보하여 운영하게 되는데, 학교가 각 학교에 적합한 교육을 설계하여 운영할 수 있게 된다. 또한 중학교는 고등학교 진학을 앞두고 고

등학교에서 교과별로 배울 학습 내용과 진로 및 이수 경로 등을 학습할 수 있도록 진로연계교육을 도입하게 된다. 진로연계교육은 자유학기와 연계하여 운영이 가능하다.

　고등학교는 학기 단위로 과목 이수와 학점 취득을 완결할 수 있도록 재구조화하였다. 학기 단위로 모든 과목이 운영되며 학점을 일부 조정하고, 선택과목의 증감 범위도 개선하여 학생이 진로에 적합한 과목을 이수할 수 있도록 하였다. 학습자의 진로와 적성을 고려하여 실제적 역량을 기를 수 있게 일반선택과목과 진로선택과목, 융합선택과목을 신설하고 재구조화하였다. 공통과목은 기초소양과 기본학력 함양, 학문의 기본 이해에 관한 내용을 다루는 과목으로 구성하고, 일반선택과목은 교과별 학문 영역 내의 주요 학습 내용을 이해하고 탐구하도록 하는 과목으로 구성하였다. 진로선택과목은 교과별 심화 학습과 진로 관련 과목으로 구성하였으며, 새로 도입한 융합선택과목은 교과 내 및 교과 간 주제 융합 과목, 실생활 체험 및 응용을 위한 과목으로 구성하였다. 특수목적고에서 개설되었던 전문교과 I 과목은 일반고 학생들도 진로와 적성에 따라 선택할 수 있게 보통교과로 통합하였고 특성화고 교육과정은 전문 공통과목을 확대하고 전공 일반, 전공 실무 과목으로 재구조화하였다.

　이렇게 교육과정을 국가 수준에서 운영하는 것이 아닌, 지역과 학교 수준에서 편성하고 운영할 수 있도록 한 것에는 교육과정의 지역화와 교사 교육과정 편성과 운영, 자율권 확대라는 큰 흐름이 있다. 이제 학교는 지역사회와 연대하고 협력하여 새로운 시도를 할 수 있다. 2000년대 후반 시작된 혁신학교를 중심으로 지역사회와 함께 호흡하며 교육과정을 운영한 성공적인 사례들이 많이 나타났다. 시·도 교육청과 학교는 여러 교육 주체와의 협업이 중요한 시도임을 인식하고 새로운 공간을 창출하고자 노력하고 있다. 이제 지역사회, 교육공동체 사이의 상호 협조 체제를 마련하는 것은 학교가 손을 내밀면 어렵지 않게 이룰 수 있는 일이 되었다. 궁극적으로는, 교사가 창의적이고 학생의 성장을 맞춤형으로 돕는 교사 교육과정을 개발하여 각 학교의 특색에 맞게 운영하는 것이 필요하다.

하지만 학교 현장에서는 회의적인 반응이 여전하다. 자율성의 한계와 형식적인 운영, 업무 과다로 인한 부정적인 인식 등이 다수 있다. 학습자 한 명 한 명을 소중하게 여기는 교육의 방향에 맞게, 여러 교육적 자원들을 연계하여 새로운 시도를 하는 것은 이상적이나, 현실적으로 교사 한 명이 해내기에는 너무나 벅찬 업무가 문제다. 초등학교와 중학교에서 학교자율시간을 운영하기 위해서는 시간과 공간, 내용, 방법, 교재 선정, 교사 협의 등 엄청난 업무 부담을 감당해야 한다. 고등학교는 고교학점제로 인해 이미 큰 어려움을 겪고 있다. 진로에 적합한 다양한 과목을 선택·이수하게 지원하는 고교학점제의 도입은 학습자 주도성과 책무성을 바탕으로 개별화 교육, 진로연계교육, 교육과정의 자율화와 지역사회 연계까지 다양한 시도를 할 수 있다고 문서상으로 찾아볼 수 있지만, 그만큼 학교 현장의 변화는 다양하게 교사의 업무 에너지를 뺏어 가 교육 내실화에 부정적인 영향도 주고 있다.

수업을 실질적으로 바꿀 수 있는 교사 교육과정 개념은 아직도 명료하지 않다. 국가 교육과정은 여전히 학교에서 유지되고 있다. 그러나 여러 지역 교육청 차원에서는 교사교육과정 개념을 명시적으로 사용하고 문서화하여 교사교육과정 실현을 지원하고 있으며, 많은 교사는 교사가 국가수준교육과정을 단순히 실행하는 도구가 되지 않기 위해 스스로 교육과정을 개발하고 교육과정의 중심이 되어 학생들과 교육내용을 구성하고 있다. 이렇게 교사의 교육과정에 대한 통제권과 실천력을 키워나가는 것이 교육의 질을 향상시키는 방향이다.

2022 개정 교육과정에 따라 교과 수업 횟수는 감축된다. 하지만 현행 수업일수는 190일 이상으로 유지된다. 따라서 학교는 시험이 끝난 후, 입시가 끝난 시점, 창의적인 활동이 필요한 시기 등을 학교 특성에 맞게 조율하여 다채로운 교육활동을 마련할 기회를 얻었다. 중학교의 경우 자유학년제와 자유학기제를 운영하였고 고등학교의 경우 1학점 수업량을 50분 기준 16회로 전환한 후 16+1 교육과정을 운영한 바 있다. 이를 통해 프로젝트, 보충수업형, 동아리형, 과제탐구형, 학습몰입형, 진로집중형, 교과융합형, 창의적 체험활동 연계형 등 다양한 프로그램을 운영하고 학교만의 필요와 역량에 따라 자율 교육과정을 꾸려나가고 있다.

학교가 학교의 특성에 맞게 꾸린 교육과정에는 학생의 자발성과 자율성, 개별화 교육과 실생활 연계 과제가 담기게 될 것이다. 또한, 학교는 학교 밖 여러 학습 자원을 탐색하고 활용하여 더 이상 고립된 섬처럼 존재하는 학교가 아니라 지역과 함께 호흡하는 교육과정을 운영할 수 있다. 물론, 교사의 업무량이나 외부 민원에 대한 우려가 있으나 교육공동체의 소통 과정과 자율성을 기반으로 하는 민주적인 교육과정 운영 노하우가 쌓인다면 창의적인 교육과정을 만들어나갈 수 있을 것이다.

앞으로는 연간 교육과정을 넘어서 지역과 연계한 교육과정이 환류 과정을 거쳐 교사와 학교의 지식으로 축적되고 학교의 교육력으로 발휘될 수 있는가가 학교의 중요한 역량으로 다뤄질 것이다. 또한 교과별로 분절된 평가가 아닌, 학교의 가치와 특성을 반영한 평가를 통해 학생 부담은 줄이고 실생활과 관련된 역량은 더 잘 발휘할 수 있는 질 높은 평가가 수행될 수 있도록 교사의 전문성을 향상시키는 과정이 지속될 것이다. 농어촌 지역은 작은 학교가 누릴 수 있는 지역과의 상호작용과 강한 구심력이 역량으로 드러나고 대도시 학교는 지역 인프라와 교육공동체의 사회적 자본이 유기적으로 연결되어 학교의 교육과정으로 드러날 것이다. 이 과정에서 강한 추동력을 지닌 교사의 주도성이 발휘될 것이며, 그 실천을 지지하고 학습공동체를 이루어 참여하려는 노력이 학교 자율 교육과정의 질을 향상시킬 것이다.

교육과정 자율화 과정에서는 본질을 살리고 효과는 극대화하며 불필요한 행정은 걷어내는 실천이 필요하다. 또한 교사의 수업 전문성을 고스란히 수업에 담아내고 삶과 배움을 연계하여 깊이 있는 탐구를 가능하게 하도록 시도가 필요하다. 역량 중심 교육, 개념 기반 교육과정이 충실히 운영되기 위해서는 수업을 통합하고 재구성하여 전이 가능한 핵심 아이디어를 중심으로 이루어지는 수업이 어떤 형태인지 교사가 함께 탐색하고 공유해나가는 과정이 지속되어야 한다. 교육과정 자율화와 분권화, 진로연계교육의 지원체계를 강화해 나간다면 교과 간 경계를 허물고 행정적인 칸막이를 넘어서며 갇힌 학교를 벗어나 학생들이 깊이 있게 지식을 탐구할 수 있는 기회를 열 수 있을 것이다.

> **핵심 4. 미래사회 대비를 위한 역량**
> ## 우리가? 어떻게?

디지털 대전환 교육

2022 개정 교육과정이 전면 도입되는 시기는 구글 딥마인드(Google DeepMind)가 개발한 인공지능 프로그램 알파고(AlphaGo)가 이세돌 9단을 이긴 사건으로부터 10년이 지나는 시기이다. 그 사이에 인공지능은 인간의 상상력을 현실화하여 2022년 11월 챗GPT의 등장 이후 폭발적인 성장을 거듭하고 있다. 혁신이라는 용어를 대체하여 미래교육이라는 용어가 교육계 전반에서 다양하게 쓰이며, 2022 개정 교육과정 또한 미래, 즉 급변하는 시대상에 대응하기 위해 개정되었다. 교육과정의 개정 배경, 이에 대응하는 교육과정 구성의 중점에서 가장 먼저 제시되는 내용은 아래와 같다.

> 첫째, 인공지능 기술 발전에 따른 디지털 전환, 감염병 대유행 및 기후·생태환경 변화, 인구 구조 변화 등에 의해 사회의 불확실성이 증가하고 있다.
>
> 가. 디지털 전환, 기후·생태환경 변화 등에 따른 미래 사회의 불확실성에 능동적으로 대응할 수 있는 능력과 자신의 삶과 학습을 스스로 이끌어가는 주도성을 함양한다.
>
> 출처: 「교육부 고시 제2022-33호 초·중등학교 교육과정 총론」, 교육부, 2024

이처럼 2022 개정 교육과정 총론은 디지털 전환과 기후·생태환경의 변화에 대해 중요하게 언급한다. 이때, '디지털 전환Digital Transformation' 은 산업계가 디지털 기술 변화에 맞춰 기업 경영 전략을 수립할 때 사용한 용어이며, 이는 최신 디지털 기술을 통해 기업이 업무와 부가가치 창출 방식 등을 변화시킨다는 의미이다. 산업계에는 모든 기업은 '디지털 약탈자digital predator'가 아니면 '디지털 희생양digital prey' 둘 중의 하나가 될 것이라는 위기론이 대두되었는데, 이러한 위기론은 교육 분야에도 영향을 미치고 있다.

우리나라 교육 또한 2019년 인공지능 국가전략에서 인공지능교육이 언급된 이후 교육부의 정책적 기조로 인해 미래의 구체화된 실체로 디지털 교육이 언급되었고, 2022 개정 교육과정에서는 언어와 수리에 더해 디지털 소양을 명시하여 핀란드, 아일랜드, 캐나다 등 일찍 디지털 리터러시 함양 교육을 추진한 여러 국가와 함께 대전환의 시기에 대응하고 있다. 특히 '교과용도서에 관한 규정' 일부 개정안이 심의·의결되어 교육부는 2025년부터 초·중·고 수학·영어·정보와 국어(특수교육) 교과에 디지털교과서를 도입하여 맞춤형 교육을 한다는 목표를 적극적으로 추진하고 있다. 또한 2023년 교원양성기관의 교직 소양 필수 이수과목으로 디지털 교육이 신설될 수 있도록 교원 연수 양성 체제 또한 개선하고 있다.

학교 현장에서 교직원에게 디지털 전환보다 익숙한 것은 「교육정보화 사업」이나 「미래형 첨단 교육환경 구축사업」 등이다. 또한 코로나19로 인해 펼쳐진 에듀테크 교육이 디지털 전환보다 익숙하다. 교육 인프라 구축과 온라인 콘텐츠 활용, 스마트기기 활용과 증강현실 기술 도입,

교육용 콘텐츠 공유 플랫폼 등을 통해 교육과정을 재구성하고 교수·학습에 일정 부분 도움을 얻는 형태는 이제 많은 교사가 현장 맞춤형으로 운영할 수 있다. 하지만 산업계에서부터 AI와 관련하여 큰 특이점이 시작되었기에, 이제 교육계에서는 변화의 흐름을 따라잡기가 갈수록 벅차다. 특히 2022 개정 교육과정이 도입되는 현 상황에서, AI디지털교과서 활용에 대한 기대와 우려의 교차는 심각한 상황이다. 여타 AI·디지털 도구와는 기능과 활용 면에서 얼마나 차이가 있을지 알 수 없기에 교사의 불안이 더 커지는 분위기이다.

이러한 상황 속에서, 교사는 과연 디지털화가 효과적인가에 대한 질문을 지속적으로 할 필요가 있다. 디지털 리터러시와 디지털 시민성을 갖춘 학습자가 주도적인 삶을 살 수 있도록 내 교실만의 방법을 찾아가는 방법이 필요하다. 단순히 도구로서 기술을 사용하거나 무비판적으로 정책을 수용하여 수업을 바꾸는 것이 아닌, 안전한 공간을 만들고 윤리적 삶의 방식을 갖춰 타인을 존중하며 공동체를 위해 책임을 다하고 적극적으로 내가 맞이한 문제를 해결하는 디지털 대전환 시대 교육이 지속되어야 한다.

기후·생태환경 변화에 맞서기

급변하는 생태환경과 기후변화는 수 천 년에 이르는 기간 동안 사례가 없는, 인류에 의해 촉발된 위기이다. 기후변화에 관한 정부 간 협의체Intergovernmental Panel on Climate Change(이하 IPCC)는 6차 보고서에서 기온 상승이 현 추세대로 이어지면 북극의 빙하는 머지않아 전부 녹아 사라지고 최대 60%에 이르는 생물종이 멸종하며 인류는 물과 식량 부족,

수인성 매개 감염 및 각종 전염병에 처하게 된다고 언급하고 있다. 여러 국가는 기후 거버넌스를 통해 기후변화 완화를 위해 노력하고 있으며, 유네스코는 지속가능발전을 경제, 사회, 환경의 조화 속에서 현세대와 미래 세대 모두의 삶의 질을 향상시키는 의지인 동시에 이를 위해 노력하는 과정으로 보고 특별 세션을 마련하여 기후변화에 대한 행동 전략을 세워 접근하고 있다.

'OECD Education 2030 프로젝트(이하 Education 2030)'는 환경적 맥락에서의 도전을 중요하게 다루고 있다. Education 2030에 영향을 받은 2022 개정 교육과정은 범교과 학습 주제로 환경·지속 가능한 발전 교육을 다루며 기후·환경 관련 위기를 다루고자 한다. 이렇게 추진된 2022 개정 교육과정의 기후·환경 관련 교육은 생태주의에 근거하여 자연과 인간을 이분법적으로 나누지 않고, 나의 삶과 미래를 자연과 함께하고자 하는 사람을 길러낸다. 생태전환교육 패러다임의 전환은 매우 '가치 지향적'이며, 기존의 가치에서 새로운 가치로 전환을 의미한다. 또한 생태주의에 기반한 생태전환교육은 자연과 생명의 재균형 re-balance을 추구해야 한다는 점을 함의하고 있다. 이와 같은 사회적 분위기에 발맞추어 2021년 개정된 교육기본법에는 제22조의 2에 '국가와 지방자치단체는 모든 국민이 기후변화 등에 대응하기 위하여 생태전환교육을 받을 수 있도록 필요한 시책을 수립·실시하여야 한다'라고 명시하였다.

생태전환교육을 위해서는 디지털 소양처럼 기후 소양이라는 용어도 익숙해질 필요가 있다. 기후 소양을 갖춘 시민은 의미 있는 방식으로 기후변화에 대해 의사소통하고 기후에 영향을 미칠 수 있는 행동이 무엇인지 과학적 근거에 기반하여 책임 있는 결정을 내린다. 2022 개정 교육과정에서는 초등학교 바른 생활 성취기준 '[2바03-04] 공동체 속에서 지속가능성을 위한 삶의 방식을 찾아 실천한다.'를 시작으로, 초·중학교 도덕, 과학, 사회, 보건 등의 교과에서 다양하게 기후변화, 에너지, 지속 가능한 삶, 환경 문제에 대해 다룬다. 여기에 더해 생태·환경을 다루기 어려울 것으로 보이는 수학 교과에서 그래프, 행렬 등을 통해 기후변화 등에 대해 문제를 인식하도록 교육과정을 재구성할 수 있으며, 국어, 영어 등 도구교과의 특성을 보이는 과목에서는 학습 콘텐츠로서 기후·환경 문제를 중요하게 다루고 교과서 지문에도 반영되는 양상이 나타난다.

학교 현장에서는 주로 저학년 때 생태적 감수성 함양을 할 수 있도록 생태·환경·기후 관련 경험을 할 수 있도록 돕는다. 이후 주제 탐구 형태나 초·중·고 사회·과학 및 윤리 과목에서 기후 위기, 생물 다양성, 온실가스, 지속 가능한 미래를 위한 대응, 기후 행동 참여 등을 배운다. 생태적 감수성을 가지고 생태·환경 관련 지식과 실생활 탐구 경험을 한 후 실생활 속 문제에 대해 공동 대응하거나 민주시민으로서 참여하는 방향은 학생들의 성장에 의미 있는 흐름이 되고 있다.

개정 교육과정에서는 여러 과목이 분절적으로 환경 문제를 다루고 있다. 하지만 수업 현장에서조차 분절적으로 생태전환교육을 하는 것은 문제가 있다. 어느 교과에서든, 학생들이 삶 속에서 문제를 고민할 수 있도록 핵심 아이디어를 중심으로 학습 내용을 재편하고 학습량을 적정화하여 개념 기반 교육과정을 운영한다면 훨씬 의미 있을 것이다. 또한 국가교육과정에서 정의하고 있는 생태전환교육에서는 '기후변화'라고 하는 현시점에서 가장 위급한 환경 문제 해결이 강조되는 면이 있는데, 교사는 생태전환교육이 무엇이며 어떻게 실행해야 하는지에 대한 전문성을 바탕으로 학생의 삶과 맞닿은 교사 교육과정을 운영할 필요가 있다.

미래 교육이라는 말은 언제든 유행어로 사라질 수 있음을 알아야 한다. 본질적으로는 수업 개선이나 수업 콘텐츠 활용 수준을 넘어서서 디지털 소양, 생태환경 소양을 함양하여 미래 사회를 살아 나갈 학생들이 윤리적 삶의 방식을 갖춰 타인을 존중하고 책임을 다하며 살아갈 수 있도록 수업 과정을 설계할 필요가 있다. 또한 다양한 지향점이 있어서 명확한 합의를 하기는 어려우나, 교사가 재구성할 핵심 아이디어로서 생태환경을 다루는 시도를 지속해야 할 것이다. 이를 통해 기후 위기를 강조하는 환경교육 수준을 넘어서서 학생들이 감수성과 소양, 문제해결력을 키우고 내면화하는 수업이 이루어지기를 바란다.

- 1부 -

핵심 개념을 깊이 있게, 배움의 과정을 소중히

- 삶과 연계한 깊이 있는 수업 -

Speak Up to Connect: 언어의 힘
p.37

말과 글로 사랑을 가꾸는 시간, 사랑력 기르기 수업
p.57

주체적인 삶을 살아가기 위한 균형 잡힌 식사 구성 수업
p.77

삶의 지혜가 되는 철학 오디오북 제작 프로젝트
p.95

Speak Up to Connect: 언어의 힘

오서현 * 충남외국어고등학교

수업을 설계할 때, 교실 안에서의 배움이 교실 밖 실제 세상으로 혹은 학생의 삶과 관련성이 있기를 바랍니다. 지식과 정보가 넘쳐나는 현시점에서 머릿속에 저장해 뒀다 꺼내 쓰는 것에 지나치게 집중하는 수업은 바뀌어야 할 점이 많다고 생각합니다. 깊이 있는 배움은 학생의 실제 삶과 연결이 되기 때문입니다. 어떻게 학생들이 깊이 있는 배움에 이르게 할지 고민하고 있습니다.

개정 교육과정 키워드에 대한 나의 수업 고민

깊이 있는 학습을 가능하게 하는 방법은?

나의 수업 설계에서 가장 큰 관심사는 2022 개정 교육과정과 국제 바칼로레아International Baccalaureate(이하 IB) 프로그램이다. 구체적으로는, 2022 개정 교육과정의 '깊이 있는 학습'과 IB 프로그램의 '개념기반 학습'을 어떻게 수업에서 실현시킬지가 가장 큰 고민이다. 이 두 용어에 담긴 방향성은 크게 다르지 않다. 두 접근 모두 단순한 지식과 정보의 주입에서 벗어날 수 있도록 하며, 질문을 토대로 탐구하도록 돕는다. 이를 통해 비판적 사고와 개념적 이해, 새로운 상황에 적용할 수 있는 배움을 가능하게 한다.

이러한 나의 고민은 내가 매 학기 실천하고 있는 프로젝트 수업에서 중요하게 작용하고 있다. 프로젝트 수업은 단순한 지식 습득을 넘어서 학생들이 삶과 연계된 문제나 질문에 대해 주도적으로 탐구하며 배울 수 있도록 한다. 2022 개정 교육과정의 '깊이 있는 학습'과 IB의 '개념기반 학습'을 통해 지금까지 해 왔던 프로젝트 수업을 더 깊이 있게, 개념 중심으로 발전시킬 수 있다는 생각에 전율을 느꼈다. 물론, 아직 갈 길이 멀지만, 부족한 부분을 보완하며 현재 이해한 만큼이라도 최선을 다해 수업에 반영하고자 한다.

수업 구상 배경과 목적

Speak Up to Connect: 언어의 힘

올해 내가 맡은 학생들은 유독 말수가 적고 자기표현에 소극적이었다. 반 전체 학생에게 질문을 하면 대답이 없고, 개별적으로 질문을 했을 때도 자신감 없이 작은 소리로 답을 했다. 이러한 상황을 개선하기 위해 수업의 목적을 학생들의 표현에 두었다. 학생들이 자신 있게 감정이나 생각을 표현하고, 친구들과 협력적으로 소통하는 능력을 키우는 데 중점을 두었다.

수업 초기 단계에서는 학생들이 영어로 목소리를 낼 수 있도록 매시간 약 10분 정도 영어 키워드를 제공하고, 이를 활용해 짧은 문장을 만들어 발표하는 활동을 진행했다. 이를 통해 자신감과 영어 표현력을 키우고자 했다. 또한, 주어진 문장으로 시작해 모둠원들과 함께 짧은 이야기를 만들어 공유하며 소통을 경험하도록 했다.

협력적 소통 능력 기르기 수업의 주요 활동인 소크라틱 세미나 Socratic Seminar를 준비하기 위해, 학생들은 5가지 토론 기법을 학습하여 자기 의사를 표현하고 상대의 의견을 경청하며 협력적으로 토론하는 법을 익혔다. 학생들은 영어 기사를 읽고, 교사가 제공한 탐구 질문을 바탕으로 진지한 실문을 작성한 후 이를 활용해 난체 토론을 진행하였다. 이 과정에서 학생들은 영어로 자기감정이나 생각, 주장을 표현하며 영어 말하기 실력을 키우고 주장하기, 묻기, 답변하기, 반응하기, 요청하기 등의 말하기 전략을 상황에 맞게 효과적으로 사용하는 방법을 학습하였다.

수업은 개념기반 수업으로 설계되었다. 특히, 언어(영어)를 개념으로 접근하고자 하였다. 개념기반 수업을 구현하기 위해서 개념적 렌즈, 개념망 만들기, 그리고 개념망에서 추출한 스트랜드 Strand (핵심 요소)를 활용하여 단원 지도 계획을 세웠고, 사실, 개념, 논쟁 유형 안내 질문을 통해 학생들의 탐구를 촉진하고자 했다. 활동 마무리 단계에서는 긍정적 관계 형성에 이바지하는 언어의 역할, 언어의 힘에 대한 개념적 이해에 이르게 하는 것을 목표로 수업을 구상하였다.

활동을 통해 학생들은 단순히 정보를 전달하는 것을 넘어서 자기 생각과 감정을 명확히 표현하고, 다른 사람의 의견을 존중하며 경청하는 협력적 소통 능력을 기르도록 했다. 협력적이고 성숙한 소통 방법을 습득하며, 이를 실제 생활에 전이해 적용할 수 있도록 했다. 궁극적으로, 이 수업의 목표는 학생들이 자기 목소리를 내며 자존감을 회복하고 공동체 속에서 서로를 이해하고 존중하는 성숙한 글로벌 시민으로 성장하도록 돕는 것이다.

수업 한눈에 보기

수업 개요

Speak Up to Connect! 경청과 목소리 내기를 통한 협력적 소통 능력 기르기 수업		
과목 영어	학년 고등학교 2학년	기간 10차시

핵심 아이디어	• 목적과 맥락에 맞게 자신의 생각 또는 감정을 표현하거나 정보나 지식을 전달하는 활동은 서로 소통하며 배우는 삶의 바탕이 된다. • 다양한 말하기 또는 쓰기 전략의 활용은 표현 내용을 효과적으로 전달하거나 공유할 수 있도록 한다. • 효과적으로 표현하고 의미를 전달하는 활동은 배려와 공감을 바탕으로 협력적으로 상호 소통하려는 적극적인 태도를 길러준다.
성취기준	[12영Ⅰ-01-02] 말이나 글의 주제나 요지를 파악한다. [12영Ⅰ-02-01] 사실적 정보를 말이나 글로 설명한다. [12영Ⅰ-02-03] 상대방을 배려하고 존중하는 태도로 자신의 의견이나 감정을 표현한다. [12영Ⅰ-02-08] 협력적이고 능동적으로 말하기나 쓰기 과업을 수행한다.
핵심역량	☐ 창의적 사고력 　■ 비판적 사고력 　■ 문제 해결력 및 의사 결정력 ■ 의사소통 및 협업 능력 　■ 정보 활용 능력
탐구질문	1. 어떻게 언어를 통해 내 감정과 생각을 효과적으로 표현하며, 정체성을 드러내고 다른 사람과 관계를 형성할 수 있을까? 2. 어떻게 다양한 영어 자료를 실제적 맥락에서 탐구하고, 협력적 소통을 통해 서로의 이해를 확장할 수 있을까?
개념적 렌즈	언어, 정체성, 소통, 관계, 탐구, 협력
개념망	**언어와 정체성**: 정체성 수립 / 적절한 감정표현과 이해 / 의사 표현의 중요성 **언어와 관계 형성**: 맥락 이해 / 소통 / 협력적 관계 형성과 유지 **언어와 탐구**: 정보 탐색과 분석 / 의견 교환과 토론 / 비판적 사고 **언어와 글로벌 시민**: 글로벌 이슈 / 영어 학습의 중요성 / 국제적 소통 능력 (중심: 언어(English) Identity Connections)

수업의 흐름

차시		내용
1차시	오리엔테이션	• 수업의 필요성: - 개념 및 탐구 질문 소개: 4가지 개념 및 탐구 질문 소개 - 수업 흐름 및 평가 루브릭 이해
2차시	관계 맺기 활동	• 포 코너스(Four Corners) 활동: "나는 타인과의 소통에서, 내 의견을 강하게 주장하는 것과 경청하는 것 중 어느 쪽이 더 중요하다고 생각하는가?"라는 질문을 통해 학생들이 자신의 소통 스타일을 탐구하고 주제에 관심 갖기
3~4차시	집중하기	• 영어 기사 읽고, 내용 이해하기, 질문 3개 만들기 • 내 생각 쓰기: 기사 읽은 소감을 간단히 글로 표현하기
5~6차시	조사하기	• 토론할 질문 3개 만든 것에 대한 답변 작성하기 • 소크라틱 세미나를 위한 효과적인 토론기법 학습하기
7차시	조직 및 정리하기	• 자신이 만든 3개의 질문과 친구들의 만든 질문을 참고하여 소크라틱 세미나에서 어떻게 토론할지 정리 및 준비하기
8~9차시	일반화하기 토론하기 (Socratic Seminar)	• 적절한 토론기법을 활용하여 소크라틱 세미나에 참여하고, 자신의 의견을 명확히 표현하며, 경청과 존중의 태도로 협력적 소통을 실천하기 • 친구들의 토론 내용으로부터 새로운 관점을 배워, 자신의 사고를 확장하기
10차시	전이하기 성찰하기	• 전이하기: 수업을 통해 학습한 개념적 이해를 새로운 맥락에 적용하기 "만약 ~라면, ~할 것이다"라는 문장 활용 • 소크라틱 세미나 참여에 대한 전반적인 피드백을 받고, 토론에서의 경험을 성찰하여 다음에 더 개선할 수 있도록 하기

주요 결과물	• 모둠 결과물: 소크라틱 세미나 토론 • 개인 결과물: 토론을 통해 배운 점 수필 작성

단원 개념별 지도 계획

구분 스트랜드	핵심 아이디어	일반화	핵심 안내 질문	주요 학습 경험
인간 관계와 언어의 힘	• 말이나 글의 의미를 수용하기 위해서는 언어에 대한 지식 정보를 활용하기 위한 자기주도적 참여 태도가 필요하다.	• 인간관계에서 소통을 원활히 하기 위해서는 언어의 의미를 이해하고 적절히 활용할 수 있는 능력이 필요하다.	• 어떻게 언어를 사용해 타인의 의견을 이해하고, 관계를 발전시킬 수 있을까?	• 키워드 문장 연습 • 짧은 스토리 창작 • 감정과 표현 연습
소통과 언어의 역할	• 효과적인 정보 전달이나 의견 교환을 위해서는 적절한 전략과 창의적인 사고 과정이 필요하다.	• 언어는 단순한 의사소통 도구를 넘어, 깊이 있는 학습과 타인과의 이해를 넓히는 핵심 도구이다. • 효과적인 소통 전략이 인간관계를 형성하고 유지하는 데 중요한 역할을 한다.	• 어떻게 언어를 활용해 타인과의 소통을 통해 깊이 있는 학습을 할 수 있을까?	• 토론 기법 학습 및 토론에서 실제 적용 • 실제 토론 상황에서 소통의 수단으로써 언어의 역할 경험
탐구와 언어 (영어)	• 목적과 맥락을 고려하여 말이나 글의 의미를 파악하는 활동은 사회생활이나 학업에 대한 다양한 정보나 지식 습득의 바탕이 된다.	• 비판적 사고와 탐구 과정이 새로운 상황에서 지식을 응용하는 데 중요한 역할을 한다는 것을 깨닫는다.	• 어떻게 영어를 사용해 다양한 정보를 탐구하고, 이를 통해 새로운 지식을 습득할 수 있을까?	• 영어로 자료 탐색하기 • 인터넷 검색을 통해 다양한 영어 자료를 수집하고 분석하기 • 주제와 관련된 영어 자료 요약 및 발표
글로벌 시민과 영어 습득	• 포용적·상호 협력적으로 의사소통에 참여하는 태도는 문제해결의 토대가 된다.	• 글로벌 시민으로서 다양한 문화적 배경을 가진 사람들과 소통하기 위해 외국어 습득이 필수적이다.	• 왜 외국어 습득이 글로벌 시민으로서 중요한가, 그리고 이를 통해 어떻게 다양한 문화와 소통할 수 있을까?	• 글로벌 이슈에 대해 영어로 논의하기 • 글로벌 시민의식을 주제로 한 프로젝트 수행하기

채점기준표

기준 영역 - 평가요소	하 12	중 16	상 20
유창성 - 발음, 강세, 리듬, 볼륨 - 비언어적 요소	• 시종일관 낮고 알아들을 수 없는 목소리로 말하거나 주로 단어로만 말함.	• 대체로 낮고 알아들을 수 없는 목소리로 말하거나 명확하고 큰 소리로 말하지만, 말이 자주 끊김.	• 시종일관 명확하고 큰 소리로 말하고 끊김이 거의 없이 말을 이어감.
내용 - 주제 관련성 - 주장하기 - 설명하기 - 질문하기 - 반박하기 - 평가하기	• 토론 내용과 관련 없는 말을 자주 하며 증거나 예시 제공이 거의 혹은 전혀 없으며 의미 있는 통찰이 매우 미흡함.	• 토론 내용과 관련 없는 말을 가끔 하며 증거나 예시 제공이 다소 미흡하며 통찰이 부족함.	• 토론 내용과 매우 관련이 있는 말을 하며 적절한 증거나 예시를 적절히 제공하고 매우 의미 있는 통찰을 추가함.
문법 및 문장 - 철자 - 구두점 - 대·소문자	• 거의 문법적으로 올바른 문장과 적절한 어휘를 사용하지 않음.	• 가끔 문법적으로 바르지 않은 문장과 부적절한 어휘를 사용함.	• 거의 매번 문법적으로 올바른 문장과 적절한 어휘를 사용하는 탁월함을 보임.
협업 - 공동체 역량 - 상화적용 - 반응	• 토론기법 표현을 1~2번 이하로 매우 미숙하게 사용하여 상호작용이 미흡하거나 혹은 거의 이루어지지 않음.	• 토론기법 표현을 3~4번 적절히 사용하여 토론에 참여하고 토론 참가자들과도 가끔 상호작용함.	• 토론기법 표현을 5~6번 매우 적절하게 잘 활용하여 토론에 적극적으로 참여하고 토론 참가자들과 상호작용함.
태도·노력 - 참여도 - 경청 - 자기 주도성	• 토론 중 다른 사람과 시선을 거의 혹은 전혀 맞추지 않고 토론에 관심을 보이지 않으며 다른 사람의 말을 경청하지 않고 토론에도 거의 참여하지 않음.	• 토론 중 가끔 다른 사람과 시선을 맞추고 열정을 보이며 다른 사람의 말을 경청하나 토론에는 수동적으로 참여함.	• 토론 내내 다른 사람과 시선을 맞추고 강한 열정을 보이며 다른 사람의 말을 매우 경청하고 토론에 적극 참여함.

세부 능력 및 특기사항 예시

최근 미국에서 논쟁이 되고 있는 경찰의 과잉 진압 문제를 다룬 기사, 'A talented, goofy kid': family of Ryan Gainer, autistic teen killed by police, speak out'을 통해, 의사 표현이 느린 자폐 소년에 대한 경찰의 과잉 대응이 가져온 비극에 대해 탐구 조사함. 학생은 이 탐구 조사를 바탕으로 영어 소크라틱 세미나에서 논의할 질문을 세 가지 준비하고, 주요 쟁점을 정리하여 뛰어난 영어 작문 능력을 발휘함. 세미나 토론 중 다섯 가지 토론기법을 효과적으로 활용하여 자신의 의견을 명확히 표현하면서 상대방의 의견에 공감하거나 논리적으로 반박하는 등 협력적 의사소통 능력을 보여줌. 또한 친구들의 발언에 귀 기울이며 배려심 있는 태도로 토론이 원활히 진행되도록 돕는 등 건전한 토론 문화 조성과 긍정적 관계 형성에 기여함. 성실하고 철저하게 수업을 준비하는 이 학생은 우수한 영어 의사소통 능력과 자기 주도성을 겸비하였으며, 앞으로도 성장이 기대됨.

수업에 들어가며

Speak Up to Connect: 언어의 힘

이 수업을 위해 탐구 질문 2가지를 제시하였다. 이를 통해 정체성을 고민하며 타인과 소통하고 영어 자료를 협력하며 이해할 수 있도록 하였다. 또한 서로의 이해를 협업하며 공유할 수 있도록 하였다. 이어서 명시한 네 가지의 개념적 이해 및 일반화를 통해 새로운 상황에서 적용할 수 있도록 전이를 의도하였다.

이 수업의 또 다른 특징은 프로젝트 수업[PBL]의 탐구 과정에 개념기반 수업을 적용하고자 한 것이다. 개념기반 수업 원리나 개념기반 탐구 수업 모형의 장점을 프로젝트 수업에 적용하는 것은 깊이 있는 프로젝트 수업을 위한 전략이 될 수 있다고 생각했다. 개념기반 탐구는 '관계맺기 → 집중하기 → 조사하기 → 조직 및 정리하기 → 일반화하기 → 전이하기' 순으로 진행된다.[1]

탐구 질문 1	어떻게 언어를 통해 내 감정과 생각을 효과적으로 표현하며, 정체성을 드러내고 다른 사람과 관계를 형성할 수 있을까?
탐구 질문 2	어떻게 다양한 영어 자료를 실제적 맥락에서 탐구하고, 협력적 소통을 통해 서로의 이해를 확장할 수 있을까?

---

1) 개념기반 탐구 탐구학습의 실천. Carla Marschall, Rachel French. 2021

이 수업이 목표로 하는 개념적 이해

개념 1: 정체성과 언어의 힘
언어가 개인의 정체성을 형성하고 드러내는 중요한 도구임을 이해하며, 언어가 인간관계에 미치는 긍정적 또는 부정적인 영향을 탐구한다.

개념 2: 소통과 언어의 역할
효율적으로 소통하기 위해 자신의 생각과 감정을 명확히 표현하는 다양한 방법을 이해하고, 언어가 소통의 핵심 도구로 작용함을 인식한다.

개념 3: 탐구와 영어
영어를 활용한 자료 탐구와 학습을 통해 영어가 지식 탐구와 확장의 중요한 수단임을 이해하고, 다양한 자료를 통해 학습하며 언어가 탐구의 핵심 도구로서 작용하는 과정을 경험한다.

개념 4: 글로벌 시민과 언어
영어를 통해 국제적 맥락에서 소통하고 타인을 이해하는 능력을 기르며, 글로벌 시민으로서 외국어 학습의 중요성을 깨닫는다.

수업이 끝난 후, 학생들은 수업에서 얻은 개념적 이해를 바탕으로 다음과 같이 일반화에 도달할 수 있도록 하였다. 이러한 일반화된 학습은 학생들이 다양한 상황에서 활용할 수 있는 전이 가능한 역량으로 작용할 것이다.

- 효과적인 소통 전략은 인간관계를 형성하고 유지하는 데 필수적이며, 이를 통해 개인의 정체성이 드러난다.
- 언어는 단순한 의사소통 도구를 넘어, 깊이 있는 학습과 타인에 대한 이해를 확장하며 개인의 정체성을 표현하는 핵심 도구이다.

- 비판적 사고와 탐구 과정은 새로운 상황에서 지식을 응용하고 자기 이해를 심화하는 데 중요한 역할을 한다.
- 글로벌 시민으로서 다양한 문화적 배경을 가진 사람들과 소통하기 위해 외국어 습득은 필수적이며, 이는 타인과의 관계 속에서 정체성을 더욱 확립하게 한다.

소크라틱 세미나란?

  소크라틱 세미나는 소크라테스의 방법을 바탕으로 한 학생 주도 토론 방식으로, 깊이 있는 사고를 촉진하고, 비판적 질문을 장려하며, 협력적 소통 및 학문적 어휘를 강화하는 데 도움을 준다. 세미나의 목적은 단순히 논쟁에서 이기는 것이 아니라, 생산적인 대화를 나누고 다른 사람의 의견을 존중하며 자신의 생각을 잘 표현하는 방법을 배우는 것이다. 이러한 기술은 교실이라는 제한된 공간을 넘어 대학 생활이나 직업 생활에서도 유용하게 쓰일 것이다.

  또한 이 수업의 전반에 걸쳐 학생들의 탐구와 개념적 이해를 돕기 위해 아래와 같은 안내 질문을 사용하였다.

안내 질문

사실적 질문 (Factual Questions)	• 미국 경찰의 과잉 진압 사례 중 린 개이너(Ryan Gainer) 사건은 무엇이었나요? • 린 개이너는 어떤 장애를 가지고 있으며 사건에서 경찰이 취한 구체적인 대응 방법은 무엇이었나요? • 장애가 있는 사람과 의사소통을 해본 적이 있나요? • 소크라틱 세미나에서 사용된 5가지 토론기법에는 어떤 것들이 있나요?
개념적 질문 (Conceptual Questions)	• 언어가 개인의 정체성 형성에 미치는 영향은 무엇인가요? • 사회적 관계에서 언어의 역할은 무엇인가요? • 소크라틱 세미나에서 자신의 의견을 명확하게 표현하는 것이 중요한 이유는 무엇인가요? • 공동체에서 '협력적 소통 역량'이 필요한 이유는 무엇인가요? • 장애가 있는 사람과 적절한 의사소통을 위해 우리가 필요한 것은 무엇인가요? • 글로벌 시민으로서 영어 습득이 중요한 이유는 무엇인가요? • 토론기법을 사용하는 것이 토론에서 중요한 이유는 무엇인가요?
논쟁적 질문 (Debatable Questions)	• 경청하는 것이 자신의 의견을 강하게 주장하는 것보다 더 중요한가요? • 글로벌 시민으로서 영어가 필수적인가요, 아니면 다른 언어도 중요한가요? • 소크라틱 세미나에서의 토론이 실제 생활에서의 의사소통에 얼마나 도움이 된다고 생각하나요? • 장애인에 대한 경찰의 대처가 인종에 따라 차별적으로 이루어진다고 생각하나요? • 언어가 인간관계를 형성하고 유지하는 데 있어 필수적인가요, 아니면 다른 요소들이 더 중요한가요? • 영어를 사용한 탐구가 다른 언어로 진행된 탐구보다 더 깊이 있는 학습을 가능하게 한다고 생각하나요? • 우리는 장애가 있는 사람과 적절한 의사소통을 하는 것이 필요한가요?

1차시 오리엔테이션: 경청과 목소리 내기 활동

먼저, 학생들에게 이 수업의 핵심인 '말하기 연습'과 '자기 목소리 내기 훈련'을 하는 활동이 많이 포함될 것임을 이야기하며, 그동안 우리말로 또는 영어로 의사소통하는 데 겪었던 어려움과 경험을 나누도록 했다. 학생들은 '내 생각을 말로 분명히 표현하기가 어렵다.' 혹은 '영어로 말하는 것이 익숙하지 않아서 두려운 적이 있다.' 등의 대답을 했다. 이를 통해 학생들이 영어로 소통하는 데 느끼는 다양한 어려움을 확인할 수 있었다.

수업이 진행되는 동안, 학생들은 여러 활동을 통해 소통의 중요성과 언어의 역할을 체득하게 될 것이므로, 처음부터 일반화된 지식을 제시하지 않도록 하였다. 수업과 프로젝트를 진행하면서 학생들이 스스로 다양한 상황에서 언어와 소통이 얼마나 중요한지 깨닫도록 하였다. 이를 바탕으로 일반화된 지식을 도출하도록 유도하고자 하였다.

2차시 관계 맺기 Engage : 'Four Corners' 활동

학습 초기에는 학생들의 관심을 끌어내기 위해 학생들의 선행 지식과 경험에 새로운 주제를 연결하는 것이 중요하다. 이 단계에서는 포 코너 Four Corners(이하 포 코너) 활동을 하였다.

포 코너 활동을 위한 질문: 나는 타인과의 소통에서, 내 의견을 강하게 주장하는 것과 경청하는 것 중 어느 쪽이 더 중요하다고 생각하는가?

이 질문을 바탕으로, 교실의 각 코너를 'Strongly Agree', 'Agree', 'Disagree', 'Strongly Disagree'로 지정하였다. 학생들은 자기 생각에

가장 가까운 코너로 이동한 후, 그 이유를 그룹 내에서 토론하고 공유한다. 이 활동을 통해 학생들은 소통에서 의견 표현과 경청의 중요성을 스스로 탐구하며, 서로 다른 관점을 이해하는 경험을 쌓게 된다. 또한, 자신이 어떤 소통 방식을 선호하는지 명확히 인식하게 되며, 친구들이 선호하는 다양한 소통 방식을 이해한다. 이러한 관계 맺기는 학습의 주제나 단원의 개념을 학생의 관심을 불러일으키는 전략으로 활용하였다.

이 활동을 위해서 필요한 준비물로는 스탠드형 이젤 패드와 컬러 마커 등이 있다. 또한 학생들이 자기 의사 표현에 따른 행동에 부담감을 느끼지 않도록 모두 일어서서 자기 의사에 따라 이동할 수 있도록 격려하였다.

'Four Corners' 활동

| Strongly Agree | Question | Agree |

Question:
"Do you think it's more important to express your opinion or to listen to others when communicating with someone?"

| Strongly Disagree | | Disagree |

3~4차시 집중하기

주제와 관계를 맺고 난 후에는, 학생들이 주요 개념에 대한 이해를 발전시켜 나가도록 하였다. 학생들에게 수업을 통해 학습할 주요 개념을 소개하였는데, 주요 개념은 인간관계와 언어의 힘, 소통과 언어의 역할, 탐구와 언어, 글로벌 시민 4가지이다.

5~6차시　조사하기

조사하기 활동으로, 요즘 국제적으로 논쟁거리가 되는 미국 경찰의 과잉 진압 관련 영어 기사, 'A talented, goofy kid': family of Ryan Gainer, autistic teen killed by police, speak out을 읽고 미흡한 의사소통과 이에 따라 발생하는 미흡한 경찰의 대처(역할)를 조사하였다.

또한, 조사하기 단계에서 학생들은 교사의 핵심 질문에 대해 답하고, 자신의 탐구를 토대로 소크라틱 세미나에서 친구들과 토론에 사용할 진지한 질문을 각자 3개씩 만든다. 교사는 소크라틱 세미나를 실시하기 전에 학생들이 만든 개별 질문 3개를 모두 모아 학생들과 공유하며 토론 전에 질문 내용을 미리 살펴볼 수 있도록 하였다.

또한 우선 여러 사람이 함께 어떤 주제에 관해 이야기를 나눌 때, 모든 사람이 제 생각이나 주장을 말하고 서로 상대의 의견을 경청하고 존중할 수 있는 활동으로 토론에서 자주 사용되는 토론기법 5가지 말하기 전략을 학습하고 구체적으로 토론에 활용할 전략을 조사하였다.

5가지 토론기법

Discussion Moves 종류	관련 예문
Marking Moves (동의하거나 맞장구 치기)	• That's a good point.　• I agree with that. • Interesting idea.
Probing Moves (탐색하기)	• Can you say more?　• Why do you think that? • Can you give an example?
Revoicing Moves (들은 말을 요약하기)	• So, you're saying _____?　• In other words, _____? • Do you mean _____?
Soliciting Moves (참여 유도하기)	• What do you think of it?　• How about you? • Anyone else want to share?
Transitional Moves (다음 주제로 넘어가기)	• Let's move on.　• Next question? • Let's talk about _____.

7차시 조직 및 정리하기

학생들은 교사의 핵심 질문과 탐구를 토대로 소크라틱 세미나에서 친구들과 토론에 사용하기 위해 조사하기 과정에서 자신이 만든 진지한 질문 3개에 대한 자신의 답변을 정리하도록 하였다. 또한, 소크라틱 세미나에서 친구들과 어떻게 자신들의 질문을 활용하여 토론에 임할지 준비하도록 하였다.

8~9차시 토론하기

소크라틱 세미나는 총 2회에 걸쳐 이루어진다. 학급을 둘로 나누어 한 팀은 약 20분간 토론을 진행하고, 나머지 팀은 파트너의 토론 내용 관찰하며 기록한다. 토론이 끝난 후 5분 동안 피드백 시간을 갖고, 이어서 나머지 팀도 토론과 피드백 과정을 반복하도록 하였다.

자리 배치는 두 개의 원형으로 구성하여 안쪽 원에는 토론자, 바깥 원에는 관찰자가 앉도록 한다. 교실의 여건에 따라 다양한 방식으로 배치할 수 있다. 토론자와 관찰자가 잘 매칭되어 토론 후 피드백을 주고받을 수 있도록 하면, 학생들이 토론력을 높이고 수업에 더욱 적극적으로 참여할 수 있는 효과를 기대할 수 있다.

학생들은 준비한 질문을 활용하여 친구들에게 묻고, 친구들이 묻는 말에 답하였다. 이때 5가지 토론기법 전략을 적절하게 사용하여 자기 생각을 명확히 전달하고, 다른 사람의 의견을 존중하며 모두 함께 토론에 참여하여 모든 사람이 의견을 나누며 협력적인 의사소통 경험을 할 수 있도록 하였다.

10차시   활동 마무리

소크라틱 세미나가 모두 끝났을 때, 나는 토론에 대한 전체적인 피드백을 제공하고 수업을 마무리하였다. 이때 교사는 수업의 의도를 말하고 학생들이 그동안 배운 개념적 이해로부터 일반화를 할 수 있도록 하였다. 이때 학생들이 글로 일반화 문장과 새로운 상황에서 사용해 볼 수 있는 가상 상황을 가정한 문장, 간단한 에세이 등을 작성하게 하였다. 이 과정은 학생들이 활동하면서 배운 개념적 이해를 명시적으로 확인해보는 중요한 절차이다. 이를 통해 새로운 맥락에서 전이 가능한 깊이 있는 배움이 일어나므로, 수업의 마무리 단계에서는 일반화를 위한 활동이 꼭 필요하다고 생각한다.

수업을 나오며

수업이 모두 끝난 후, 학생들의 수업 피드백을 읽었다. 학생들이 노력한 점과 성장한 모습이 눈에 선해서 나도 모르게 미소가 번졌다. 토론 활동에서 입을 떼기 위해 얼마나 많은 목소리 내기 훈련을 했던가? 짧게라도 자기 생각, 느낌, 감정 등을 표현하기 위해 정말 많은 연습을 했다. 이런 활동들이 바탕이 되어 자신감을 쌓았고, 결국 이 활동도 잘 마무리할 수 있었던 것 같다.

항상 수업에 대해 함께 고민하고 설계를 돕는 학습 공동체 선생님들이 있기에 매 학기 새로운 수업 방식을 시도할 용기를 얻을 수 있었다. 이번 수업 역시 2022 개정 교육과정과 IB 프로그램의 도입으로 이를 수업에 어떻게 적용할지에 대해 많이 고민했다. 그 과정에서 같이 활동하고 있는 교사 학습 공동체로부터 좋은 수업을 위한 영감을 얻었고, 지속해서 수업을 성찰하며 한 걸음씩 앞으로 나아갈 수 있었다. 물론, 이 수업이 완벽하지는 않다. 하지만 항상 학생들의 더 깊이 있는 배움을 위해 고민하고 더욱 노력하고 싶다.

학습지 양식

말과 글로 사랑을 가꾸는 시간,
사랑력 기르기 수업

조혜진 * 온양신정중학교

시와 문장을 무턱대고 좋아하다가 국어 교사가 되었습니다. 교실 속에서 살아가는 우리의 삶 3분의 1. 교사인 나 자신과 함께하는 아이들 모두가 더 행복하게 살아가기를 꿈꿉니다. 무엇보다도 이 과정 안에서 나와 만나는 아이들에게 의미 있는 배움으로 연결되기를 바랍니다. 좋은 동료와 수업을 나누고 연구하고 실천하는 과정이 삶의 중요한 부분으로 자리잡아 취미가 교사학습공동체가 되어버렸습니다. 교사가 우리 교육 변화의 주체이자 원동력이라고 생각합니다. 우리가 함께 만들어가는 질문에 앞으로 내딛는 귀한 걸음이 있다고 생각합니다.

개정 교육과정 키워드에 대한 나의 수업 고민

앎이 삶으로, '생생국어'

나의 수업 브랜드는 '생생국어'이다. 생각하는 힘을 기르고 삶의 생기를 더하는 국어 수업. 생각하는 힘은 결국 '문제해결능력'을 의미한다. 다양한 국어 활동을 통해 삶에서 만나는 나와 공동체의 문제를 해결하고 국어 문화를 향유하며 삶의 생기를 더하는 것이 내 수업 브랜드에 담겨 있고 국어과 교육과정 목표와도 닿아있다. 나는 학생들이 자신의 삶에 필요한 지혜를 말과 글의 이해와 표현을 통해 배워가고 자기 삶에 생기를 더하도록 국어 활동 자체를 즐기는 사람으로 자라날 수 있기를 바란다.

'어떻게 하면 나의 수업이 학생들의 삶에 도움이 될까?' 수업을 고민하고 설계하는 과정에서 출발점이자 귀착점이 되는 질문이다. 2022 개정 교육과정은 교과 간 연계와 통합, 학생의 삶과 연계된 학습, 학습에 대한 성찰을 바탕으로 한 깊이 있는 학습을 통한 핵심역량을 함양하는 것을 추구한다. 단편적이고 암기 위주의 지식을 학습하는 것보다는 삶과의 연계성 안에서 학생들이 살아갈 미래에 필요한 역량을 기르는 수업을 고민해야 하고, 학습 내용을 실생활의 맥락 속에서 이해하고 적용하는 기회를 제공해야 한다.

나의 수업은 교육과정을 재구성하는 과정에서 아이들이 살아갈 삶에 힘을 기를 수 있는 수업을 고민하며 성장해왔다. 수업을 설계하는 과정에서 아이들이 배워야 할 앎에 대해서 끊임없이 고민하곤 한다. 그 '앎'이 학생들이 살아갈 삶에 필요한 앎인가를 고민한다. 교실 속의 배움이 학생들의 '삶'에 맞닿아 있을 때 나와 아이들이 살아 있음을 느낀다. 국어 수업을 통해 아이들의 삶에 생기를 더하고 삶을 살아갈 지혜를 지니고 상처와 무기력으로 굳게 닫혀 있는 빗장을 열고 싶다.

수업 구상 배경과 목적

사춘기 학생들을 위한 '글'로 배우는 '사랑'

　어떻게 하면 우리 아이들의 삶과 닿은 독서 수업을 할 수 있을까? 글을 읽기도 쓰기도 어려워하는 우리 아이들에게, 독서가 나의 삶에 유용하고 도움이 되는 경험을 맛보도록 기회를 주고 싶었다. 『사랑 수업』의 저자 윤홍균은 인생이 힘들다고 호소하는 사람들에게는 공통점이 있다고 한다. 바로, 제대로 된 사랑과 지지를 받아본 경험이 없거나 적다는 점이다. 특히 이 책을 읽으면서 안정된 정서적 지지와 물질적 지원을 받지 못한 아이들의 비율이 많은 우리 학교 학생들이 떠올랐다. 『사랑 수업』은 단순히 연애를 잘하는 법을 담고 있는 책이 아니라 안정된 애착을 가질 수 있도록 돕는 책이다. 인생에서 사랑이라는 장을 새롭게 펼치고 있는 중학생들이 더 나은 사랑과 삶을 만들어갈 수 있도록 돕고 싶었다. 바야흐로, 독서를 통해서 글이 앎으로, 앎이 삶으로 들어가는 과정을 마련하고 싶었다.

수업 한눈에 보기

수업 개요

사랑력 기르기 프로젝트 수업		
과목 국어	**학년** 중학교 2학년	**기간** 12차시
핵심 아이디어	• 독자는 읽기 과정을 점검·조정하며 읽기 과정에서 부딪히는 문제를 해결하기 위해 적절한 읽기 전략을 사용하여 글을 읽는다. • 화자와 청자는 의사소통 과정에 협력적으로 참여하고 듣기·말하기 과정에서의 문제를 해결하기 위해 적절한 전략을 사용하여 듣고 말한다.	
성취기준	[9국02-08] 자신의 독서 상황과 수준에 맞는 글을 선정하고 읽기 과정을 점검·조정하며 읽는다. [9국01-11] 듣기·말하기 과정을 점검하고 듣기·말하기의 어려움을 효과적으로 조정한다.	
핵심역량	☐ 비판적·창의적 사고 역량 ☐ 디지털·미디어 역량 ■ 공동체·대인 관계 역량 ■ 문화 향유 역량 ■ 자기 성찰·계발 역량 ■ 의사소통 역량	
탐구질문	1. 어떻게 하면 독서를 통해 사랑력을 기를 수 있을까? 2. 자신의 독서 성찰 경험을 효과적으로 공유하기 위해 어떻게 해야 할까?	

수업의 흐름

차시	내용	세부 활동
1차시	읽기 전 전략으로 글 읽기	• 책 제목과 표지를 통해 글쓴이가 글을 쓴 의도 예측하며 읽기, 질문 만들고 공유하기 • 독서 목적과 자신이 달성하고자 하는 수업의 목표 정하기 • 채점기준표 확인하며 알아야 할 목록 만들기
2차시	읽기 과정 조정하고 점검하며 읽기 전략 파악하기	• 애착으로 나의 사랑력 토대 살펴보기 • 씽킹맵(Thinking Maps)으로 사랑력의 다섯 가지 힘 예측하기 • 읽기 과정 조정하고 점검하며 읽기 전략과 메모하며 읽기 방법 파악하기
3차시	'친밀력' 독서 활동	• '친밀력' 독서 활동(제목으로 내용 예측하기, 읽기 활동 메모하기) • 사랑의 언어 검사 후 사랑의 언어 공유하기 • 그림책 『빨간 벽』 독서 활동(인간관계를 맺는 면에서 자신이 벽을 만든 경험 공유하기 등)
4차시	'대화력' 독서 활동	• '대화력' 독서 활동(배경지식과 경험 연결하기, 읽기 활동 메모하기) • 그림책 『눈을 감아 보렴』 독서 활동(협동 그림 그리기, 등장인물 대화에 대한 평가와 자신의 대화력 성찰하기 등)
5차시	'거절력' 독서 활동	• '거절력' 독서 활동(글쓴이 생각 공감하거나 비판하며 읽기, 읽기 활동 메모하기) • 그림책 『곰씨의 의자』 독서 활동(거절하고 싶은 나의 성격, 습관, 관계 돌아보기 등)
6차시	'사과력' '지속력' 독서 활동	• '사과력' 독서 활동(글을 읽고 요약하거나 정리하여 읽기, 나에게 사과하기, 읽기 활동 메모하기) • '지속력' 독서 활동(새롭게 알게 된 내용 자신의 상황에 적용하기, 읽기 활동 메모하기)
7차시	'지속력' 독서 활동과 자기 성찰 활동	• 그림책 『두 사람』 독서 활동(ORID 독서 활동, 독서 질문 토의 활동 등) • 학습 활동에 대한 자기 성찰지 작성하기
8차시	말하기 불안 점검과 극복 방안 살피기	• 자신의 말하기 불안을 점검하고 극복 방법 파악하기 • 독서 성찰 경험 발표를 위한 작품 선택하기
9차시	독서 성찰 경험 구술 발표문 작성하기	• 독서 감상 구술 발표문 작성하기(스스로 의미 있는 질문 만들기, 제시된 질문 중 선택하여 작성하기)
10차시	모둠 발표 연습 활동	• 모둠 발표 연습하기 • 음성 녹음 후 클로바 노트(Clova Note)로 음성 기록 파일 만들기
11~12차시	구술 발표 및 자기 성찰 활동	• 구술 발표하기 • 학습 활동에 대한 자기 성찰지 작성하기

주요 결과물	• 모둠 결과물: 독서 활동 토의 활동 결과 • 개인 결과물: 독서 포트폴리오, 독서 성찰 경험 발표문

채점기준표

평가 요소		채점 기준(점수)		
		뛰어남(10)	기준에 근접함(7)	개선이 필요(4)
독서 수행활동 (40)	예측하며 읽기 (10)	책의 표지, 제목, 차례를 활용해 책의 내용을 예측하여 작성하였으며, 궁금한 점을 책의 정보와 관련하여 질문으로 만들고 인상 깊은 질문을 공유함.	예측하며 읽기 활동 또는 사전 질문 만들기 활동 중 한 활동만 달성하였거나 작성한 내용이 책의 정보와 관련이 없는 부분이 더러 있음.	책의 내용을 예측하며 읽지 못하고 질문 만들기 활동을 작성하는데 어려움을 보임.
	목적과 배경지식 정리하기 (10)	글을 읽는 목적을 책의 정보 및 자신의 삶과 연계하여 수립하였으며, 책의 핵심 개념에 대한 배경지식을 체계적으로 정리하는 활동을 함.	목적 설정 또는 배경지식 활성화 활동 중 한 활동만 달성하였거나 작성한 내용이 구체적이지 않은 부분이 더러 있음.	글을 읽는 목적이나 배경지식을 정리한 내용이 드러나지 않거나 작성하지 못함.
	독서 전략 적용하기 (10)	읽는 글의 대부분(80% 이상)에 대하여 다양한 종류의 읽기 활동 메모를 작성하여 읽기 과정을 효과적으로 점검하고 조정하였음.	글을 읽는 과정에서 읽기 활동 메모를 통해 읽기 과정을 점검하고 조정하는 전략을 적용하였으나 빠진 부분이 많거나 종류가 다양하지 않음.	읽기 활동 메모가 글의 내용과 관련성이 없거나 작성하지 못함.
	독서 태도 (10)	책을 읽는 과정에서 대화하거나 딴짓하지 않고 집중하여 책을 읽음.	책을 읽는 과정에서 더러 집중력을 잃는 경우가 보임.	책을 읽는 대부분 과정에 집중하지 않거나 독서 활동을 방해함.
독서 포트폴리오 (40)	사랑수업 독서 활동 (20)	독서 질문이 의도하는 바를 명확하게 파악하여 중심 생각이 잘 드러나게 작성하였으며, 책에 대한 감상을 책의 정보와 자신의 삶과 연계하여 인상 깊게 표현함.	자신의 감상을 작성하였으나 책의 정보나 자신의 삶과 연계하여 구체적으로 서술하지 않은 부분이 더러 있음.	글에 대한 자신의 생각이나 느낌 등의 감상이 드러나지 않음.
		독서 질문 대부분(80% 이상)에 대해 자신의 감상을 작성하였으며, 작성한 문장이 자신의 생각을 전달하기에 충분한 분량이며 완결성 있는 문장으로 작성함.	독서 질문에 대해 작성한 감상이 기준에 미흡하거나(80% 이하) 작성한 내용이 충분하지 않은 부분이 더러 있음.	독서 질문에 대한 감상을 작성하는데 어려움을 보임.

	그림책 독서 활동 (20)	그림책 생각 질문이 의도하는 바를 명확하게 파악하여 중심 생각이 잘 드러나게 작성하였으며, 책에 대한 감상을 책의 정보와 자신의 삶과 연계하여 인상 깊게 표현함.	자신의 감상을 작성하였으나 책의 정보나 자신의 삶과 연계하여 구체적으로 서술하지 않은 부분이 더러 있음.	독서 질문에 대한 자신의 감상을 작성하지 못하였거나 작성한 양이 매우 미흡함.
		그림책 생각 질문 대부분(80% 이상)에 대해 자신의 감상을 작성하였으며, 작성한 문장이 자신의 생각을 전달하기에 충분한 분량이며 완결성 있는 문장으로 작성함.	그림책 생각 질문에 대해 작성한 감상이 기준에 미흡하거나(80% 이하) 작성한 내용이 충분하지 않은 부분이 더러 있음.	그림책 생각 질문에 대한 감상을 작성하는데 어려움을 보임.
참여와 성찰 (20)	대화 참여 활동 (10)	활동에 참여하는 과정에서 타인을 존중하는 표현을 사용하고, 대화를 주의 깊게 경청하였음.	활동에 참여하는 과정에서 타인을 존중하는 표현을 사용하지 않거나 경청하지 않는 경우가 있음.	타인을 존중하는 표현을 사용하거나 경청하는 자세가 부족함.
	성찰 (10)	자신의 배움 과정을 성찰하며 성찰지를 작성하였음.	자신의 배움 과정에 대한 성찰이 잘 드러나지 않음.	배움 과정 성찰지를 작성하지 못함.

세부 능력 및 특기사항 예시

사랑력 기르기 독서 프로젝트 활동에서 책의 제목과 표지, 차례를 바탕으로 '사랑을 잘하기 위해서 친밀력을 높이기 위해서는 구체적으로 어떤 행동과 말을 해야 할까?'같은 질문을 만들며 자신의 읽기 과정을 능동적으로 조정하고 점검하며 독서 활동에 참여함. 도서 '두 사람(이보나 흐미엘레프스카)'을 읽고 그림책의 주제와 관련된 질문을 만들고 모둠 질문을 선정하여 독서 토론 활동을 하였으며 이 과정에서 모둠 토의 질문을 선정하는 과정을 조율하는 진행자 역할을 하여 모둠 활동에 기여함.

말과 글로 사랑을 가꾸는 시간, 사랑력 기르기 수업

수업에 들어가며

사랑력 기르기 프로젝트 속으로

이 수업의 탐구 질문을 종합하면 '독서를 통해 어떻게 하면 사랑을 잘하는 힘을 기르고 나의 성찰을 전달할 수 있을까?'이다. 2015 개정 교육과정의 성취기준인 '읽기 [9국02-09] 자신의 읽기 과정을 점검하고 효과적으로 조정하며 읽는다. 듣기·말하기 [9국01-07] 여러 사람 앞에서 말할 때 부딪히는 어려움에 효과적으로 대처한다.'가 2022 개정 교육과정의 성취기준에도 연계되어 반영되었다.

수업의 전반부는 독서를 통해 사랑력을 기르는 방법에 대해서 알아가는 과정이고, 수업의 후반부는 독서를 통해 얻은 자신의 깨달음을 말하기 불안을 극복하며 발표하는 과정이다. 긴 흐름의 프로젝트 수업이므로 수행평가 항목을 두 개로 만들어 평가했다. 독서와 관련된 수행평가 항목, 그리고 듣기·말하기와 관련된 수행평가 항목을 통해 수행활동을 구체화하여 살펴볼 수 있도록 하였다.

수업은 다음과 같이 전개되었다. 먼저, 프로젝트 활동의 목표를 세우는 도입 단계에서 '독서 과정 점검하고 조정하며 읽기 전략'을 학습하도록 한다. 이 수업의 주제 도서인 『사랑 수업』에서 사랑력을 이루는 다섯 가지 힘을 설명하는 글을 읽는다. 자신의 읽기 과정을 의식적으로 점검하고 조정하며 글을 읽고 학습지 날개 부분에 메모한다. '친밀력', '대화력', '거절력', '사과력', '지속력'에 해당하는 장을 읽은 후, 각각의 다섯 가지 힘의 주제와 관통하는 그림책 연계 독서 활동을 한다.

수업을 크게 두 개의 부분으로 나누었을 때, 수업의 전반부에는 『사랑 수업』의 독서 상황을 스스로 점검하고 공유하는 활동에 집중하도록 하였다. 연계된 그림책 독서 활동에서는 프로젝트 모둠과 함께 각각의 힘의 필요성을 인식하고 성찰할 수 있는 질문으로 생각을 나누도록 했다.

수업의 후반부에는 책을 읽으며 얻은 자신의 성찰을 '독서 경험 발표' 활동을 진행하였다. 먼저 자신의 말하기 불안에 대해서 자가 점검을 하며 극복하는 방안에 대해서 알아보도록 했는데, 아이들은 독서보다도 발표에 대한 거부감이 많이 컸다. 발표를 충분히 준비할 수 있도록 대본을 쓰는 활동과 모둠 활동에서 연습하는 활동을 제공하였다. 자신의 독서 경험을 발표하고 성찰지를 작성하며 자신의 수행 과정을 되돌아보도록 하였다. 이 수업 사례에 대한 소개는 12차시의 긴 호흡의 프로젝트 수업 활동 중 독서 경험 구술 발표 활동 이전의 내용인 1차시에서 7차시 내용을 구체적으로 안내하고자 한다.

독서 목적과 활동 목표 세우기 학생 예시

☐ 사랑력 기르기 독서 프로젝트 활동을 왜 할까요? 『사랑 수업』의 책 내용과 연계하여 독서 목적을 작성해 보세요.

사랑도 공부와 연습이 없으면 실수하는 것이 당연할 것 같다. 사랑은 한 사람의 인생을 크게 달라지게 할 수 있는 일이기 때문에 사랑에 대해 잘 알고 이해하는 것이 필요하다.

☐ 이 활동은 나에게 어떤 의미가 있을까요? 이 프로젝트에서 내가 달성하고자 하는 목표를 작성해 보세요.

나에게 건강한 사랑을 배울 수 있는 계기가 될 것 같다. 이 프로젝트를 통해서 사랑을 잘 배우고 더 성장할 수 있으면 좋겠다.

글을 읽기 전 전략으로 꼼꼼히 살펴보기

글을 읽기 전 전략은 '제목이나 차례를 보며 내용 예측하기', '글을 읽기 전 읽기 목적 정하기', '궁금한 점, 알고 싶은 점을 중심으로 질문 만들기' 등이 있다. 『사랑 수업』의 표지와 목차를 살펴보면서 이 책을 어떤 사람에게 추천할 수 있는지 추론하여 써 보도록 했다. 궁금한 점과 알고 싶은 점을 질문으로 만들고 모둠 안에서 공유하도록 했다. 질문에 대한 답을 책을 읽으며 스스로 찾아갈 수 있으리라는 기대감을 실어주었다.

읽기 전 전략 적용하여 글 읽기 학생 예시

☐ 이 책은 어떤 사람에게 추천할 수 있을까요? 제목과 표지를 통해 글쓴이가 책을 쓴 의도를 추론하여 써 봅시다.

　사랑으로 인해 상처받거나 어떻게 사랑을 받아야 할지, 주어야 할지 모르는 사람들에게 사랑을 나누는 방법을 알려주기 위해 쓴 책인 것 같다.

☐ 사랑하는 사람과 최근 이별을 한 후, 후유증에서 벗어나기 어려운 사람은 책의 어떤 부분을 보면 될까요?

　책의 처음 부분인 '이별 증후군에서 벗어나기' 부분을 중심적으로 읽으면서 책에 있는 사랑으로 인한 상처를 치유할 수 있는 방법을 보면 좋을 것 같다.

☐ 이 책의 제목과 표지, 차례를 바탕으로 궁금한 점, 알고 싶은 점을 중심으로 질문을 만들고 공유해 봅시다. (예: 친밀력을 기르기 위해서는 어떤 행동과 말을 해야 할까?)

　- 완벽한 사랑이란 무엇일까?
　- 작가는 이 책을 쓴 대로 사랑을 잘할까?
　- 안전한 이별을 하려면 어떻게 해야 할까?

'사랑력 기르기' 왜 중요할까?

 '사랑력'은 사랑을 할 수 있는 능력을 말한다. 사랑에도 공부와 연습이 필요하다고 말하는 『사랑 수업』의 저자는 사랑이 곧 삶의 의욕을 만드는 동력이 되고, 자존감과 성장력의 기반이 된다고 말한다. 독서 과정을 조정하고 점검하며 읽기 활동의 전략 중에는 '글을 읽기 목적 세우기'가 있다. '사랑력 기르기 독서 프로젝트'를 하며 자신의 삶에 어떤 영향을 미칠 수 있는지와 연결지어 작성하도록 했다. 더 나아가 학생의 주도적인 프로젝트 참여를 위해서 수행평가 채점기준표를 살펴보면서 프로젝트를 달성하기 위해 우리가 알아야 할 목록을 작성하도록 할 수 있다. K-W-L 독서 전략을 변형한 활동지를 통해서 우리 모둠원들이 이미 알고 있는 것, 알고 싶은 것, 더 알아야 할 그것을 작성하며 구체화하도록 하였다.

프로젝트 달성을 위해 알아야 할 목록 정리하기 학습지 예시

	K (what we know) 이미 알고 있는 것 할 수 있는 것	W (what want know) 궁금한 것 알고 싶은 것	L (what we want to learn) 더 알아야 할 것 더 배우고 싶은 것
모둠원 ⋮			

애착으로 살펴보는 사랑력의 토대

사랑을 잘하기 위해서는 안정적인 애착이 중요하다고 한다. 우리 아이들은 다양한 형태의 가정환경에 놓여 있다. 경제적으로 여유롭지 않은 가정도 있고, 다문화 가정도 있고, 한부모 가정이나 조손 가정 등 형태가 다양하다. 초기 양육 환경의 경험에 대해 강조하는 애착이론이 자칫하면 아이들에게 상처를 줄 수 있을 듯하여 부연 설명을 자세히 하려고 노력했다. 애착은 살면서 누구를 만나고 어떤 경험을 하느냐에 따라 변할 수 있고 독서, 강연, 상담 마음공부 등의 활동을 통해서도 스스로 성숙해지기 위해 꾸준히 노력하는 것이 필요하다고 했다. 바로 사랑수업이라는 책을 읽는 이유도 이 이유라고 설명했다.

애착유형 검사의 결과에서 불안정 애착과 안정 애착을 가리는게 아이들에게 상처가 될 수 있으리라 생각이 들어 애착유형 검사를 살펴보면서 유독 나의 마음을 건드리는 문항이 있는지 살펴보도록 했다. 예를 들어 '나는 혼자 남겨질까 걱정이다.', '나는 다른 사람에게 마음을 여는 것이 편안하지 않다.' 등의 문장과 관련된 경험을 아이들이 많이 작성한다. 내밀한 경험이므로 발표는 하지 않고 안정적인 애착을 가진 사람의 특징에 대해서 부가적으로 설명을 하고 사랑에 미치는 영향에 대해서 예측하며 살필 수 있도록 했다.

사랑력을 이루는 다섯 가지 힘 살펴보기

『사랑 수업』의 저자는 사랑을 잘하기 위해 '친밀력', '대화력', '사과력', '거절력', '지속력'이 필요하다고 말한다. 다섯 가지 힘과 사랑이 어떤 관계가 있는지 연계성을 갖도록 하기 위해 씽킹맵 활동으로 정리해

보도록 했다. '의미 찾기'에는 사랑을 잘하기 위해 'ㅇㅇ력'이 필요한 이유에 대해서 작성하도록 하고, '상상하기'에는 'ㅇㅇ력'이 부족하면 발생할 수 있는 사례를 그림으로 표현해 보도록 한다. 예를 들어, 학생들은 사과력이 필요한 이유에 대해서 '사랑을 할 때 갈등이 생길 수 있는데, 사과를 제대로 하지 않으면 사랑을 이어나가기 어렵다.' 등을 작성하고 사과력이 부족할 때 갈등이 발생한 상황을 '상상하기'에 간단한 그림으로 그렸다.

독서 과정 점검과 조정하기 메모 활동

"독서하는 것은 눈에 보일까요?"라고 물었더니 학생들은 "안 보여요."라고 대답한다. "선생님은 여러분이 어떤 독서를 하고 있는지 어떻게 알 수 있을까요?"라는 질문에 여러 가지 대답이 나온다. 이 수업을 통해 학생들은 독서 과정에서 자신의 읽기 과정을 점검하고 조정하며 읽는 전략을 익힐 수 있어야 한다. 읽기 전략을 적용하기 위해 '메모'를 활용하도록 했다.

교과서에 제시된 '메모하며 읽기 방법' 예시에 대해서 살펴보도록 했다. 예를 들어, '후추를 "신대륙의 발견 일등 공신"이라고 표현한 이유는 뭘까?'라는 질문이 있다면 이 메모는 글의 내용과 관련하여 궁금한 점에 대해 질문을 만든 읽기 전략을 적용했다는 것을 살펴보는 방식이었다. 글을 읽을 때 읽기 활동에 대해 메모할 수 있는 날개 칸을 학습지에 마련하였고 그 칸에 메모할 수 있도록 했다. 메모할 때 '글'과 관련된 메모(글 내용 이해와 관련된 메모, 내용 요약하기, 새롭게 알게 된 점), '나'와 관련된 메모(배경지식, 경험, 글쓴이 생각 공감과 비판, 나의 생각과 비교하기, 나의 상황에 적용하기 등), 그리고 자유 메모까지 3개 이상의 메모를 만들면서 글을 읽도록 했다.

너와 나의 벽을 넘어서기 '친밀력'

이 수업은 『사랑 수업』에서 6장 '사랑력을 이루는 다섯 가지 힘'을 중심으로 발췌독하는 방식으로 진행했다. 첫 번째 친밀력에서 발췌하여 읽어 본 부분은 '원하는 대로, 놀고, 넘어가고'라는 소제목이 있는 부분이었다. 글을 읽기 전 예측하기 전략을 활용하여 소제목을 살펴보며 어떤 내용이 담겨있을지 예측해 보도록 했다. 친해지기 위해서는 '상대가 원하는 것'을 알아야 하고, 가끔은 적당히 '넘어가 주는' 유연한 태도가 필요하다는 내용이었다. 교우 관계를 어려워하는 아이들에게 큰 도움이 될 내용이라고 생각했다. 사랑의 출발은 바로 친해지는 것이니까. 학생들에게 '사랑의 언어' 검사에 관한 내용을 소개하며 상대방에게 필요한 언어로 사랑을 표현할 수 있어야 한다는 말도 더했다.

친밀력을 기르기 위해 더한 그림책 독서 활동은 『빨간 벽』이었다. 빨간 벽은 벽에 부딪혔을 때 어떤 태도를 지녀야 하는지 생각해 볼 수 있는 그림책이다. 어린아이들도 읽는 그림책이니 편안한 자세로 책을 읽던 아이들이 마지막 장면의 낭독 순간에 눈을 동그랗게 뜨는 모습이 참 귀엽다. 아이들에게는 사람들과 관계를 맺는 면에서 벽에 부딪혔던 경험이나, 스스로 자신의 벽을 만든 적이 있는지 물었다. 모둠 활동에서 자신이 인생을 살아가는 태도와 비슷한 동물에 관해 공유하면서 살아가야 할 태도에 대하여 성찰해 볼 수 있도록 했다.

친밀력 연계 그림책 『빨간 벽』 독서활동 학생 예시

☐ 당신이 인생을 살아가는 태도와 가장 유사한 동물은 무엇이었나요? 특히 사람들과 관계를 맺는 면을 중심으로 생각해 봅시다.

- 나 : 고양이. 세상에 순응하면서 궁금증을 갖지 않는 모습이 꼬마 생쥐보다는 고양이와 비슷한 것 같다. 두렵거나 걱정되는 일이 생기면 도전하기보다는 망설일 때가 있는데 그 모습이 고양이와 유사한 것 같다.
- 모둠원①: 곰. 평소에 남의 일에 관심을 잘 갖지 않는 모습이 자신과 비슷하다고 생각함.
- 모둠원②: 여우. 행복하다고 생각하기는 하지만 마음에 벽이 있다고 생각하기 때문에.

☐ 살아가면서 인간관계를 맺는 면에서 벽을 만든 경험이 있나요? 자신의 벽을 만들지 않으려면 어떻게 해야 할까요?

고등학교에 대한 걱정이나 진로에 대한 고민이 많아서 스스로 벽을 만들기도 한 것 같다. 그럴 때 그림책에 나온 파랑새처럼 어머니께서 경험하지도 않고 걱정만 했던 나에게 벽을 넘어설 수 있는 용기를 많이 주셨다.

☐ 모둠 대화 후 인상 깊었던 내용은 무엇이었나요?

시도를 해보지도 않고 포기를 하지 말고 항상 궁금해하는 마음가짐을 가져야 한다는 내용이 인상 깊었다. 그리고 친구를 통해 벽에서 나올 수 있었다는 이야기를 들으면 나의 인간관계를 다시 돌아보게 되었다.

대화력, 사랑에 필요한 소통 기술

대화력은 소통에 대한 능력이다. 소통이 잘 안되어 답답했던 자신의 경험을 떠올려 보면서 그 상황에서 어떻게 대화하면 대화가 더 잘 이루어졌을지 자신의 경험과 생각을 작성하도록 한다. 대화력과 연계한 그림책은 『눈을 감아 보렴!』이다. 그림책을 읽기 전 짝 활동을 통해 그림책의 의미를 더하는 활동을 한다. 둘이 짝을 지어 한 사람만 그림을 본 후, 다른 한 사람은 짝꿍을 말한 대로 그림을 그려 보도록 한다. 그림을 모두 그린 후, 처음 전달했던 그림과 비교해 보도록 한다. 그림책의 등장 인물 중 형은 시각 장애인이다. 형과 동생이 대화가 통하지 않았던 이유에 대해서 생각해 보도록 하면서 꼭 장애가 있지 않더라도 우리는 모두 다양한 상황에 처해 있는 서로 다른 사람들이라는 것을 기억해야 한다고 했다. 서로의 입장에서 생각하고 배려하면서 소통하는 것의 중요성에 대해서 다시금 생각하도록 했다.

대화력 독서 활동 학생 예시

☐ 소통이 잘 안되어 답답했던 경험이 있나요? 만약에 그 상황에서 어떻게 대화했다면 소통이 잘 이루어졌을지 사건의 경험과 생각을 작성해 봅시다.

오빠나 엄마와 대화할 때 가족이라는 생각 때문에 서로를 편하게 생각하여 쉽게 상처 주는 대화를 하는 것 같다. 앞으로는 필요하지 않은 말로 상처를 주거나, 상호작용이 없는 대화를 중지하고 주거니, 받거니 하는 대화를 이어가려고 노력해야 할 것 같다.

☐ 대화력 읽기 활동 메모

- 대화력을 높이려면 말을 너무 많이 하지 않고 상호작용을 하면서 대화해야 한다는 것을 알았다.
- 나도 누군가와 친해지고 싶을 때 상대의 관심사에 대해 소통하려고 한 적이 있었다.

거절력, 끊어내기 기술

거절력은 거절을 잘할 수 있는 능력이다. 사랑을 잘하기 위해서 왜 거절력이 필요할지 거절력과 관련된 내용을 예측하면서 글을 읽도록 했다. 한 학생은 "사랑을 할 때 무조건 순응적이거나 무리한 요구를 받아들이는 것은 건강한 사랑이 아니"라고 말했다. 학생들과의 상담에서 상대방이 원하지 않는 스킨십을 요구해서 어려움을 겪었거나, 교제하고 있는데 다른 사람이 다가오는 것을 끊어내지 못해서 결국은 모두에게 신뢰를 잃어버리는 경우를 보기도 했다. 학생들의 발표에 대해 피드백하며 거절력이 부족하여 겪을 수 있는 삶의 구체적인 어려움을 예시로 들며 사랑을 잘하기 위해서 거절력이 필요한 이유를 생각해 보도록 했다.

많은 이들이 거절을 어려워한다. 학생들과 함께 읽은 책의 단락은 '마음은 가볍게, 태도는 진지하게'라는 소제목을 달고 있다. 글쓴이가 제안하는 방법, 즉 글쓴이의 생각에 동의하는지 비판적인 관점에서 살펴보면서 더 나은 방법이 있는지 제안해보는 활동으로 거절력에 대해서 살펴보았다. 그림책 『곰씨의 의자』는 거절하지 못해서 곤란함을 겪는 곰의 이야기가 나온다. 그림책을 읽고 내가 거절하고 싶은 것에 대해서 작성하며 종이비행기를 날려 피드백을 주고받는 활동을 했다. 관계뿐만 아니라, 자신의 성격, 습관까지 모두 살피며 공유하도록 했다. 그리고 자신이 원하는 모습으로 살아가기 위해 품고 싶은 가치 단어를 작성하며 다짐을 주고받았다.

사과력, 갈등의 불을 끄는 기술

사과력은 사과를 잘하는 방법에 관한 내용이다. '사과의 3단계 완성법'인 1단계 사과의 말, 2단계 잘못한 내용을 구체적으로 밝히기, 3단계 재발 방지 대책을 구조화하여 요약하여 정리하도록 했다. 사과력과 연계하여 '나에게 사과하기' 활동을 한 후, 서로에게 격려팔찌를 전해주는 활동을 했다. 어쩌면 가장 사랑하고 많은 이야기를 나누어야 할 자기 자신에게 사과해야 할 것을 살펴보는 활동이다. 수업 시간에 많이 엎드려 있었던 한 학생이 "내가 너에게 필요 없는 애라고 해서 미안해. 너는 나중에 멋진 사람이 될 거야."라고 자신에게 사과한 내용을 본 후 마음이 아팠다. 그 학생을 보며 국어 수업과 공부에 큰 관심과 의욕이 없다고만 생각했던 내 자신이 매우 부끄러웠다. '아이들 저마다 마음속에 성장의 싹을 품고 있구나. 이렇게 웅크린 채로도.'

격려팔찌 활동은 나에게 사과하기 활동 후 서로에게 응원과 격려의 힘을 나누기 위해서 진행했다. 격려와 응원의 말 예시를 함께 살펴본 후, 한 사람에게 여러 개의 팔찌를 나눠주고 간단히 자신에게 사과하고 싶은 바를 공유한 후 격려팔찌에 격려의 말을 써서 팔찌를 채워주는 활동을 했다. 귀찮아하고 쑥스러워하다가도 팔찌를 계속 차고 있거나 여분의 팔찌를 받아가서 다른 반 친구에게도 선물하는 모습이 눈 속에 간직하고 싶은 장면이었다.

격려팔찌 학생 활동 예시

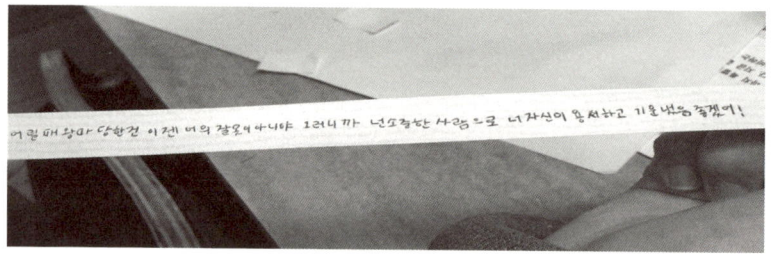

지속력, 사랑의 위기를 견뎌내는 비결

지속력은 사랑을 지속하기 위한 힘을 말한다. 김연아 선수가 훈련 중 무슨 생각을 하면서 훈련하느냐는 질문에 대해 "무슨 생각을 해. 그냥 하는 거지."라는 말을 했다는 일화를 소개한다. 지속을 위한 특별한 비결이 없을 수 있다는 내용이다. 학생들에게 오래 지속하고 싶은 관계가 있는지, 그 관계를 잘 유지하기 위해서는 어떻게 해야 하는지 생각을 나누도록 했다. 그리고 지속력과 연계한 그림책 『두 사람』을 읽고 ORID 독서 활동[1]을 통해 모둠원과 생각을 나누도록 했다.

그림책 두 사람 ORID 독서 활동 질문 목록 예시

Objective (인식 질문)	Reflective (느낌 질문)
메모하며 그림책을 읽고 자신의 읽기 과정을 조정하고 점검해 봅시다.	그림책을 읽고 강하게 밀려온 감정은 무엇이었나요? 그 이유 관련 경험을 말해 봅시다.
Interpretive (판단 질문)	Decisional (결정 질문)
자신이 해석한 그림책의 주제와 연계하여 생각을 나눌만한 질문을 만들어 봅시다.	여러분은 어떤 사랑을 하고 싶은가요? 소중한 관계를 지속하기 위한 여러분의 다짐이나 성찰을 말해 봅시다.

---

1) ORID 질문 기법은 시카고 대학의 조지프 매튜스 교수에 의해 4단계 질문으로 구성된 것으로 Objective(인식 질문), Reflective(느낌 질문), Interpretive(판단 질문), Decisional(결정 질문)의 앞 글자를 딴 질문 기법이다.

수업을 나오며

독서로 삶을 배우고 성찰하며 자라는 우리

"나 자신을 되돌아보고 앞으로의 삶을 어떻게 살아야 할지 생각하게 되었다."

학생들의 수업 후기에서 많은 아이들이 다행히도 이와 비슷한 말을 남겨주었다. 말과 글을 통해 성찰하며 더욱 마음에 드는 나의 모습을 만나고 앞으로의 자신의 삶을 가꾸어 나가는 것. 바로 내가 추구하는 나의 교실 속에서 자라나는 우리 아이들의 모습일 것이다. 수업을 준비할 때면 마치 편지를 쓰고 있다는 생각이 들 때가 있다. 편지를 받는 수신자는 내 수업을 지금 듣고 있는 아이들일 수도 있지만, 어른이 된 아이들에게 닿길 바라는 마음도 있다. 아이들이 사랑을 할 때마다 중학교 국어 시간에 읽은 이 글이 떠올랐으면 좋겠다. 어떻게 사랑하고 사랑받을 것인지에 대해서 끊임없이 성찰하며 더 멋진 사랑을 하며 행복한 삶을 살아가기를 응원한다.

주체적인 삶을 살아가기 위한 균형 잡힌 식사 구성 수업

최은정 * 천안용곡중학교

처음엔 담임 선생님의 권유로 가정교육과를 선택했지만, 공부하면서 이 교과가 삶에 얼마나 중요한지를 깨닫게 되었습니다. 이제는 그 중요성을 학생들도 함께 느끼기를 바라며, '어떻게 하면 아이들이 흥미를 느끼고, 이 지식이 진짜 필요하다는 것을 알게 할까?'를 끊임없이 고민하며 수업을 준비합니다. 비록 한 번에 많은 것을 바꾸진 못하더라도, 수업에서 배운 내용이 아이들의 삶에 자연스럽게 스며들어 더 나은 생활을 만드는데 도움이 되길 바랍니다.

개정 교육과정 키워드에 대한
나의 수업 고민

수업을 통해 자립적인 생활역량을 길러줄 수 있을까?

"오! 그러면 요리 잘하시겠네요?"

가정 선생님이라고 밝히면 열에 아홉은 물어보는 질문이다. 이 말을 들을 때마다 '가정 수업에 요리만 있는 줄 아나?'라는 생각이 들지만 동시에 자신이 학창 시절 가정 수업을 들을 때 조리 실습이 가장 기억에 남아 이런 질문을 한다는 생각이 든다. 실제로 가정 수업에서 조리 실습을 포함한 식생활은 많은 부분을 차지하지만, 그것은 일부일 뿐이고 가정 교과는 의복, 주거, 소비, 가족 등 인간 생활 전체와 관련된 내용으로 구성되어 있다. 즉 인간이 살아가는 데 필요한 모든 내용을 담고 있는 교과란 뜻이다.

유명 TV 프로그램 중 혼자서 살아가는 삶을 보여주는 프로그램이 있는데 가끔 보면 경악할 장면들이 나온다. 독립한 지 오래되었지만, 빨래할 줄 몰라 걸레와 속옷, 외출복을 함께 돌리며 세제와 섬유 유연제를 왕창 넣고 괜찮다고 하는 장면, 심지어 세탁이 끝나면 세탁물을 꺼내 바닥에 널어 건조한다. 또 김밥을 만들려고 재료를 준비하는데 조리 원칙과 순서를 지키지 않고 마구잡이로 조리하다 결국 주먹밥으로, 그것마저 실패해 모든 재료를 넣어 볶음밥으로 만드는 장면이 나온다. 가정 교사로서 그런 장면을 볼 때마다 참담함을 넘어 개탄스럽다. '저 사람도 분명 학교에서 배웠을 텐데, 우리 아이들도 커서 저렇게 살면 어떡하지?'

수능을 보지 않는 교과, 비주류인 교과. 우리 아이들이 가정 교과에 대해 가지고 있는 생각들이다. 이런 고정 관념으로 인해 수업 시간에 잘 안 듣는 아이들이 많다. 그러나 삶을 살아가다 보면 알겠지만, 이론 위주의 교과 시간에 배우고 시험을 본 내용보다 가정 시간에 배운 내용이 훨씬 더 내 삶과 가깝고, 유용하게 쓰인다. 또한 2022 개정 교육과정에선 자신의 일상생활을 성찰하고 주도적 삶을 위한 행동 체계 구축, 삶에서 발생하는 다양한 실천적 문제를 해결하며 자립적인 생활역량 함양을 강조한다. 따라서 아이들이 시험을 위해 가정 교과를 공부하기보다는 성인이 되어 누군가에게 의지하지 않고도 스스로 잘 살아가기 위해 공부했으면 한다.

수업 구상 배경과 목적

주체적인 삶을 살기 위한 준비 과정

어떻게 하면 가정 교과 내용이 나에게 진짜 필요하고 삶에 유용하게 쓰인다는 걸 알려줄 수 있을까? 학생들이 중요하게 생각하지 않는 교과 교사로서 늘 하는 고민이다. 더군다나 나에게 주어진 시간은 일주일에 한 시간, 많아야 두 시간이다. 시수가 많지 않은 교과일 때 행사, 휴업일 등으로 수업이 빠지기라도 하면 타격이 매우 크다. 따라서 연초에 계획을 세울 때 가장 가르치고 싶은, 그리고 반드시 배웠으면 하는 내용을 선정하는 게 중요하다.

그런데 책을 펼쳐보면 가르쳐 주고 싶은 내용이 정말 많다, 어느 하나 삶에 필요하지 않은 지식이 없는데 무엇을 가르쳐야 할까? 고민 끝에 가장 기본에 충실해지기로 했다. 의식주. 그중에서도 학생들이 가장 관심 있어 하는 식생활. 너무나 기본이어서 중요하지 않다고 생각하는 부분, 그렇지만 사람이라면 누구나 반드시 수행해야 하는 일. 다 먹고살자고 하는 일인데 과연 무엇을 먹어야 할까?

2022 개정 교육과정 핵심 아이디어에는 "생활의 기본 조건으로서 의식주 생활의 수행 능력을 갖추는 일은 창의적이고 가치 있는 삶을 설계하고 영위할 수 있는 기초가 된다."라는 부분이 있다. 수업을 통해 삶을 영위하는 수행 능력을 길러주고 아이들이 다른 사람의 도움을 받지 않고 스스로 자립하는 인생을 살게 해주고 싶었다.

수업 한눈에 보기

수업 개요

균형 잡힌 식사 구성하기 수업		
과목 가정	학년 중학교 3학년	기간 13차시

핵심 아이디어	• 일상에서 직면하는 문제에 대처할 수 있는 역량은 개인 및 가족의 긍정적 발달과 행복한 일상의 삶을 주도적으로 이끌 수 있게 한다. • 생활의 기본 조건으로서 의식주 생활의 수행 능력을 갖추는 일은 창의적이고 가치 있는 삶을 설계하고 영위할 수 있는 기초가 된다.
성취기준	[9기가01-03] 건강과 성장을 위한 청소년기 영양의 중요성을 이해하여 자신의 식생활을 평가하고, 식생활 문제를 개선하여 건강한 식생활을 실천한다. [9기가02-02] 한국인 영양소 섭취기준과 식사구성안을 바탕으로 균형 잡힌 식사를 계획한다. [9기가02-04] 개인과 가족의 영양 요구와 지속가능성을 충족하는 식사를 계획하고 조리한다.
핵심역량	■ 실천적 문제해결 역량　　■ 생활 자립 역량　　□ 관계 형성 역량
탐구질문	1. 나는 지금 균형 잡힌 식사를 하고 있는가? 2. 건강한 삶을 살기 위해 어떤 식사를 해야 할까?

수업의 흐름

차시	주제	내용
1~2 차시	영양소 분석하기	• 한국인의 영양소 섭취기준 이해하기 • 자신이 좋아하는 음식의 주요 영양소 분석하기 • 과잉, 부족 영양소 찾기
3~4 차시	식품 표시 분석하기	• 준비한 가공식품의 식품 표시 분석하기 • 영양표시 분석하기 • 영양표시를 하는 이유와 의미 이해하기
5~6 차시	식품 구성 자전거 이해하기	• 식품 구성 자전거의 구성 및 의미 이해하기 • 식품 구성 자전거 만들기 • 과잉, 부족 영양소가 생기지 않게 대체 할 수 있는 음식 찾기
7~8 차시	식사 일기 쓰기	• 식품군별 1인 1회 분량과 1일 권장 섭취 횟수 이해하기 • 하루 동안 먹은 음식 식품군별로 분류하고 섭취 횟수 적기 • 실제 식사와 권장 섭취 횟수 비교 분석하기 • 권장 섭취 횟수에 맞게 식사 재구성하기
9~10 차시	식단 구성을 위한 기초지식 쌓기	• 가족 구성원별 식사 선택 기준 이해하기 • 다양한 조리법과 특징 이해하기
11~12 차시	균형 잡힌 식단 구성	• 식단 작성을 위한 가족 구성원 분석하기 • 가족 구성원의 1일 권장 섭취 횟수 분석 및 분배하기 • 분배된 자료를 기준으로 하루 식단 구성하기 • 음식에 맞는 조리법 선택하기 • 식단 평가하기
13 차시	결과물 발표와 성찰하기	• 작성한 식단 발표하기 • 프로젝트 성찰 일지 작성하기

주요 결과물	• 개인 결과물: 우리 가족을 위한 균형 잡힌 식단 작성하기

채점기준표

평가 요소		채점 기준(점수)		
		잘함(10)	보통(7)	노력 필요(4)
식생활 분석 활동 (50)	영양소 분석 (10)	자신이 좋아하는 음식의 재료를 분석하고 재료의 대표적인 영양소를 찾아 정리함. 과잉 섭취하는 영양소와 부족한 영양소를 찾아냄.	음식의 재료와 대표적인 영양소를 부분적으로 연결하거나 과잉, 부족 영양소 중 하나만 찾거나 둘 다 찾지 못함.	음식의 재료와 대표 영양소를 연결 짓지 못하고 과잉, 부족 영양소를 찾지 못함.
	식품 표시 분석하기 (20)	즐겨 먹는 가공식품의 식품 표시를 분석하고 영양표시의 의미와 실시하는 이유, 장점에 대해 소비자, 생산자, 사회, 국가의 입장에서 서술함.	식품 표시분석 시 빠진 부분이 많거나 영양표시의 의미, 시행 이유, 장점에 대해 부분적으로 서술함.	식품 표시를 분석하지 못하거나 영양표시의 의미, 시행 이유, 장점에 대해 작성하지 못함.
	식단 분석 (20)	섭취한 음식을 식품군별로 분류할 수 있고 각각의 섭취 횟수를 파악하고 1일 권장 섭취 횟수와 비교, 분석함. 분석 결과를 토대로 기준에 맞게 식사를 재구성함.	식품군별로 분류하지 못하거나 섭취 횟수를 파악하지 못하거나 1일 권장 섭취 횟수와 비교 분석한 내용이 기준에 맞지 않거나 기준에 맞게 식사를 재구성하지 못함.	식단을 분석하지 못하고 기준에 맞게 식단을 재구성하지 못함.
식단구성하기 (30)	식품 구성 자전거 구성하기 (10)	섭취 횟수와 분량에 맞게 바퀴 면적을 배분하고 구성 요소(물, 6가지 식품군)를 순서에 맞게 채움. 준비한 식품 사진을 식품군에 맞게 분류함.	구성 요소를 두 가지 이상 빠뜨리거나 면적, 순서를 틀리게 작성하였거나 10% 이상의 식품 사진을 식품군에 바르게 배치하지 못함.	식품 구성 자전거를 구성하지 못하고 대부분의 식품 사진을 식품군에 바르게 분류하지 못함.
	균형 잡힌 식단 구성 (20)	식단 작성을 위한 기초자료를 4가지 영역 모두 작성하였으며 이를 토대로 권장 섭취 횟수에 맞는 식단을 작성함. 가족에게 적절한 조리법을 선택하고 식단에 대한 평가를 성실히 작성함.	기초자료를 부분적으로 작성하였거나 자료와 구성한 식단이 맞지 않음. 적절한 조리법을 선택하지 못하고 식단 평가를 부분석으로 작성함.	기초자료를 작성하지 못하고 식단을 구성하지 못함. 식단 평가를 대부분 작성하지 못함.

준비와 참여 (20)	준비 (10)	식품 표시 분석하기에 필요한 식품 표시와 식품 구성 자전거 구성을 위한 식품 사진 자료를 준비함.	식품 표시를 준비하지 않거나 식품 사진 자료의 양이 충분하지 않음.	식품 표시와 식품 사진 자료를 준비하지 않음.
	참여 (10)	활동의 목적을 이해하고 모든 활동에 적극적으로 참여하며 적극적으로 문제를 해결함.	활동에 적극적으로 참여하지 않거나 문제를 부분적으로 해결함.	활동의 목적을 이해하지 못하고 활동에 참여하지 않음. 문제 대부분을 해결하지 못함.

세부 능력 및 특기사항 예시

영양소 분석 활동과 식품 표시분석 활동을 통해 자신이 즐겨 먹는 음식이 어떤 영양소로 구성되어 있는지 분석하며 나트륨, 지방, 트랜스 지방을 과다 섭취하고 단백질, 비타민 섭취가 부족하다는 것을 알게 됨. 1일 권장 섭취 횟수의 의미에 대해 이해하고 식사 일기를 작성하며 자신의 식생활 문제점인 단백질, 비타민 부족을 해결할 수 있도록 기준에 맞는 식단을 재구성함. 식품 구성 자전거의 구조와 의미에 대해 이해하고 준비한 식품 사진을 식품군에 맞게 분류하며 같은 식품군에 있는 식품은 대체식품으로 이용될 수 있다는 것을 알게 됨. 균형 잡힌 식단을 구성하기 위해 가족 구성원별로 기초자료를 성실하게 조사 후 고혈압을 방지하기 위한 저염식 식단을 구성함.

수업에 들어가며

내가 먹는 것이 나를 만든다.

 2022 개정 교육과정의 성취기준 중 '[9기가01-03] 건강과 성장을 위한 청소년기 영양의 중요성을 이해하여 자신의 식생활을 평가하고, 식생활 문제를 개선하여 건강한 식생활을 실천한다.'라는 기준이 있다. 이 성취 기준에서 비롯된 탐구 질문이 '나는 지금 균형 잡힌 식사 하고 있을까?'이다.
 수업 전체 흐름을 통해 자신의 식생활을 돌아보고 균형 잡힌 식사란 무엇인지 알아보며 나아가 궁극적으로 건강한 삶을 살게 하는 것이 이 수업의 목표이다. 따라서 수업은 크게 분석과 구성 활동으로 나뉜다. 전반부에는 영양소와 식품 표시분석을 통해 자신이 즐겨 먹는 식품에 대해 분석하며 과잉, 부족하게 섭취하는 영양소가 있는지 알아보도록 했다. 그 후 식사 일기를 작성하고 1일 권장 섭취 횟수와 비교 후 개선할 점을 찾고 식단을 재구성해 보며 식생활 개선의 필요성에 대해 느낄 수 있도록 했다. 후반부에는 식품 구성 자전거 구성 활동을 통해 우리가 쉽고 자주 접하는 식품의 대표 영양소가 무엇인지 알아보며 균형 잡힌 식생활을 조성하기 위해 섭취를 늘리거나 줄일 음식과 대체할 수 있는 식품군에 대해 학습하도록 했다. 마지막으로 지금까지 분석한 자료를 토대로 가족들의 영양, 기호 등을 고려한 균형 잡힌 식단을 작성, 평가해 보게 하였다.

영양소 분석하기

학교에 따라 다르지만, 중학교 1학년 혹은 2학년 때 이미 영양소의 종류와 기능을 학습한다. 그래서 3학년 수업에서는 실제 나의 삶과 관련된 수업을 하기 위해 자신이 즐겨 먹는 음식에는 무슨 영양소가 들어있는지 알아보는 활동을 하고자 했다. 활동 시작 전 좋아하는 음식이 무엇인지 물어보면 대부분 햄버거, 치킨, 피자 등 고열량 음식을 좋아한다고 답한다. 그럼 "그런 음식에는 무슨 영양소가 들어있을까?"라고 물어보면 대부분 "지방이요."라고만 답을 한다. 물론 치킨, 피자, 햄버거 등에 지방이 많은 건 사실이지만 지방만으로 구성되지는 않는다. 본인이 무슨 영양소를 많이 먹고 부족하게 먹는지 모른다면 건강한 삶을 유지할 수 없다.

자신이 좋아하는 음식이 무엇이고 그 음식을 한 달에 몇 번 정도 먹는지, 재료는 무엇이며 재료마다 함유한 대표 영양소가 무엇인지 찾도록 했다. 교사가 학생들이 즐겨 먹는 음식에는 나트륨, 지방, 탄수화물 등이 많다고 가르쳐주는 게 아니라 학생들이 직접 활동을 해보며 본인이 좋아하는 음식에 어떤 영양소가 많은지 알게 하고 부족한 영양소가 무엇인지 찾게 해 좋아하는 음식만 섭취하면 영양 불균형이 생길 수 있다는 점을 스스로 깨닫게 했다.

식품, 제대로 알고 구매하자!

가공식품을 먹지 않는 학생은 아마 대한민국에 없을 것이다. 특히 우리 학교는 학원에 다니는 아이들이 많은데 학교 끝나고 학원에 가기 전 시간이 부족하다는 이유로 편의점에서 식사를 해결하는 아이들이 대부분이다. 그렇지만 가공식품을 사기 전 식품 표시를 확인하는 아이들이 몇 명이나 있을까? 소비자는 물품 생산자나 판매자로부터 정보를 제공받을 권리, 즉 알권리가 있다는 것을 소비 시간에 배운다. 그렇지만 이 학생 중 알권리를 사용하는 소비자는 극히 드물다는 사실을 강조하며 수업을 시작했다.

먼저 학생들에게 식품 표시 읽는 방법을 가르쳐 줬다. 반드시 표기해야 할 영양소와 소비기한, 보관 방법 등 식품과 관련된 모든 정보가 쓰여 있다고 설명하며 정보를 읽을 땐 그대로 수용하는 것이 아니라 비판적으로 수용해야 함을 안내했다. 특히 소비자들은 낮은 열량을 좋아하기에 가공식품 식품 표시엔 1회 제공량을 터무니없이 적게 정해놓은 경우가 많다. 이 활동을 해보면 학생들이 가져온 과자, 젤리 등의 식품 한 봉지가 1회 분량이 아닌 것을 알고 매우 놀란다. 이런 점들을 유의하며 읽도록 안내했다.

이후 본인이 좋아하는, 혹은 즐겨 먹는 가공식품을 가져오게 해 식품 표시 읽고 분석하게 했다. 대부분 정보는 학습지에 옮겨 적으면 되지만 영양표시는 해석하는 능력이 필요하다. 특히 가공식품에는 수많은 식품 첨가물이 들어가는데 식품 첨가물의 종류와 기능을 찾아보게 함으로써 식품 첨가물의 첨가 이유와 장점, 단점에 대해 알게 했다. 또 요즘 인기 많은 무열량 음식이 어떻게 제로가 될 수 있는지 찾아보며 건강을 위해 선택한 무열량 음식이 과연 건강에 좋은 것인지 생각해 보게 했다. 마지막으로 가공식품의 섭취가 나에게 어떤 영향을 끼치는지 알게 하고 간편하고 맛있다는 이유로 가공식품을 선택하는 게 과연 옳은 일인지 스스로 돌아보게 했다.

식품 구성 자전거를 굴려라

세계 여러 나라마다 국민이 건강한 식사를 하기 위해선 어떤 식품을 얼마나 먹어야 하는지 쉽게 안내하고자 그림으로 식사구성안을 제시하고 있다. 식사구성안은 국가마다 비슷하지만 다르게 구성되어 있으며 해당 나라의 사회적, 문화적 배경을 반영하고 있다. 한 접시에 음식을 담아 먹는 문화권에서는 접시, 쟁반으로 표현되어 있으며 일본은 팽이가 돌아가려면 균형을 잘 잡아야 하듯 영양상으로 균형 잡힌 식사를 해야 한다는 점을 강조하기 위해 팽이로 표현했다.

우리나라 식사구성안은 자전거 모양으로 수분 섭취를 강조하기 위해 앞바퀴에는 물을 넣었고 뒷바퀴는 6개의 식품군을 섭취 횟수와 분량에 맞게 면적을 배분하였다. 식사구성안을 자전거 모양으로 만든 이유는 현대인들 대부분이 운동 부족이기에 운동을 강조하기 위해서이다. 이 각각의 구성 요소의 의미에 대해 안내한 후 준비해 온 식품 사진을 활용해 학생들이 식품 구성 자전거를 구성하게 했다.

식품 구성 자전거를 표현할 때 모든 요소가 들어가야 한다는 점을 강조하고 면적이 다른 것도 의미가 있기에 반드시 표현할 수 있도록 안내했다. 또한 아이스크림과 버터처럼 원재료가 우유로 같아도 가공 후 분류가 달라질 수 있다는 점을 안내해 올바르게 분류할 수 있도록 했다.

식품을 분류하며 같은 식품군에 있는 식품들은 함유한 주 영양소가 비슷해 서로 대체할 수 있음을 깨닫게 했다. 더 나아가 특정 식품군을 많이 먹거나 적게 먹으면 식품 구성 자전거의 바퀴가 찌그러져 굴러가지 못하는, 즉 건강하지 못한 식습관임을 강조했다.

식사 일기 쓰기

균형 잡힌 식사를 하기 위해선 균형 잡힌 식사의 기준에 대해 알아야 한다. 식품군별 1인 1회 분량과 1일 권장 섭취 횟수를 학습 후 자신의 성별과 나이에 맞는 권장 섭취 횟수를 찾게 했다. 기준을 학습한 후 활동지에 자신이 하루 동안 섭취한 음식을 전부 쓰게 했다. 이때의 하루는 자유롭게 선택하게 하지만 되도록 주말을 선택하게 하는 것이 좋다. 평일의 식사를 선택하면 점심에 급식 메뉴를 적기에 학생들의 내용이 비슷해지기 때문이다. 자신이 섭취한 음식 모두 적고 식품군별로 분류한 후 식품군별 섭취 횟수 모두 다 더하도록 안내했다.

'식사 일기 쓰기' 중학교 남학생 기준 예시

끼니	먹은 음식	곡류	고기·생선·달걀·콩류	채소류	과일류	우유·유제품류	유지·당류
아침	샌드위치	식빵(0.6)	달걀(1), 햄(0.5)	토마토(0.5)	-	치즈(0.5)	식용유(1)
점심	비빔밥, 콩나물국	쌀밥(1)	콩나물(0.5), 달걀(1)	고사리(0.5), 무(0.5), 느타리버섯(1), 애호박(0.5)	-	-	참기름(1), 식용유(1)
저녁	현미밥, 순두부찌개, 고등어구이, 시금치나물, 김치	현미밥(1)	순두부(0.5), 바지락(0.5), 돼지고기(1), 고등어(1)	호박(0.25), 양파(0.25), 시금치(0.5), 배추김치(1)	-	-	식용유(1), 들기름(1)
간식	떡, 우유, 사과	꿀떡(1)	-	-	사과(0.5)	우유(1)	-
① 식품군별 섭취 횟수의 합		3.6회	6회	5회	0.5회	1.5회	5회
② 1일 권장 섭취 횟수		3.5회	5.5회	8회	4회	2회	8회
1일 권장 섭취 횟수보다 많이 섭취한 식품군 ①>②		곡류, 고기·생선·달걀·콩류					
1일 권장 섭취 횟수보다 적게 섭취한 식품군 ①<②		채소류, 과일류, 우유·유제품류, 유지·당류					
1일 권장 섭취 횟수에 적합하게 섭취한 식품군 ①=②		없음					

그 결과를 자신의 권장 섭취기준과 비교해 보게 하며 잡힌 식사가 되려면 무엇을 줄이고 늘려야 하는지 생각해 보고 권장 섭취기준에 맞게 식단을 재구성하게 했다. 이때 식품 구성 자전거에서 배운 대체식품을 활용할 수 있도록 안내하는 것이 중요하다. 학생 중 식사를 거르는 학생들은 이 활동을 통해 끼니를 고르게 먹는 게 중요하다는 점을 느끼게 했다.

나도 영양 전문가

앞선 과정을 바탕으로 균형 잡힌 식단을 구성하는 활동을 안내했다. 식단을 작성하기 위해서는 식사를 하는 사람에 대해 여러 가지를 알아야 한다. 학생들이 가장 가깝게 만날 수 있는 가족들을 인터뷰하며 가족 구성원의 영양 상태와 기호, 경제, 능률을 조사하게 했다. 가족에 대해 적는 게 민감하다면 자신이 좋아하는 영화, 드라마 주인공을 적게 하는 것도 방법이다.

'나도 영양 전문가' 학습지 기초 자료 수집 부분 예시

가족 구성원	나이	건강 상태를 고려한 영양적인 면	기호 면	경제·능률 면
아버지	50세	과체중이라 지방 섭취를 줄이고 고혈압이 있어 나트륨 섭취를 줄여야 한다.	고기 요리를 좋아한다.	요리를 잘 못해서 직접 조리가 어렵다.
어머니	48세	당뇨가 있어 단 음식을 줄여야 한다.	부드러운 음식을 좋아한다.	대체당을 자주 사용하신다.
오빠	18세	근육을 키우고 싶어 해 단백질 섭취를 늘린다.	맵고 짠 자극적인 음식을 좋아한다.	조금씩 자주 먹는다.
나	16세	성장기인데 키가 자라지 않아 칼슘 섭취를 늘리려 한다.	단 음식을 좋아한다.	시간이 부족해 아침을 편의점 음식으로 해결하는 경우가 많다.

가족에 대한 기초자료 작성 후 구성원별 성별과 나이에 맞는 1일 권장 섭취 횟수를 찾아 식품군별로 더해 나온 총 섭취 횟수를 다시 세끼와 간식으로 나눠 적절하게 분배하도록 안내했다. 이를 토대로 가족을 위한 균형 잡힌 하루 식단을 작성하게 하는데 생일상 등 특별한 조건을 걸어주면 활동이 더 재밌어진다.

　같은 재료로 음식을 만들어도 조리 방법에 따라 열량과 영양소의 양이 달라진다. 앞서 배운 조리 방법 중 가족의 특성에 맞는 조리 방법을 선택하고 그 이유도 작성하게 했다.

'나도 영양 전문가' 습지 조리 방법 부분 예시

음식	조리법	특징	이유
보쌈	끓이기 (삶기)	식품을 물에 넣고 가열하여 골고루 익히는 방법으로 식품이 고루 익으나 수용성 영양소가 손실된다.	고기를 좋아하는 아버지의 기호를 반영해 고기 요리를 선택하였고 삶기는 다른 조리 방법에 비해 지방 섭취율이 낮아 과체중인 아버지에게 적합한 조리 방법이라 선택함.
두부 우유 셰이크	생조리 (갈기)	열을 사용하지 않아 영양소 파괴가 적다.	성장기라 칼슘의 섭취가 필요한 나를 위해 선택한 음식으로 두부와 우유에 들어있는 칼슘을 섭취할 수 있으면서 고도의 조리 기술이 필요하지 않아 누구나 쉽게 만들 수 있으며 시간이 부족한 아침에도 간편하고 빠르게 섭취할 수 있어 선택함.

　모든 식단 작성이 끝나면 자신이 작성한 식단을 스스로 평가하게 했다. 평가 분야는 앞서 조사한 영양, 기호, 경제(식생활비), 능률(조리 시간, 노력 등) 측면으로 가족의 특성이 잘 반영되어 있는지 평가하도록 했다. 자기 평가가 끝나면 앞에 자신이 작성한 균형 잡힌 식단을 왜 이렇게 구성했는지 가족의 특성과 함께 발표하게 하였다.

수업을 나오며

조금씩 성장하며 완성되는 우리

　일주일에 한 시간, 많아야 두 시간인 과목에서 긴 호흡으로 프로젝트 수업을 끌어간다는 것은 결코 쉬운 일이 아니다. 여러 과목을 듣는 학생으로선 많은 활동과 평가를 보는 게 부담스럽기도 하고 계속해서 활동하다 보면 이 활동을 왜 하는지 이유와 목적을 잊기도 한다. 교사도 힘든 건 마찬가지이다. 반마다 진도의 격차가 생기면 준비해야 할 것도 많고 학생이 한 번이라도 빠지면 다음 활동을 하는데 배경지식이 없어 힘들어하기에 매 수업 시간 공을 들여 복습해야 한다. 또 중간에 계속해서 활동의 목표와 의미를 설명하며 동기를 부여해야 한다.

　그럼에도 이러한 수업을 하는 이유는, 학생 스스로 건강한 식생활의 중요성에 대해 깨닫고 내면화하길 바라기 때문이다. 앞서 나온 활동들을 빠르게 강의식으로 하면 금방 진도를 나갈 수 있다. 그렇지만 서두에도 말했듯 시험을 위한 공부가 아닌, 실제 살아가는 삶에 도움이 되는 공부를 하길 바란다.

　수업하며 아쉬웠던 점은 역시나 부족한 시간과 환경이었다. 식단을 작성하는 것에서 끝나는 게 아니라 실제로 요리를 해보고 가족들에게 대접하는 활동까지 하고 싶었지만, 부족한 시수와 열악한 시설로 인해 실행에 옮길 수 없었다. 이 점을 보완해 학교에서 조리 실습이 어렵다면 가정에서 해보고 보고서를 작성하게 하는 형식도 좋겠다는 생각이 든다.

수업을 통해 영양소의 종류와 기능을 달달 외우고 1일 권장 섭취 횟수를 외워 시험을 잘 보는 것도 좋겠지만 그것보단 내가 먹는 게 무엇이고 계속 내가 먹고 싶은 것만 먹다 보면 나에게 어떤 영향이 생기는지 깨닫고 건강하게 살려면 무엇을 어떻게 먹어야 하는지 알게 돼 스스로 식생활 문제를 해결할 줄 아는 사람으로 성장하길 바란다.

삶의 지혜가 되는
철학 오디오북 제작 프로젝트

정다정 * 천안두정고등학교

겨울을 견뎌내야만 하는 나무처럼 살아온 시간이 있었습니다. 그 겨울이 있었기에 지금의 봄이, 교실 안 학생들이 더욱 소중하게 느껴집니다. 학생들이 인생의 크고 작은 어려움에 무너지지 않고 행복하게 살아가길 바라는 마음을 담아 윤리 수업을 준비합니다. 수업을 통해 학생들과 함께 성장하며 행복한 교사로 살아가고 싶습니다.

개정 교육과정 키워드에 대한 나의 수업 고민

가르침의 오만에서 벗어나 깊이 있는 학습으로

윤리와 사상 과목은 내용 요소가 많고 난이도가 높은 과목이다. 2022 개정 교육과정에서는 전체 성취기준이 22개에서 15개로 축소되고, 내용 요소도 약 1/3가량 줄어들었지만, 여전히 학생들은 서양 윤리 단원에서만 대략 20명 이상의 철학자를 만나야 한다. 이처럼 방대한 양의 동서양 철학 및 사회사상을 교사가 짧은 기간에 이론 중심으로 몰아 가르친다면, 교실 안 학생 중 몇 명이나 제대로 배울 수 있을까?

윤리 교사인 나도 전공으로 철학을 공부할 때는 철학의 깊이를 이해하는 과정에서 많은 어려움을 겪었었다. 교사가 열심히 가르친다고 해서 학생들이 모두 배울 수 있다고 믿는 것은 가르침의 오만일 뿐이다.

2022 개정 교육과정에서 윤리와 사상 과목은 일반 선택과목에서 진로 선택과목으로 변경된다. 또한, 수능 응시 과목에서도 제외되면서 교과서의 모든 내용을 빠짐없이 가르쳐야 한다는 부담에서도 벗어나게 되었다. 학습자의 수준과 요구를 충분히 고려하여 학생들의 삶과 성장을 지원하는 역량 함양 교육과정을 실현할 기회이다.

깊이 있는 학습을 위한 현실적인 대안

2022 개정 교육과정에서는 학생의 삶과 연계된 깊이 있는 학습을 통해, 배운 내용을 삶의 맥락에서 활용할 수 있는 역량을 강조하고 있다. 이러한 접근은 완전히 새로운 것은 아니다. 우리는 이미 수년간 삶과 연계한 학습을 지향하며, 교실에서 이를 실천해 왔다. 나의 수업 구호도 '삶을 위한 철학'이다. 학생들에게 윤리 사상을 이해하는 것도 중요하지만, 그보다 더 중요한 것은 건강하고 평온한 삶을 살아가는 것이라고 항상 강조해 왔다.

따라서 새로운 교육과정에 대비해 완전히 새로운 수업을 설계하려고 애쓰기보다는, 현실적인 대안을 모색하는 것이 필요하다. 그동안의 나의 수업이 철학을 삶과 연결하려는 노력에 중점을 두었다면, 이제는 유의미한 맥락 속에서 삶에 적용할 수 있는 배움으로 한 걸음 더 나아가고자 한다.

수업 구상 배경과 목적

삶의 과정에서 초콜릿처럼 꺼내먹을 수 있는 철학

나는 지난 몇 년간 '철학 도서 1학기 1권 읽기' 활동을 통해 학생들의 철학에 대한 이해를 심화하고, 윤리적 삶과 행복한 삶이 밀접하게 연결되어 있다는 점을 성찰할 기회를 제공하고자 했다. 행복한 삶을 위한 책 대화 프로젝트는 독서(3차시)와 모둠 책 대화(2차시)를 거쳐, 철학 대화록을 출판(2차시)하는 과정으로 마무리되었다. 도서 구매부터 크롬북을 활용한 구글 문서 협업까지 교사의 큰 노력이 필요했지만, 프랜시스 베이컨의 "독서는 완전한 사람을, 토론은 준비된 사람을, 글쓰기는 정밀한 사람을 만든다"라는 말처럼 이 과정이 학생들의 디지털 소양을 높이고 전인적 성장을 이끌었다는 확신이 있다.

이러한 성장이 학생들의 삶 속에서 더욱 강력한 힘을 발휘하기 위해서는 어떻게 해야 할까? 삶과 연계한 학습을 더욱 강화하기 위해, 이제는 학생들의 삶 속으로 들어가 그들과 함께 생각해 볼 필요가 있다.

스마트폰 세대인 우리 학생들이 가장 많은 시간을 사용하는 앱은 무엇일까? 정답은 단연코 '유튜브'이다. 유튜브는 사용자가 흥미를 느낄 만한 영상을 지속적으로 노출하여 시청 시간을 늘리는데, 윤리 교사인 나에게는 어느 날부턴가 철학 도서 오디오북이 추천되기 시작했다. 종이책을 읽는 것이 익숙했던 나로서는 처음에는 거부감이 들었지만, 멀티태스킹이 가능해 바쁜 하루 중에도 오디오북으로 철학서를 쉽게 접할 수 있다는 점이 매력적으로 다가왔다.

이에 따라, 학생들이 독서와 토론을 통해 얻은 철학적 지혜를 오디오북으로 출판하는 과정을 추가하여, 결과물 공유와 성찰을 강화하고자 하였다. 이번 프로젝트를 통해 학생들이 자신의 철학적 깨달음을 나누며 함께 성장하는 기쁨을 느끼고, 앞으로 세상에 나가 크고 작은 어려움에 직면했을 때 함께 공부한 철학적 지혜를 초콜릿처럼 꺼내 먹으면서 힘을 얻기를 기대했다.

수업 한눈에 보기

수업 개요

삶의 지혜가 되는 철학 오디오북 제작 프로젝트		
과목 윤리와 사상	학년 고등학교 2학년	기간 12차시
핵심 아이디어	• 인간관과 세계관은 도덕의 실현 방식과 삶의 모습에 영향을 미친다. • 윤리에 대한 이해와 실천은 마음의 평안과 사회적 평화를 위한 방법을 탐구하는 데 필요하다. • 윤리적 삶과 진정한 행복은 보편윤리를 지향하는 다양한 윤리적 방법과 노력을 통해 가능하다.	
성취기준	[12윤사01-01] 공자사상에 바탕하여 맹자와 순자, 주희와 왕수인의 인성론을 비교하고, 인간 본성의 입장에 따른 윤리적 삶의 목표 및 방법론의 차이와 그 의의를 파악할 수 있다. [12윤사01-02] 노자의 유무상생·무위자연 사상과 장자의 소요유·제물론의 의의를 이해하고, 서로 다른 것들 간의 어울림을 통한 진정한 평화에 대해 성찰할 수 있다. [12윤사01-03] 불교의 사성제와 자비를 이해하고, 괴로움을 극복하는 방법을 실천할 수 있다. [12윤사03-01] 서양 윤리사상의 출발점에서 나타난 보편윤리, 영혼의 조화, 성품의 탁월성의 특징을 파악하고, 덕과 행복의 관계에 대하여 성찰할 수 있다. [12윤사03-02] 행복 추구에 대한 쾌락주의와 금욕주의의 입장을 비교하여 고찰하고, 진정한 행복을 위한 윤리적 실천 방법을 제시할 수 있다.	
핵심역량	■ 도덕적 사고 능력　　■ 도덕적 정서 능력　　■ 윤리적 성찰 및 실천 방향 ■ 도덕적 대인관계 능력　■ 자기 존중 및 관리 능력　■ 도덕적 공동체 의식	
탐구질문	어떻게 하면 윤리적 앎을 삶의 지혜로 활용할 수 있을까?	

수업의 흐름

차시	단계	내용	구분
1차시	프로젝트 시작	• 선생님이 들려주는 철학 오디오북 • 프로젝트의 안내하기 • 도서 탐색하기 • 모둠 구성을 위한 온라인 설문	
2차시	모둠 구성하기	• 모둠 발표 • 학급 및 모둠 세우기 활동 • 독서 활동 오리엔테이션	모둠
3~4차시	독서 활동	• 매시간 독서 메모를 작성하며 독서	개인
5차시	독서 마무리	• 독서 활동 마무리 및 독후 활동지 작성	개인
6차시	모둠 책 대화	• 독후 활동지 공유를 통한 모둠 책 대화	모둠
7차시	계획서 작성	• 오디오북 제작 계획서 작성하기(구글 슬라이드)	모둠
8차시	대본 작성	• 대본 작성 및 검토(구글 클래스룸-과제-문서)	모둠
9차시	오디오북 공유 피드백	• AI 기술을 활용해 오디오북 생성 및 공유 • 다른 모둠 오디오북 듣고 피드백하기	모둠
10~11차시	최종 오디오북 완성 및 공유	• 피드백을 수용한 대본 수정, 섬네일 제작 • 최종 결과물 교과 유튜브 채널에 업로드 • 전교생 및 교직원에게 공개	모둠
12차시	수업 성찰	• 최우수 오디오북 시상 • 프로젝트 과정 및 성장 결과 평가	개인

주요 결과물	• 모둠 결과물: 철학 오디오북 대본 및 영상 • 개인 결과물: 독서 활동지

채점기준표

평가 요소		채점 기준(점수)		
		뛰어남	기준에 근접함	개선이 필요
독서 활동	독서 메모 작성	주어진 형식에 맞게 독서 메모를 잘 작성함.	독서 메모의 내용과 형식에 있어 미흡한 점이 있음.	독서 메모를 의미 있게 작성하지 못함.
	독서 태도	매 차시 진지한 태도로 독서에 집중함.	2회 이상의 교정을 위한 피드백을 받음.	3회 이상의 교정을 위한 피드백을 받음.
	독후 활동지	독서 질문의 의도에 맞게 독서와 삶을 연계하여 구체적이고 합리적인 문장을 작성함.	독서 질문에 대한 답을 작성하였으나 구체성 및 합리성에서 아쉬운 점이 있음.	독서 질문에 대해 의미 있는 대답을 작성하지 못함.
	책 대화	책 대화 활동에서 적극적으로 자신의 의견을 표현하고, 경청하며 상호작용함.	책 대화 과정에 참여하였지만, 자신을 의견을 개진하고 경청하는데 아쉬운 점이 있음.	책 대화 과정에 거의 참여하지 못함.
오디오북 제작	오디오북 대본 작성	주제와 형식에 맞게 완성도 높은 대본을 작성함.	대본의 형식 및 내용에서 부족함이 있음.	모둠 대화록의 완성도가 현저히 떨어짐.
	협업	자기주도적으로 맡은 역할을 해내어 대화록 완성에 기여함.	역할에 다소 소극적으로 임했으나 도움을 받아 맡은 역할을 완수함.	역할 수행에 소극적으로 임해 교사와 친구들의 많은 도움을 받음.
	성실성	수업 규칙을 준수하고 과정 전반에 성실히 참여함.	2회 이상의 교정을 위한 피드백을 받음.	3회 이상의 교정을 위한 피드백을 받음.
	오디오북 출판	완성도가 높은 오디오북을 제작하여 공유함.	오디오북의 내용 및 형식에 부족한 점이 있음.	오디오북의 완성도가 현저하게 떨어짐.
성찰	동료평가	동료의 작품에 대해 공정하게 평가하고 도움이 되는 피드백을 제공함.	작품 평가 및 피드백 과정에 참여하였으나 구체성이 부족하거나 빠진 부분이 있음.	동료평가에 성실하게 참여하지 않음.
	자기평가	활동 과정 전반에 대한 합리적 성찰이 담긴 자기 평가지를 작성하여 성장의 발판으로 삼음.	실제 활동 과정이 반영되어 있긴 하나, 다소 추상적으로 자기 평가지를 작성함.	실제 활동 과정이 거의 반영되지 않은 자기 평가지를 작성함.

세부 능력 및 특기사항 예시

도서 '호모 에티쿠스(김상봉)'를 읽으며 소크라테스의 좋은 삶, 플라톤 영혼의 조화, 아리스토텔레스의 에우다이모니아를 정리하고 '행복을 위해서는 도덕적인 삶을 살아야 할까?'라는 질문으로 모둠원들과 철학적 대화를 나눔. 본인은 '덕 있는 삶이 행복하다.'라는 지덕복합일설에 동의하며 자신의 탁월함을 잘 발현시키는 동시에 도덕적 실천을 통해 가치 있는 삶을 살고 싶다는 생각을 밝히며 '소크라테스 대화록(플라톤)'의 일부를 소개함. 모둠에서 작가 역할을 맡아 뛰어난 의사소통 역량을 발휘하여 대화록 작성 과정에서 어려움을 느끼는 친구를 도와 최종 수정을 거쳐 대본을 완성함. 내용을 하나로 묶는 구체적인 제목이 었으면 좋겠다는 동료의 피드백을 유연하게 수용해 '삶의 가치가 흔들릴 때 행복을 지키는 법'이라는 철학 오디오북을 제작하여 동료 평가에서 자신의 스토리가 잘 녹여진 감동적인 오디오북이라는 평가를 받음.

수업에 들어가며

철학 오디오북 제작 프로젝트의 시작

"얘들아, 알고리즘 진짜 무섭다. 선생님이 40살이 되자마자 '마흔에 읽는 쇼펜하우어'가 유튜브 추천 영상으로 뜨기 시작했어. 너희는 어떤 영상이 추천되니?"

유튜브 추천 영상에 대한 이야기를 나누며 우리가 진행할 프로젝트를 공개했다. 공개 방법은 내가 학생들에게 들려주고 싶은 이야기를 담은 오디오북이다. 호기심으로 선택했던 전공이 삶을 버티게 해준 나의 이야기를 통해, 우리가 배우는 윤리사상이 구체적인 삶의 장면에서 나를 지키는 힘이 될 수 있음을 전달하고자 했다. 교사가 직접 오디오북을 제작하기 어렵다면, 오디오북 공모전에서 입상한 작품이나 선배들이 제작한 완성도 높은 작품을 활용하는 것도 효과적이다.

프로젝트를 시작하면서 탐구 질문, 목적, 과정, 채점기준표 등을 명확히 제시하는 것은 매우 중요하다. 이를 위해 미리 프로젝트 안내 자료를 제작하여 학생들에게 설명한 후, Q&A 시간을 가졌다. 물론, 프로젝트 진행 중에도 질문과 피드백이 끊임없이 오갈 것이지만, 과정 중에 궁금증이 생기는 것과 처음부터 그 과정 자체의 의미와 내용을 이해하지 못하는 것과는 큰 차이가 있다. 만약 이 과정에서 교사가 미처 고려하지 못한 부분이 있다면, 학생들의 의견을 반영하여 프로젝트의 내용, 시기, 공개할 방법 등을 수정하거나 보완할 수 있다.

프로젝트 안내가 끝나면, 앉은자리에서 무작위로 6개의 모둠을 편성하고, 앞으로 읽을 도서를 탐색하는 시간을 가졌다. 각 모둠에 서로 다른 도서 6권을 배부한 후, 모둠 내에서 도서를 돌려 읽으며 3차시 동안 읽을 책을 고르도록 했다.

추천 도서 예시

순	도서(저자)	관련 사상
1	금강경 인생 수업(우승택)	불교
2	마음으로 읽어내는 도덕경(정창영)	도가
3	나는 불안할 때 논어를 읽는다(이서연)	유교
4	플라톤의 인생 수업(장재형)	서양 고대
5	마흔에 읽는 쇼펜하우어(강용수)	서양 현대
6	니체처럼 사랑하고 세네카처럼 현명하게(윤지원)	서양 전체

마지막으로 모둠 구성을 위한 온라인 설문지를 받았다.

온라인 설문지 예시

1. 나의 학번과 이름은?
2. 내가 가장 잘할 수 있는 역할을 순서대로 나열한 것은? (선택형)
   (모둠장 - 작가 - PD - 디자이너)
3. 모둠장으로 추천하고 싶은 친구가 있다면?
4. 도서 탐색 결과, 가장 읽고 싶은 책은? (선택형)
   4-1. 이 책을 읽고 싶은 이유는?
5. 도서 탐색 결과, 두 번째로 읽고 싶은 책은? (선택형)
   5-1. 이 책을 읽고 싶은 이유는?
6. 도서 탐색 결과, 세 번째로 읽고 싶은 책은? (선택형)
   6-1. 이 책을 읽고 싶은 이유는?
7. 모둠을 구성할 때, 선생님이 꼭 고려해야 할 사항이 있다면 적어주세요.
   ※ 같은 도서를 선정한 학생끼리 한 모둠이 된다.
8. 철학 오디오북 제작에 있어 걱정되거나 기대되는 점을 적어주세요.

모둠 구성 및 협동하려는 마음 키우기

첫 시간에 실시한 설문지 결과를 바탕으로 모둠을 구성하고, 각 모둠이 함께 읽을 도서를 안내한다. 모둠장을 지원하지 않았음에도 모둠장이 된 학생들에게는 친구들의 신뢰를 받고 있음을 알려주며 축하의 말을 전했다.

학생들의 협동심을 키우기 위해 학급 전체가 참여할 수 있는 '모퉁이 밸런스 게임'을 진행했다. 이 게임은 교사가 네 가지 서로 다른 답변을 유도할 수 있는 질문을 제시하면, 동일한 답변을 선택한 학생들이 교실의 네 모퉁이에 모여 그 답을 선택한 이유를 공유하는 활동이다. 이 과정을 통해 학생들은 자신과 타인을 더 깊이 이해하고, 자기 생각을 표현하는 데 편안함을 느끼게 된다. 이렇게 생각을 나누는 대화 자체가 철학임을 강조하며, 우리 수업이 삶에 대한 철학을 찾아가는 과정임을 설명했다.

모퉁이 밸런스 게임 예시

질문 1. 제일 좋아하는 계절은?
질문 2. 요즘 나의 마음속에 제일 자주 나타나는 감정은?
질문 3. 요즘 나의 행복에 가장 많은 영향을 주는 존재는?
질문 4. 요즘 나에게 가장 스트레스가 되는 것은?
질문 5. 행복한 삶을 위해 꼭 필요하다고 생각되는 것은?

질문1		질문2		질문3		질문4		질문5	
봄	여름	까칠이	소심이	가족	친구	성적	진로	돈	명예
가을	겨울	버럭이	슬픔이	스타	나	인간관계	가족	건강	사랑

출처 : 나무학교 소모임 '생활교육연구소' 활동 자료

학생들에게 협동심을 키워주기 위한 두 번째 방법으로 '모둠 세우기 활동'을 진행했다. 협동학습의 핵심 원리 중 가장 중요한 것은 긍정적 상호의존이다. 이는 모둠원의 성과가 나에게 도움이 되고, 나의 성과가 모둠원에게 도움이 되는 방식으로, 서로가 의지하는 관계를 형성하는 것이다.[1]

모둠 세우기 활동은 준비물이 간단하고, 단순한 재미를 넘어 긍정적 상호작용을 경험할 수 있는 내용을 포함하고 있는 것이 적합하다. 내가 자주 사용하는 모둠 세우기 활동으로는 이면지 종이탑 쌓기, 쁘띠 바크[2], 라벨지를 활용한 키워드 협력 퀴즈판 등이 있다. 이러한 활동들은 학생들이 자연스럽게 협력하고, 긍정적인 팀워크를 느낄 수 있도록 도와준다.

모둠 세우기 활동 예시

쁘띠 바크(Petit Barque)
1. 주제에 맞게 주어진 자음으로 시작하는 7가지 단어를 완성한다.
2. 7가지를 모두 적은 팀은 정답을 외치고, 그 순간 모든 팀이 작성을 멈춘다.
3. 정답을 외친 팀이 단어를 순서대로 말한다.
4. 다른 팀이 똑같은 단어를 썼을 경우 다른 팀들이 점수를 얻고 아무도 쓰지 않은 단어를 불렀을 경우 정답을 말한 팀이 점수를 획득한다.
5. 라운드별 점수를 다 더해 우승팀을 가린다.

라운드	초성	음식	동물	운동	국가	노래	철학자	교실	점수
1									
2									
3									
4									

출처: TVN 문제적 남자

---

1) 알고 나면 누구나 할 수 있는 협동학습. 김성은 외 3명. 함께 교육. 2019.
2) 쁘띠 바크(Petit Barque)는 작고 경쾌한 돛단배를 뜻하는 프랑스어로 초성을 활용해 어휘와 문장을 학습하는 프랑스 어휘게임이다.

철학 도서 음미하며 읽고, 기록하기

독서 기록을 하며 300~400페이지에 달하는 철학책을 3시간 이내에 읽는 것은 현실적으로 불가능하다. 학생들은 목차와 대략적인 내용을 참고하여 자신이 읽고 싶은 부분을 선택해 발췌 독서를 하게 된다. 많은 양을 읽는 것보다 그 의미를 깊이 음미하고 자기 삶과 연결하는 것이 더 중요하다는 점을 강조하였다.

깊이 있는 독서를 위해, 교사가 평소 책을 읽을 때 사용하는 독서 메모지 작성 방법을 소개했다. 매시간 수업이 끝나기 전 10분 정도는 독서 메모(읽은 페이지와 인상 깊은 구절 기록)를 작성하도록 했다. 독서 메모는 도서별로 부분을 나누어 패들렛^{Padlet}에 기록했다. 책을 느리게 읽는 학생들에게는 개인 차이를 고려하여 1차시 동안 20페이지를 목표로 독서 속도를 조절하도록 격려했다.

독서 3차시에는 독서를 일찍 마무리하고 2~30분 정도를 독후 활동지 작성에 할애했다. 이 독후 활동지 내용을 바탕으로 모둠원들과 대화를 나누고, 이를 통해 북 오디오를 제작하는 과정으로 이어나갔다.

독후 활동지 질문 예시

1. 가장 인상 깊은 책의 내용 옮겨적어 보세요.
2. 이 부분이 나에게 와닿은 이유는 무엇일까요?
3. 책을 읽고 난 후의 생각이나 느낀 점을 3개의 해시태그로 표현한다면?
4. 같은 책을 읽은 모둠 친구들에게 하고 싶은 질문은?

책을 읽은 생각과 느낀 점을 나누는 책 대화

개별 독서 활동이 끝난 뒤에는 같은 책을 읽은 모둠원들끼리 모여, 책을 읽고 난 후의 생각과 느낀 점을 나누는 책 대화를 진행했다. 이 과정에서 독서 3차시에 작성한 독후 활동지를 활용했다. 책 대화를 할 때 공유할 내용은 독후 활동지의 질문 1, 2, 3번이다. 한 사람이 길게 이야기하지 않도록 5분씩 돌아가며 자신의 생각과 느낌을 나눴다. 이 과정에서 학생들은 모둠원들과 대화하면서 책의 내용을 더 깊이 이해하고, 서로 다른 관점과 해석을 통해 넓은 시각을 가질 수 있게 되었다.

마지막으로, 책을 읽고 느낀 점과 궁금한 점을 바탕으로 모둠원에게 하고 싶은 질문을 하나씩 이야기하도록 안내했다. 이후, 모두가 함께 생각을 나누고 싶은 대표 질문을 선정하여, 그 질문에 대한 답을 자유롭게 나눴다. 이러한 책 대화를 통해 정서적 연결을 경험하고, 철학적 대화의 즐거움을 발견할 수 있기를 기대했다.

모둠 책대화 질문 예시

1. 쇼펜하우어의 철학에서 제시하는 고통 극복 방법은 실제로 유용할까?
2. 금강경에서 제시하는 '집착을 버리라'라는 가르침이 실제 삶에 어떻게 적용될 수 있을까?
3. 논어의 가르침을 적용하여 일상적인 불안을 줄이는 방법에는 어떤 것들이 있을까?
4. 플라톤의 철학에서 가장 강력하다고 생각되는 메시지는 무엇인가?

철학 오디오북 출판 계획서 작성

지금까지 활동을 바탕으로 오디오북 제작을 위해 모둠원의 생각을 모았다. 창문 열기 활동지로 '삶의 어떤 순간에 이 책을 다시 읽고 싶을까?'라는 질문에 대한 답을 나누며 철학 오디오북의 제목과 청자의 대상을 구체화했다.

앞선 책 대화 활동을 바탕으로 오디오북을 제작하기 위한 출판 계획서를 작성했다. 이 계획서를 통해 각 역할이 명확히 분담되고, 오디오북 제작 과정이 체계적으로 진행되도록 했다. 또한 계획서의 내용은 프로젝트 진행 과정에 충분히 수정될 수 있다는 것을 안내했다. 계획서에는 다음과 같은 내용이 포함된다.

오디오북 출판 계획서 예시

철학 오디오북 제목			
들려주고 싶은 사람			
순서	학번 이름	역할	읽어주고 싶은 책의 페이지
1		팀장(전체 이끎)	
2		작가(대본 완성)	
3		PD(영상 편집)	
4		디자이너(섬네일 제작)	

구글 문서 협업을 통한 철학 오디오북 대본 작성

오디오북 대본 작성을 위해서는 구글 문서로 협업을 가능하게 했다. 구글 문서 주소를 공유하는 방법도 있지만 나는 평소 구글 클래스룸을 사용하고 있기에, 학생들에게 구글 문서 파일 수정 권한을 주고, 대본을 협력해 작성하도록 안내했다.

① **모둠 대본 작성**: 학생들은 주어진 양식에 맞춰 구글 협업 문서에 자기 분량의 대본을 동시다발적으로 작성한다. 대본 작성 시 독후 활동지와 책 대화에서 도출한 내용을 활용하도록 안내한다. 각자가 인상 깊은 책의 구절에 자신의 생각과 느낌을 덧붙여 500자 내외의 글을 작성하면, 모둠당 5분 내외의 오디오북이 완성된다.

② **대본 검토 및 수정**: 각자 작성된 대본을 AI 더빙 프로그램에 넣어 오타는 없는지, 자연스러운 흐름인지 등을 검토한다. 교실에서 동시다발적으로 작업할 경우 소란스러울 수 있으므로, 개인 이어폰을 지참하도록 하고, 준비하지 못한 학생들을 위해 정보 선생님의 도움을 받아 공용 헤드셋도 준비한다.

③ **대본 최종 수정**: 대본 작성에 대해 작가 역할을 맡은 학생이 최종 수정을 담당한다. 구글 문서는 자동으로 드라이브에 저장되므로, 별도로 제출 과정을 진행할 필요가 없다.

오디오북 대본 작성 형식 예시

- 책 제목 : 논어
- 오디오북 제목 : 흔들리는 삶을 잡아주는 공자의 지혜
- 1번 순서 책 속의 인상 깊은 구절 + 이 구절에 대한 나의 생각 (500자 내외)
- 2번 순서 책 속의 인상 깊은 구절 + 이 구절에 대한 나의 생각 (500자 내외)
- 3번 순서 책 속의 인상 깊은 구절 + 이 구절에 대한 나의 생각 (500자 내외)
- 4번 순서 책 속의 인상 깊은 구절 + 이 구절에 대한 나의 생각 (500자 내외)
- 끝인사

철학 오디오북 제작 및 갤러리 워크

AI 더빙 프로그램 클로바 더빙 Clova Dubbing의 무료 기능을 이용해 음성 파일을 제작했다. 이 과정은 간단하여 모둠별로 대본만 완성되면 음성 파일 다운로드까지 많은 시간이 소요되지 않는다. 1차로 완성된 음성

파일은 패들렛에 게시하여 갤러리 워크를 진행했다. 갤러리 워크에서는 자기가 속한 팀을 제외한 두 팀의 오디오북을 청취한 후, 수정이 필요한 부분에 대해 조언을 하거나 어울리는 섬네일을 추천하는 등 '친절하고, 구체적이며, 도움이 되는' 피드백을 댓글로 남기도록 안내했다.

갤러리 워크가 종료된 후, 다른 모둠의 피드백을 바탕으로 대본을 수정하고, 섬네일을 제작하며, 영상 편집을 진행했다. 최종적으로 완성된 영상은 교과 유튜브 채널에 업로드하고 프로젝트를 마무리했다.

철학 오디오북 출판 결과물 공개하고 성공 축하하기

모든 반의 오디오북 제작이 완료되면, 윤리과 반장 학생들에게 오디오북 출판을 홍보하는 카드뉴스를 제작하도록 했다. 카드뉴스에는 오디오북을 바로 시청할 수 있는 QR 코드를 포함하여 출력한 후, 학교 전체에 게시하여 전교생과 선생님들에게 출판 결과물을 공유하였다. 일주일의 시간을 가진 후, '좋아요'와 조회수 등을 조사하여 우수 동영상, 최우수 동영상, 인기 급상승 동영상, 선생님 취향 저격 동영상 등을 시상하며 반 전체가 서로 축하하는 시간을 가졌다.

마지막으로, 구글 설문지로 동료평가 및 자기 성찰지를 작성할 시간을 충분히 제공하였다. 처음 이 수업을 준비했던 나의 마음을 담아 학생들의 앞날을 따뜻하게 격려하며 프로젝트를 마무리했다.

"낯선 철학책을 읽는 것으로 시작하여 철학 오디오북 출판까지 긴 호흡의 프로젝트를 성공적으로 끝낸 여러분이 자랑스럽습니다. 앞으로 살아가면서 여러분의 구체적인 삶의 순간에 우리가 함께 만든 이 오디오북이 힘을 발휘할 수 있기를 기대합니다."

수업을 나오며

더 나은 수업을 위해 용기 내 실천하기

    이 수업은 내가 수년간 해온 책 대화 프로젝트를 2022 개정 교육과정에서 강조하는 디지털 소양을 적용하여 새롭게 구성한 것이다. 전체 수업의 흐름에서 보면, 12차시 중 8차시까지는 실제 수업과 평가 장면을 바탕으로 서술되었고 9~12차시는 기존 수업을 활용하여 삶과의 연계를 강화하는 방안을 모색하면서 최종 결과물의 방향을 일부 수정하였다. 이제는 흔한 기술이지만, 처음 학생들이 작성한 철학 대화록을 AI 더빙 프로그램 클로바 더빙과 오디로[Odiro]에 넣어 변환시킬 때, 몇 초 만에 완성도 높은 음성 녹음 파일이 생성되어 참 흥미롭다고 생각했다. 수업을 정리하면서, 다른 교과와 융합(국어, 기술·가정, 정보)하여 저작권 교육을 추가하고 학생들의 목소리로 철학 오디오북을 제작하거나 계속 발전하고 있는 인공지능을 활용하는 방안도 고려해 보면 재미있는 수업이 가능할 것 같다는 생각을 했다.

    여전히 긴 호흡의 수업을 준비한다는 것은 두려움이 앞서는 일이다. 구글 클래스룸이나 독서 수업도 시작하기 전에는 '이게 과연 잘 될까?'라는 의문이 있었다. 하지만 지금은 즐겁고 익숙하게 하고 있다. 새로운 수업을 시도한다면, 당연히 처음부터 매끄럽고 능숙할 수 없다. 그럼에도 시도한다면, 문제를 해결하는 과정을 통해 교사는 학생과 함께 성장해 나갈 것이라고 기대한다.

구체적인 수업 장면에서 교육과정을 디자인하고 이끌어가는 것은 교사의 역할이다. 수업에 대해 확고한 신념을 가지고, 학생들이 매력적으로 느낄 수 있는 프로젝트를 완성하기 위해 더 많이 준비하고, 용기 내어 실천할 것을 다짐한다.

- 2부 -

모두가 주인공이 되는 교실

- 학습자 주도성과 능동적 수업 참여 -

영향을 주고받는 대화가 있는 국어 수업
p.117

실험을 통한 실생활 프로젝트 수학 수업
p.143

도전! 스타트업 창업 수업
p.165

주도적 시민으로 거듭나기, 사회 참여 정책 제안 수업
p.183

영향을 주고받는
대화가 있는 국어 수업

양철웅 * 온양여자고등학교

삶이 보여주는 새로운 장면 속으로 뚜벅뚜벅, 제대로 걸어가고 싶은 교사입니다. 교사로서 내 수업의 여러 장면을 그냥 지나치지 않고 의미 있게 해보려고 합니다. 부족함이 많지만, 한걸음 또는 반걸음씩 개선하려고 노력하고 있습니다.

개정 교육과정 키워드에 대한
나의 수업 고민

 국어 수업에서는 시, 소설, 설명문, 건의문 등 다양한 종류의 많은 글을 읽고 의미를 파악한다. 학생들은 여러 글의 주제, 의도, 효과 등에 대해서 분석하고 해석한다. 이런 일상의 읽기 수업에서 학생들이 주도성을 갖고 참여하게 하는 수업이란 무엇일까? 선생님이 분석하고 해석한 것을 학생에게 전달하는 수업은 아닐 것이다. 읽기 수업에서 학생들이 주도성을 갖고 참여하는 수업이란, 글의 의미를 자신의 고유한 생각으로 스스로 재구성해 가는 수업이다. 그리고 깊이 있게 자신만의 의미를 재구성하기 위해서는 타인과의 대화가 필요하다.

 타인과의 대화는 나의 생각을 심화시키는 지렛대다. 우리는 대화의 과정을 통해서 나와 다른 생각과 만나고, 부딪치고, 교감한다. 타인의 생각을 들으며 내가 미처 해보지 못했던 생각을 하게 되기도 하고, 타인의 질문을 받고 생각하다가 나의 생각을 한 단계 더 깊이 있게 펼친다. 찬반으로 나뉘어 토론을 하면서 나와 반대되는 사람을 이해해서 더 넓어지기도 한다. 즉, 다른 생각과의 만남은, 만남으로 그치는 것이 아니라 나를 더욱 새롭고 풍성한 생각으로 나아가게 된다.

 학생들도 이런 과정을 거치면서 글을 깊이 재구성할 수 있는 수업을 상상하고 꿈꾸며, 아산시 원도심에 있는 비교적 큰 규모의 중학교 1학년 학생들과 함께 시를 해석하는 수업을 해봤다. 학생들이 '나무와 나무는'(손택수) 시에 대해서 스스로 질문을 만들고, 질문에 대해서 짝 토론, 모둠 토론을 하면서 의미를 구성해 가는 '하브루타' 수업을 했다. 그리고 아이들의 대화 장면을 녹화해 봤다.

> 학생 1: 나부터 말하겠습니다. 질문 1번에서 "나무와 나무가 만나서 무엇을 하고 싶어 할까?"의 저의 답변은 '껴안기'입니다. 왜냐하면 글에서도 나와 있듯이 나무와 나무는 껴안고 싶어 하기 때문입니다.
> 학생 2: 이번엔 네 차례야.
> 학생 3: "나무와 나무가 만나서 무엇을 하고 싶어 할까?"에 대한 나의 답변은 '사람들은 푸른 문을 보고 싶어서'입니다.
> 학생 1: 너야. 다음 네 차례야
> 학생 2: 나는 '푸른 문이 되어 다감한 문을 드리우고 싶어 한다.'야.
> 학생 4: 나의 답변은 '나무와 나무는 흔들리고 싶은가보다.'라고 썼어.

겉으로는 대화하는 것처럼 보였지만, 녹화한 모둠 영상을 보니 대화는 뚝뚝 끊기고 있었고, 화학적인 상호작용은 없었다. 말과 말이 이어지면서 깊어지려면, 일단 앞선 사람의 말에 집중해서 경청해서 그 말의 내용을 이해해야 하고, 다음 사람이 앞선 사람의 말에 대해서 다른 생각을 보태거나, 앞 사람의 말에 대해서 질문을 하여 대화를 이어가는 과정이 있어야 한다. 타인의 말에 주의 깊게 경청하면, 그 말에 대한 어떤 생각이 떠오르고, 그 말에 대해 자기 생각을 덧붙이거나, 질문을 하거나, 타인의 말에 대한 감탄이나 호응과 같은 반응이 자연스럽게 이어진다. 그리고 이런 과정이 있어야 서로 다른 생각들이 이어지고 연결되면서 의미가 깊어질 수 있다. 하지만 촬영한 대화 과정에서는 말과 말이 이어지고, 학생과 학생이 서로의 생각에 영향을 주거나 받는 장면이 보이지 않았다.

글의 의미를 수동적으로 받아들이는 것이 아니라, 자기 생각을 바탕으로 대화를 통해 의미를 구성하는 수업을 하려면, 서로 경청하고 존중하는 대화의 문화를 만드는 것이 우선이라는 생각이 들었다. 자기 생각을 풍부하게 품고 있는 학생이라 할지라도 다름을 존중하고, 차이점을 인정하며, 서로의 생각에 호응하고 격려하는 문화가 없다면 제 생각을 꺼내놓지 않을 것이다. 이후 말과 말이 이어지고 서로 영향을 주고받는 대화가 있는 수업이 하나의 수업 목표가 되었다.

수업 구상 배경과 목적

수업에 대해 고민하던 중, 뜻이 맞는 다른 교과 선생님을 만났다. 영어 선생님, 미술 선생님, 그리고 같은 교과 선생님 1명, 이렇게 4명이 함께 융합 수업을 하게 되었다. 함께 어떤 주제로 융합수업을 할지 고민하기 위해서 각자의 교과서를 들고 모였다. 서로의 교과서를 보면서 내 교과와 연결 지을 수 있는 부분을 찾기 위해서였다.

그러던 중, 영어 교과서에 이카로스 신화가 실려 있는 것을 보고, 미술 선생님은 이카로스 신화를 표현한 미술 작품을 미술 시간에 다룰 수 있겠다고 했다. 이에 나는 이카로스 신화를 통해서 욕구를 다루면서 토론하는 수업을 진행해 볼 수 있겠다고 했다. 이카로스가 자신의 욕구를 주체하지 못해서 날개가 녹아서 죽었는데, 이를 어떻게 보는지 토론해 보면 재미있을 것 같다고 했다. 미술 선생님은 미술사 수업을 해야 하는데, 이 미술사라는 것이 각자 진정한 예술을 향한 서로 다른 욕구라는 관점으로 볼 수 있다고 하며, 미술사와 욕구를 연결 지을 수 있다고도 했다.

결국, 융합수업의 흐름은 영어과의 이카로스 신화 영어 본문을 읽으면서 욕구를, 미술과의 예술사를 통해서 인간의 욕구와 관점을 이해한 후에 국어과에서 욕구를 주제로 토론하는 방향으로 귀결되었고, 주제는 '다양한 관점으로 욕구를 바라보면 무엇이 달라질까?'라는 주제가 되었다. 협의 과정을 통해서 모든 선생님이 공감했던 점은, 삶에서 자신의 욕구를 알아차리고, 욕구를 건강하게 추구하는 것이 삶에서 매우 중요하며, 학생들이 자기 욕구를 이해하고 건강하게 추구하게 하는 수업을 해보면 좋겠다는 것이었다.

앞선 나의 고민과 동료 선생님들과의 협의를 통해서, 수업의 목적은 2가지가 되었다. 첫 번째 목표는 학생들이 자신의 욕구에 대해서 성찰해보게 하는 것이고, 두 번째 목표는 '서로 경청하고 호응하는 대화의 문화'를 만드는 것이었다.

수업 한눈에 보기

수업 개요

다양한 관점으로 욕구를 바라보면 무엇이 달라질까?		
과목 국어	학년 중학교 2학년	기간 16차시

핵심 아이디어	• 화자와 청자는 의사소통 과정에 협력적으로 참여하고 듣기·말하기 과정에서의 문제를 해결하기 위해 적절한 전략을 사용하여 듣고 말한다. • 화자와 청자는 듣기·말하기에 흥미를 가지고 적극적으로 참여하면서 담화 공동체 구성원으로 성장하고, 상호 존중하고 공감하는 소통 문화를 만들어 간다.
성취기준	[9국01-04] 상대의 말을 경청하고 상대의 감정과 입장에 공감하는 반응을 보이며 대화한다.
핵심역량	☐ 비판적·창의적 사고 역량　　☐ 디지털·미디어 역량　　■ 공동체·대인 관계 역량 ☐ 문화 향유 역량　　　　　　■ 자기 성찰·계발 역량　　■ 의사소통 역량
탐구질문	1. 다양한 관점으로 욕구를 바라보면 무엇이 달라질까? 2. 말과 말이 이어지고, 서로가 영향을 주고받는 대화는 어떻게 할 수 있을까?

수업의 흐름

차시	주제	내용
1차시	수업의 흐름 안내	• 수업의 주제 안내하기 • 국어, 영어, 미술의 융합 수업의 흐름 안내하기
2차시	욕구와 관점 이해하기	• 욕구의 개념, 다양한 욕구의 종류 이해하기 • 다양한 욕구 중 나의 욕구를 고르고 이유 생각해보기 • 관점의 개념, 중요성 등에 대해 이해하기
3~4차시	이카로스 신화를 읽고, 이해하기	• 이카로스 신화에 대한 동영상 시청하기 • 이카로스 영어 본문 따라 읽기 • 교과서 의미 단위로 끊어 읽고 해석하고 분석하기
5차시	미술 작가들의 욕구 이해하기	• 시대별로 진정한 그림에 대한 화가들의 생각이 무엇이 달라졌는지 이해하기
6차시	국어 수행평가 및 채점기준표 안내	• 수행평가 과정 안내 • 채점기준표 안내
7~9차시	욕구에 대해서 넓게 깊게 생각하기	• 욕구가 개인의 삶에 미치는 영향은? • 개인의 욕구 추구가 사회에 미치는 영향은? • 개별적인 생각을 정리하고, 패들렛(Padlet)으로 공유하기
10차시	모둠 편성하기	• 모둠장 추천 및 선출하고 모둠 구성하기
11차시	채점기준표와 예시자료 확인	• 예시 영상에서 인물들의 대화 방식을 수행평가의 채점기준표로 평가해보기
12~13차시	경청하고 표현하는 대화 연습해보기	• 욕구와 관련한 질문으로 대화해보기 • 채점기준표를 고려하여 대화 연습해보기
14~15차시	실전 수행평가	• 주어진 질문으로 모둠별 대화하기
16차시	성찰하는 글쓰기	• 인간의 욕구, 관점에 대하여 배운 점, 느낀 점 등을 성찰하는 글 작성하기

주요 결과물	• 모둠 결과물: 학생들의 대화 • 개인 결과물: 성찰하는 글쓰기

채점기준표

채점 요소		채점 기준(점수)		
		상	중	하
지식정보 처리역량 의사소통 역량 창의적 사고역량	상대방의 의도를 파악하며 들었는가?	현재 모둠 대화의 주제와 세부 내용을 이해한 상태로 상대의 말에 반응함.	현재 모둠 대화의 주제와 세부 내용을 이해한 상태로 반응하나, 이해하지 못한 상태로 반응하는 경우가 2~3회 관찰됨.	현재 모둠 대화의 주제와 세부 내용을 이해하지 못한 상태로 반응하는 경우가 많음. 상대의 말에 반응을 하지 않음.
	상대방의 말에 적극적으로 반응하였는가?	상대가 말할 때 상대를 주시하고, 고개를 끄덕이는 등 비언어적인 반응을 지속적으로 함. 상대가 말한 후에 언어적인 반응("맞아", "그렇게 생각할 수 있구나.", "~라는 말이지?" 등)을 적극적으로 보임.	상대가 말할 때 상대를 주시하고, 고개를 끄덕이는 등 비언어적인 반응을 지속적으로 함. 상대가 말한 후에 언어적인 반응("맞아", "그렇게 생각할 수 있구나.", "~라는 말이지?" 등)을 거의 보이지 않음.	상대가 말할 때 상대를 주시하지 않거나 고개를 끄덕이는 등의 비언어적인 반응을 부분적으로 함. 상대가 말한 후에 언어적인 반응("맞아", "그렇게 생각할 수 있구나.", "~라는 말이지?" 등)을 거의 보이지 않음.
	자신의 생각을 구체적으로 말하였는가?	자신의 생각과, 생각에 대한 부연 설명 또는 근거를 구체적으로 제시함.	자신의 생각을 말하긴 하였으나 구체적인 부연 설명과 근거가 부족함.	자신의 생각을 거의 말하지 않음.

세부 능력 및 특기사항 예시

　경청하고 공감하는 대화 수업에서 욕구에 대해서 다양한 관점에서 생각해보고, 나의 의견을 조리 있게 말하고, 상대의 말을 적극적으로 경청·호응하며 자신만의 생각을 깊이 있게 재구성함. 욕구가 개인의 삶과 우리 사회에 미치는 다양한 영향에 대해서 깊이 있게 생각해보고, 자신의 삶에서 욕구를 어떻게 추구할 것인가에 대해서 진지하게 대화를 나눔. 대화 과정에서 자신의 생각에 구체적인 부연 설명이나 근거를 들어 말하며, 모둠원의 말을 진지하게 경청하고, 상대의 말의 의도를 잘 이해한 후에 자연스럽게 반응하고 질문을 던져서 대화를 이어나가는 모습을 보임. 자신의 생각을 조리 있게 말하고, 경청을 통해서 상대의 생각을 이끌어 내고, 대화를 통해 생각을 발전시키는 의사소통 역량이 뛰어남.

수업에 들어가며

건강한 욕구의 추구

사람들이 추구하는 욕구는 모두 다르다고 생각한다. 사람은 자기만의 고유한 욕구를 추구한다. 누군가는 물질적인 안정과 자기보존을, 누군가는 소속감과 유대감을, 누군가는 사회적인 인정과 명예를, 누군가는 힘과 권력을, 누군가는 이상의 실현을 추구한다. 욕구는 모두에게 똑같이 존재하지 않는다. 각자 자신의 기질, 성격, 살아온 삶에 따라서 서로 다른 욕구를 지니고 살아간다. 중요한 것은 자기 안의 고유한 욕구를 알아차리고, 그 욕구가 자신과 사회에 도움이 되도록 건강하게 추구하는 것이다. 자기 내면에 살아있는 욕구를 눈치채지 못한 채, 타인이나 환경으로부터 주어진 욕구만을 추구하는 안타까운 삶을 살아갈 수도 있지만, 자신의 욕구를 잘 찾아내어 건강하게 추구할 수도 있다. 사람은 자신의 진짜 욕구를 찾아내고 그 욕구를 추구하면 삶이 한 방향으로 정리되고, 에너지가 모아져서 더 건강한 삶을 살 수 있다고 생각한다.

중학교 2학년 학생들은 욕구라는 단어를 어떻게 생각할까? 욕구가 삶에 미치는 영향을 잘 이해하고 있을까? 자신의 다양한 욕구를 인식하고 있을까? 자기 욕구를 어떻게 추구하는 것이 좋을지 생각해본 적이 있을까? 학생들이 이카로스 신화를 통해서 욕구를 이해하고, 미술사와 예술가들의 예술 활동을 통해서 욕구를 이해하고, 자기 삶을 성찰하고 토론하면서 욕구를 이해했으면 했다.

1차시 수업의 흐름 안내하기

1차시에는 융합 수업의 전체 흐름을 안내했다. 15차시에 이르는 긴 수업이고, 세 교과가 연결해 수업하는 만큼, 아이들이 큰 흐름을 이해하지 못하면 배가 산으로 갈 수 있겠다고 생각했다. 아이들에게 간결하고 쉽게 이해시키기 위해서 간단한 영상을 만들었다. 영상에는 왜 융합수업을 하고 각 교과가 내용적으로 어떻게 연결이 되며 어떤 순서로 수업이 대략 진행되는지에 대한 내용을 담았다. 이 영상을 통해서 학생들에게 수업의 흐름을 안내했다.

수업 안내 영상

2차시 욕구와 관점에 대한 강의

2차시에는 수업의 핵심 주제인 욕구와 관점에 대해 설명하고, 욕구를 비유하는 활동을 했다. 먼저 강의를 통해서 욕구의 의미와, 한국 NVC Nonviolent Communication 센터에 소개된 다양한 종류의 욕구를 알아보는 활동을 했다. '우리 삶에서 욕구가 없다면?', '우리 삶에서 욕구가 너무 과잉된다면?', '욕구를 긍정적으로 추구한다면 내 삶이 어떻게 변화할까?', '욕구를 부정적으로 추구한다면 내 삶이 어떻게 변화할까?', '나의 욕구에는 어떤 것들이 있을까? 욕구 목록에서 현재 나의 욕구에 해당하는 것을 고른다면?' 등과 같은 질문을 던지고 욕구가 우리의 삶에서 어떻게 영향을 미치는지, 나의 욕구에는 어떤 것들이 있는지 생각하는 활동을 했다. 학생들은 욕구에 대해서 부정적인 느낌을 갖고 있었는데, 이 활동을 통해서 욕구가 삶에서 중요하다고 깨달았다.

관점에 대해서도 간단하게 소개했다. 이 수업의 주요한 목표는 욕구에 대하여 서로 다른 관점에서 생각해보게 하는 것이었다. 개념에 대해서 간단히 설명하고, '왜 세상을 다양한 관점으로 바라보는 것이 좋을까?', '내가 아닌 다른 사람의 관점으로 세상을 볼 수 있게 되면 좋은 이유는 무엇일까?' 등과 같은 질문을 통해서 다양한 관점으로 세상을 바라보는 것이 필요한 이유를 생각했다.

3~4차시 영어로 이카로스 신화를 말하고, 듣고, 읽고, 해석하고

3~4차시에는 영어 시간에 이카로스 신화 본문을 해석하고, 이해하기 위한 다양한 활동을 했다. 영어 선생님께서는 다양한 온라인 수업 도구를 적극적으로 활용하셨다. 영어 본문을 말하고, 듣고, 읽고, 해석하는 활동을 다양한 온라인 수업 도구를 활용하여 진행했다. 먼저 워드 클라우드 활동을 통해서 본문의 내용을 예측하게 했다. 'Icarus', 'Paintings', 'Myth', 'Wax', 'Different' 등의 단어들을 통해서 학생들은 배경지식을 활성화하거나 내용을 예측하는 사고 활동을 했다.

그 이후에는 '쉐도잉Shadowing' 활동[1]을 했고, 이후에 학생들이 본문의 내용을 자신의 발음으로 녹음하게 한 후, 패들렛Padlet에 업로드하게 했다. 그리고 패들렛에 업로드된 다른 친구들의 발음에 피드백하게 했

---

[1] 원어민 발음을 최대한 비슷하게 따라하면서 듣고 말하는 훈련 방식

다. 학생들은 다른 친구들에게 공개되는 녹음인지라 열심히 연습해서 업로드했다. 휴대전화에서 녹음하고, 패들렛에 업로드하는 방식은 간편해서 학생들이 수월하게 할 수 있었다고 한다.

그 후 직접 학생들이 영어 문장을 해석하게 하고, 주요 문장 해석과 관련한 퀴즈 활동을 진행했다. 영어 시간에 학생들은 이카로스 신화의 내용을 예측하고, 말하고, 듣고, 읽고, 생각하는 활동을 충분히 진행했다.

5차시 미술사를 예술가들의 표현 욕구 관점으로 보기

5차시에는 미술 시간에 온라인 강의 영상으로 '미술사', '예술가'를 통해서 욕구에 대해서 생각해봤다. '진정한 그림'을 그리고자 했던, 그림에서 '진짜'를 찾고자 했던 예술가들의 욕구를 시대 순서대로 훑어보면 미술사가 된다. 학생들은 중세부터 현대에 이르기까지의 미술 사조를 '예술가의 욕구'라는 관점에서 배웠다. 예를 들어, 르네상스 미술은 2차원의 평면 속에 3차원의 입체를 담고자 하는 욕구가 투영된 사조로, 원근법이나 명암법이 발달했다는 것을 배웠다. 입체파 미술은 3차원에 대한 집착을 벗어나 여러 시점에서 본 형태를 한 화면에 조합하고자 하는 미술 사조라는 것을 배웠다.

또한 미술가들이 자신의 표현 욕구를 어떻게 표현하였는지, 작품 표현 과정에서 자연환경을 파괴했다는 비판을 받은 작가들과 자연 친화적으로 표현한 작가들을 비교해봤다. 로버트 스미스슨 Robert Smithson, 크리스토 자바체프 Christo Javacheff, 테오 얀센 Theo Jansen, 볼프강 라이프 Wolfgang Laib 등의 작가들의 작품 활동을 비교해봤다.

이렇게 5차시까지 국어, 영어, 미술 시간을 활용해 각각의 교과에서

'욕구'에 대해서 생각해봤다. 이제 6차시부터는 국어, 영어, 미술 시간에 다뤘던 '욕구'와 '관점'에 대해서 더 생각해보고, 이를 수행평가로 연결했다.

6차시 앞선 수업 주제를 국어 수행평가로 연결하기

6차시에는 수행평가를 안내하면서 채점기준표를 소개했다. 수행평가의 성취기준은 "상대의 말을 경청하고 상대의 감정과 입장에 공감하는 반응을 보이며 대화한다."였다.

주의 깊게 경청하고, 상대의 말에 자연스럽게 반응하며, 이를 통해서 생각이 깊어지는 대화를 유도하기 위해서 채점기준표를 작성했다. 채점 요소는 크게 3가지였다. 첫 번째 요소는 '상대의 의도를 파악하며 들었는가?'였다. '의미를 공유하는 대화'에서 '의미'란 무엇일까? 이 '의미'를 말의 표면적인 의미와 이면적인 의미로 나누어서 생각해봤다. 말의 '표면적인 의미'는, 말에 겉으로 드러난 사실적인 내용을 의미한다. 말의 '이면적인 의미'는 그 말을 왜 했는지와 관련된 상대방의 '의도'라고 생각했다. 이면적인 의미는 표면적인 의미를 이해하지 못하면 파악하기가 어렵다. 그리고 학생들이 상대방의 의도를 파악했는지 아닌지는 교사가 학생의 머릿속을 들여다볼 수 없으므로, 학생들이 보이는 반응을 보고 판단할 수밖에 없다. 따라서 이는 앞선 발화자의 말에 대한 반응(질문, 이어지는 발언 등)을 보고 판단할 것이라고 학생들에게 안내했다. 학생들이 이 채점요소를 달성하기 위해서는 상대의 말을 경청하고, 상대의 말에 대한 자신의 생각을 적극적으로 표현하거나, 질문해야 했다.

두 번째 요소는 '상대방의 말에 적극적으로 반응하였는가?'였다. 대화가 잘 이어지려면 '상대'에 대한 존중, '상대의 말'에 대한 존중이 매우 중요하다. 아무리 의미가 잘 연결되더라도, 존중이 바탕이 되지 않으면 그 대화는 말싸움이 되어버린다. 특히 중학생 사이의 토론이나 대화에서는 더 그렇다. 내 말을 상대가 경청하지 않고, 내 말을 빈정대거나 부정해버리면 말하기 싫어진다. 하지만 내 말을 존중해주고, 인정해주고, 상대가 내 말에 대한 반응을 보이면 더 신나서 내 이야기를 더 많이 꺼내놓게 된다. 말이 먼저가 아니라, 말하는 분위기와 문화 조성이 우선이다. 내가 말해도 비웃음 받지 않고, 존중받을 거라는 믿음이 있을 때 내 생각을 내놓을 수 있고, 비로소 상호작용이 일어날 수 있다. 의미를 공유하는 대화가 일어나기 위해서는 분위기와 문화를 조성하기 위한 언어적/비언어적 반응을 보이는 소양을 갖추는 것이 중요하다고 생각하여 이를 두 번째 채점 요소로 삼았다. 학생들이 이 채점 요소를 달성하기 위해서는 상대의 말에 대해 말과 행동으로 반응해야 했다.

　세 번째 요소는 '자신의 생각을 구체적으로 말하였는가?'이다. 의미가 공유되려면, 일단 말을 하는 사람이 의미를 어떤 구체적인 수준까지 꺼내놓아야 한다. 대화가 되려면 질적으로 양적으로 어느 정도 수준에 도달한 의미가 담긴 말을 꺼내놓아야 한다. 앞 사람이 꺼내놓은 말이 매우 피상적이고, 그 말을 들은 사람이 어떤 생각을 하도록 자극할 수 없는 말이라면, 의미를 공유하는 대화가 애초에 불가능할 것이다. '질적으로 양적으로 어느 정도 수준에 도달한 의미가 담긴 말'을 근무했던 중학교 2학년 학생의 수준을 고려하여 요구한다면 어느 정도가 적절할까? '자신의 생각'이 담긴 말 한 문장, 그리고 '자신의 생각'에 대한 부연(근거, 세부 설명 등)을 말을 한 문장 이상 덧붙이는 것을 요구했다. 학생들이 이 채점 요소를 달성하기 위해서는 대화 과정에서 자기 생각을 단발적으로 던지는 것이 아니라 생각을 더 해서 부연 설명이나 근거를 들어야 했다.

이처럼 성취기준의 의미, 채점기준표의 의미와 의도를 학생들에게 자세하게 설명하고, 수행평가의 흐름도 안내했다. 수행평가의 흐름은 ▲이카로스의 신화를 '욕구'와 관련지어 깊이 생각해보기, ▲'욕구'를 주제로 '의미를 공유하는 대화' 연습하기, ▲'욕구'를 주제로 '의미를 공유하는 대화' 평가하기의 세 단계로 나뉬었다.

7차시 이카로스 신화 생각 공유 활동

7차시에는 영어 시간에 배운 '이카로스의 날개' 신화를 활용하여 '욕구'에 대해서 더 생각해봤다. '이카로스의 날개에서 이카로스의 욕구는 무엇이었나?', '이카로스는 자신의 욕구로 인해 어떻게 됐는가?', '이카로스의 욕구의 긍정적인 면과 부정적인 면은 무엇일까?', '만약 내가 이카로스라면 어떻게 했을까?', '나의 욕구와 그 욕구로 인해 생긴 일들을 적어본다면?' 등과 같은 질문을 학생들에게 던지고, 이를 패들렛에서 공유했다. 보통은 '이카로스의 날개' 신화 속에서 이카로스가 태양 가까이 올라간 것, 자신의 욕구를 끝까지 추구한 것은 어리석은 행동이라고 생각하지만, 학생들이 그 틀을 벗어나서 이카로스 욕구의 긍정적인 면도 생각해보길 바랐다. 또한 자신의 욕구와 욕구로 인해 생긴 일들을 적어보기도 했다.

8~9차시 개인의 삶, 우리 사회 속에서 욕구 탐색하기

8차시에는 우리 주변에서 볼 수 있는 욕구와 관련된 이야기를 영상으로 보여주고, '인간의 욕구가 나의 삶, 우리 사회에 어떤 영향을 미치는지' 생각해봤다. 이카로스의 신화 속에서 이카로스는 떨어져 죽지만, 사실 우리 삶은 그렇지 않다. 욕구를 추구하다가 실패해도 죽지 않는다. 욕구 추구에 실패하기도 하지만, 성공하기도 하며, 개인의 욕구 추구가 사회와 환경에 부정적인 영향을 주기도 하지만, 긍정적인 영향을 주기도 한다. 이런 다양한 이야기들을 여러 영상을 통해서 보여주었다.

일론 머스크라는 기업인이 자신의 욕구를 추구하는 과정에서 테슬라라는 전기차 기업을 세우고, 스페이스 X라는 우주탐사 기업을 세우는 과정에서 사회에 어떤 영향을 주었는지를 보여줬다. 멋진 연극 배우를 꿈꾸다가 이제는 그 꿈을 포기하고, 다른 욕구를 위해서 살아가는 사람의 이야기도 보여줬다. 인간의 '간편함', '아름다움'이라는 욕구가 환경에 어떤 영향을 미치는지를 '패스트 패션과 환경오염'에 대한 영상으로 보여줬다. 인간의 편리함, 안락함에 대한 욕구가 기술을 얼마나 발전시켰고, 그 기술이 인간에게 닥친 문제를 해결시킨 사례도 보여줬다. 우리의 욕구가 개인의 삶에, 사회와 주변 환경에 어떤 영향을 미치는지 몇 가지 이야기를 제시했고 편안한 분위기에서 대화를 나눠봤다.

9차시에는 이렇게 욕구와 관련된 여러 생각을 많이 한 후에, '인간의 욕구는 나의 삶, 그리고 우리 사회에 어떤 영향을 미칠까?'라는 질문을 주고 패들렛에 짧은 글쓰기를 하게 했다. 질문이 추상적이고, 중학교 2학년 학생들에게 어려운 수준일 거로 생각했기 때문에 앞선 영상 자료를 최대한 보여줬고, 그 영상 자료를 보며 생각한 내용을 정리하는 의도로 짧은 글을 쓰게 했다. 짧은 글을 쓰게 할 때, (나는 조건을 주지 않았는데) 같은 학년, 같은 교과의 국어 선생님은 패들렛에 글을 쓸 때 10줄 이상 써야 한다는 조건을 주셨다. 결과는, '10줄 이상' 써야 한다는 조건을 준 반의 짧은 글쓰기가 훨씬 생각이 구체적이고 풍성했다. 글쓰기가 분량이 전부는 아니지만, 적정한 분량을 조건으로 제시하는 것은 학생들이 더 세부적으로 생각하게 하는 데 도움을 준다.

학생들은 1~5차시의 국어·영어·미술 수업을 통해서 욕구, 관점에 대해서 알아봤고, 7~9차시 활동을 통해서 욕구에 대해서 다양하고 깊이 있는 생각을 풍성하게 했다.

10차시 모둠 편성하기

10차시에는 모둠 토의를 위한 모둠 편성을 진행했다. 학생들은 이제 욕구와 관련된 '의미를 공유하는 대화' 수행평가를 모둠별로 진행하게 된다. 적절한 모둠 편성을 위해 1차시를 할애하여 모둠을 편성했다. 모둠 편성 방식은 32명 학급 기준으로, '모둠장'을 8명 추천 또는 자천으로 뽑고, 8명의 모둠장이 나머지 모둠원을 뽑는 방식으로 구성했다. 모둠장은 추천과 투표를 통한 선발의 과정을 거쳤기에 열심히 역할에 임했고, 모둠원들도 모둠장이 직간접적으로 구성했기에 모둠장을 잘 따랐다. 모둠장도 자신이 구성한 모둠원들을 책임지고 끌고 가려는 모습을 보였다.

11차시 채점기준표와 예시 자료 확인

11차시에는 실시간 어떻게 토론해야 하는지 예시 영상을 보면서 확인했다. 앞선 채점기준표로 대화를 어떻게 해야 하는지 기준을 제시했으나, 학생들 입장에서는 그 채점기준표만으로는 어떤 방식으로 대화해야 하는지 알기 어렵다. 구체적인 장면을 보여주고, 그 장면을 비평하는 방식으로 학생들과 대화하면, 학생들이 어떤 수준으로 해야 하는지 감을 잡는다. 서로 존중하지 않는 대화 영상을 보여주기도 하고, 찬/반 시사 토론 영상을 보여주기도 하고, 공감과 반응이 풍부한 대화 영상을 보여주기도 했다.

서로 존중하지 않는 대화 영상은, 반면교사를 삼기 위해서 제시하였다. 찬/반 시사 토론 영상은 나와 반대 의견이라도 존중하는 모습을 보여주기 위해 제시하였다. 공감과 반응이 풍부한 대화 영상은 자연스럽게 터져 나오는 언어적/반언어적 반응이 무엇인지 알 수 있도록 제시하였다. 학생들은 세 번째 영상, '경청하다가 자연스럽게 공감과 반응이 터져 나오는 영상'을 보고 진짜 경청이란 것이 무엇인지 깨닫는 바가 많았다.

미생 영상
(존중하지 않는 대화)

시사 토론 영상
(반대 의견도 존중)

교양 프로그램 영상
(자연스러운 경청과 반응)

12~13차시 | 의미를 공유하는 대화 연습과 피드백

12~13차시에는 예시 질문으로 서로 토론해봤다. 학생들이 경청과 반응, 추가 질문을 연습해볼 수 있는 기회를 주었다. 앞선 차시에서 스스로 생각하고 패들렛을 통해서 공유한 질문들과 학생 스스로의 생각과 가치관을 묻는 질문을 조합하여 토론 연습용 질문으로 제시했다. 연습용 질문은 '이카로스의 욕구는 무엇이었을까?', '내가 이카로스라면?', '이카로스와 비슷한 나의 경험은?', '인간의 욕구는 나의 삶, 그리고 우리 사회에 어떤 영향을 미칠까?', '자기의 욕구를 무모하게 추구하는 삶, 또는 안전을 추구하고 도전하지 않는 삶은 어떤 삶일까? 어떤 삶을 바람직하다고 생각하는가?' 5가지였다.

이 활동에서 가장 고민했던 것은 연습용 질문의 마지막 질문인 '이카로스처럼 자기의 욕구를 무모하게 추구하는 삶, 또는 안전을 추구하고, 도전하지 않는 삶은 어떤 삶일까? 어떤 삶을 바람직하다고 생각하는가?'라는 질문을 만드는 것이었다. 처음에는 '앞으로 나의 욕구를 어떻게 추구할 것인가?'라는 질문을 생각했으나, 학생들이 막연하게 생각할 것 같았다. 따라서 양극단의 입장-무모하더라도 욕구를 추구하는 삶과 안전만 추구하는 삶-을 주고, 학생들이 토론하게 하면, 이 양극단 사이에서 생각을 하고 자기만의 제3의 방식을 떠올릴 수 있을 거로 생각했다. 만약 토론 과정에서 서로가 서로의 생각에 영향을 준다면, 이 과정이 더 잘 이루어질 수 있을 것이다.

예를 들어, 안전을 추구하고 싶다는 학생은, 자신의 욕구를 위해 도전하는 삶을 살겠다는 학생의 말을 들으면서, 자신의 욕구를 위해서 자신을 던지는 삶의 가치를 인식할 것이다. 그리고 안전과 도전 사이에서 자기만의 방식을 고민할 수 있을 것이다.

이런 고민을 바탕에 둔 5가지 질문을 학생들에게 제시하고, 토론을 연습해보게 했다. 상대의 말에 반응해보고, 상대의 말에 자기 생각을 덧보태 보기도 하고, 자기 말에 구체적인 부연 설명도 해보는 연습을 하는 시간이다. 학생들은 토론을 해보며, 친구와 선생님의 피드백을 받으며 성찰하고 개선할 수 있었다.

14~15차시 대화 수행평가

14~15차시에는 오프라인으로 '의미를 공유하는 대화' 실전 수행평가를 진행했다. 2~3차시 정도 시간이 걸렸고, 1차시당 3~4 모둠이 평가받았다. 학생들이 몇 분 대화해야 하냐고 물어봤는데, 대화는 7분 정도 하면 적절하다고 안내했다. 하지만 채점기준표에 7분을 넘겼냐, 넘기지 못했냐의 기준은 없었기 때문에 시간은 절대적인 기준은 되지 않았다. 대화의 주제는 2가지였다. 앞선 수업에서 다뤘고 연습도 해봤던 질문인 '이카로스처럼 자기의 욕구를 무모하게 추구하는 삶, 또는 안전을 추구하고 도전하지 않는 삶은 어떤 삶일까? 어떤 삶을 바람직하다고 생각하는가?'와 수행평가에서 새롭게 주어진 질문인 '당신은 앞으로 어떻게 자신의 욕구를 추구하며 살아갈 것인가?'의 2가지 질문이었다. 첫 번째 질문은 욕구를 추구하는 방식을 생각하게 하는 질문이고, 두 번째 질문은 '나'의 삶에 그 욕구 추구의 방식을 적용해보게 하는 질문이었다.

긴 수업 후의 열매를 보는 수업이었기에 걱정 반 기대 반의 마음으로 평가를 시작했다. 평가한 모둠 중 한 모둠의 대화를 촬영해서 기록했다. 서로의 생각에 영향을 주는 모습이 관찰되었다. 서로가 표면적/이면적 의미를 대부분 이해하고, 상대의 말을 경청하고 반응했으며, 최대한 구체적으로 자신의 생각을 부연하는 모습을 보였다.

학생 4: 이카로스처럼 자기의 욕구를 무모하게 추구하는 삶하고 안전을 추구하면서 도전하지 않는 삶 둘 중에 뭐가 더 바람직하다고 생각해?

학생 1: 일단 나 먼저 얘기해 볼게. 나는 일단 이카로스처럼 욕구를 무모하게 추구하는 삶이 더 낫다고 생각을 해. 왜냐하면 사람이 도전하지 않는다면 그 사람에게 변화되는 분화구가 없을 테고, 그리고 그 사람이 앞으로 계속 살아가야 할 텐데, 아무런 욕구도 없으면 어떻게 살아갈까 싶어.

학생 2: 욕구가 없다면 살아갈 수 없다는 거야?

학생 1: 그러니까, 욕구가 없다면 그 사람이 뭘 해야 할지도 모르고, 아무것도 못하는 거잖아. 그러니까, 어떻게 살아가냐고.

학생 3: 욕구가 없다면 발전이 없다는 이야기야?

학생 1: 응. 나는 안전을 추구하는 삶이 오히려 더 힘들 것 같아.

학생 2: 나는 자신의 욕구를 추구하면, 발전은 하지만 지나치면 다친다고 생각을 하고, 안전을 추구하고 도전하지 않는 삶은 안전하지만 발전하지 않는다고 생각해. 그래도 나는 안전을 추구하기 때문에 안전을 추구하고 도전하지 않는 삶이 더 바람직하다고 생각해.

학생 4: 나랑 의견이 살짝 비슷하네.

(중략)

학생 4: '이제 당신은 욕구를 어떻게 추구할 것인가?'라는 실문에 답해 볼까?

학생 4: 나는 욕구를 무모하게 추구하면서 발전하는 삶보다는 안전을 추구하는 것이 길게 봤을 때 좋다고 생각해. 왜냐하면, 원래부터 나는 도전을 해보지 않았고, 안전하게 똑같이 사는 것이 편한 것 같아. 그런데 이제 나는 앞으로는 내가 좀 무모하게 추구하면서 살아볼 필요가 있다고 생각을 해서, 이제 도전을 무모하더라도 해보려고 해.

학생 1: 응원할게. (웃음)

학생 3: 나도 응원할게. (웃음)

(중략)

학생 2: 나는 지금까지 계속 안전을 추구한 것 같아서, 남에게 최대한 피해를 안 주는 범위 내에서 욕구를 추구하며 살아갈 것 같아.

학생 1: 예를 들어서 어떤 걸 해보고 싶어?

학생 2: 일단, 청소년 지도사 자격증을 따보려고 해. 아마 나에게도, 도전이나 목표 같은 욕구가 있겠지?

학생 1: 오~ 멋지다.

학생 3: 그런데 청소년 지도사 자격증 따는 거 어렵지 않아?

학생 2: 응 공부를 많이 해야 할 것 같아.

학생 1: 마지막으로 주인공인 내가 이야기해볼게. (웃음) 나는 지금 상태로는 내가 어떤 것에 재능이 있는지 알아볼 필요가 있다고 생각해. 내가 막상 좋아하는 거라도 갑자기 싫어질 수도 있는 거잖아. 그래서 나는 재능이 생기고 그것을 점점 하다보면, 내가 그것을 좋아할 거라고 생각해. 그래서 일단, 내 재능을 찾아보고, 내 재능과 연관된 학과를 찾아본다든지, 관련된 사람을 연구해본다든지 해보고 싶어.

학생 4: 그럼 도전해본다는 거네.
학생 1: 아무래도 그렇지. 지금 나는 15살밖에 안 되긴 했지만, 앞으로 미래에 대해서 조금 더 생각을 해볼 필요가 있다고 생각을 해.
학생 3: 그럼, 그 재능을 찾기 위해서 희생 같은 것도 할 수 있어?
학생 1: 나는 할 수 있어
학생 4: 오 멋있다.
학생 2: 혹시 지금 해보고 싶은 것 있어?
학생 1: 나는 일단… 여러 분야에 대해서 연습? 같은 것을 해보고 싶어. 내가 좋아하는 것을 공부해보고 싶고, 내 재능에 관해서 연구를 해봐야 할 것 같아.
학생 4: 뭐 악기라든지 운동이라든지 이런 것에 대해서?
학생 1: 그런 것도 있고, 기술이라든지, 자연 분야 등에 대해서 한 번쯤은 체험을 해봐야 하지 않을까 싶어. (후략)

    이 모둠의 대화에서 흥미로웠던 점이 2가지 있었다. 첫 번째는, 경청과 호응이 이루어지는 모둠의 대화가 잘 이루어졌다는 점이다. 위 사례에서 이 모둠은 서로의 말에 반응하려고 노력하는 모습이 두드러진다. 상대의 말에 "아~"나 "음~"과 같은 언어적 반응, 앞 친구의 말을 재진술하거나 자기 언어로 해석하는 모습, 상대의 말에 격려하거나 호응하는 모습, 앞 사람의 말에 추가적인 질문을 하는 모습이 자주 보인다. 이런 모습들은 토론 연습을 시작할 때는 잘 보이지 않는 특징이었는데, 연습을 통해서 발전한 점이었다. 그리고 일반적으로 이렇게 서로의 말을 경청하고 호응하는 모둠의 대화가 더 연결되고, 내용의 넓이와 깊이가 더해지는 모습을 보였다.
    두 번째는, 대화가 자연스럽게 연결되는 모둠에서, 학생들의 입체적인 생각이 드러난다는 점이다. 입체적이라는 의미는, 학생이 대화의 과정에서 생각이 바뀐다거나, 하나의 관점만이 아니라 두 가지 관점을 모두 갖게 된다는 의미다. 이 모둠에서 학생1과 학생3은 무모하더라도 도전하는 삶을 살겠다고 했고, 학생2와 학생4는 안전을 추구하는 삶을 살겠다는 학생들이었다. 하지만 대화의 과정에서 생각이 바뀌는 모습을 보인다. 학생2는 안전을 추구하는 삶이 바람직하다고 생각했지만, 타인에게 피해를 주지 않는 범위 내에서 도전하는 삶을 살겠다고 하고, 학생4는 지금까지 안전을 추구하는 삶을 살았다고 했지만, 이제는 무모하더라도 도전하는 삶도 살아볼 것이라고 이야기한다. 이 토론을 연습하는 과정에서 많은 대화를 나누고, 서로에게 영향을 주고받았기 때문에 생각이 조금 변화하지 않았을까 추측할 수 있다.

16차시 배움일기 쓰며 배운 점 성찰하기

16차시에는 배움일기를 작성했다. 수업의 전체 과정이 길었고, 3과목에 걸쳐서 배웠기 때문에 수업 전체의 흐름 속에서 학생 개인이 배운 내용을 스스로 갈무리하지 않으면 배움이 수증기처럼 흩어져버릴 수도 있다. 따라서 수업의 전체 과정을 성찰해보고, 자신이 배운 것이 무엇인지 차근차근 생각해서 성찰하는 글쓰기를 실시했다.

수업을 나오며

수업을 진행하면서 가장 많이 느낀 것은, '백문불여일견(百聞不如一見)', '백견불여일행(百見不如一行)'이었다. 백번 설명하는 것보다, 한 번 보여주는 것이 낫고, 백번 보여주는 것보다 한 번 해보게 하는 것이 낫다. 학생들에게 '경청'과 '반응', '조리 있는 말하기'의 방법을 말로 제시하는 것보다, 영상을 통해서 느끼게 하는 것이 효과적이었다. 영상을 보는 데서 그치지 않고 실제로 연습해보게 했을 때 아이들이 느끼는 것이 많았다. 이렇게 하니 제대로 경청하고, 호응해서, 말과 말이 이어지는 모둠이 더 많아졌다.

모든 모둠이 멋지게 대화를 한 것은 아니었다. 느낌으로는, 채점기준표를 제시하고, 예시 영상 속 인물을 평가하며 채점기준표를 이해하고, 실제로 연습해보는 과정을 거치기 전에는 1~2개 모둠만 의미 있는 대화가 이루어졌다면, 이 수업을 하고 난 후에는 절반 이상의 모둠에서 자연스러운 대화의 과정을 관찰할 수 있었다. 이렇게 서로의 생각을 존중하고 배려하는 경청과 호응의 대화 문화가 교실 안에 정착되면, 학생들이 당당하게 자신의 생각을 이야기할 수 있게 된다. 자신의 생각을 말했을 때 비웃음 받거나 부정되는 환경에서는 주도성을 발휘하기 어렵다. 자기 고유의 생각을 표현할 수 있는 문화와 분위기는 학생이 주도성을 발휘하는 데 매우 중요한 요소다.

실험을 통한
실생활 프로젝트 수학 수업

김진권 * 호서고등학교

고등학교 2, 3학년 때 저를 마음으로 대해주시고 챙겨주셨던 담임 선생님처럼 학생들을 마음으로 보듬어 주는 선생님이 되고자 꿈을 꾸며 2017년 고등학교 수학 선생님이 되었습니다. 8년 동안 가족 같은 선생님들과 서로 응원하고, 돕고, 의지하며 교사로 살아가고 있습니다. 착하고 예쁜 학생들과 좋은 관계 속에서 수업과 상담을 합니다. 학생들이 수학이란 과목을 항상 어렵고 힘들어하기에, 조금이라도 쉽게 배울 수 있도록 지도 방법을 고민합니다. 학생들이 수학을 재미있다고 느끼기를 바랍니다.

개정 교육과정 키워드에 대한
나의 수업 고민

수학과 프로젝트, 그 속에서 피어나는 학생 주도성

    수학 선생님들은 항상 고민한다. '여러 수업 기법을 배우더라도 수학에 적용하긴 어렵지 않을까?', '활동 위주의 수업을 하더라도 평가와의 연계가 어렵지 않을까?'. 그래서 수업 기법에 관한 연수를 가게 되더라도 수학 선생님은 보기가 어렵다. 나 또한 다양한 활동이 담긴 수업에 갈증이 있었지만, 수학 교과를 다루며 그 목마름을 채우기는 쉽지 않았다.

    수업에 대한 고민을 바탕으로 교사학습공동체에 참여하여 수업을 연구하고 실천하였다. 여러 선생님들과 함께 연구하면서 수학 수업에서 충분히 활동이 담긴 수업을 운영할 수 있고 과정 중심 평가가 가능하다는 것을 경험했다. 그리고 2022 개정 교육과정 도입을 앞두고 학습자 주도성을 높이는 수업에 대해 고민하던 중 지역 교사학습공동체 'PBL센터'의 프로젝트 수업 강의를 듣게 되었다. 프로젝트 수업에서 학습자가 문제해결을 위해 능동적으로 참여하고 주도성을 가질 수 있다는 것을 알게된 후 가능성을 발견하였다.

    2022 개정 교육과정은 사회적 존재인 인간이 자신의 개별성과 독특성을 유지하면서 함께 서로 존재할 수 있도록 방향을 제시한다. 바로 학

습자 주도성이다. 교실에 학습자 주도성을 실현한다면, 학습자는 자신의 욕망을 공적인 것으로 전환하는 과정을 비강제적으로 체험하게 된다. 내가 추구한 실생활 프로젝트 수학 수업은 학생 스스로 자신의 관심과 특성을 반영하여 주제를 선정하고 다른 모둠원과 상호작용, 협력, 실험하는 수업이다. 이 수업을 통해 수학 교과에서 학습자 주도성을 최대한 발휘할 수 있는 수업 장면을 만들어보고자 했다.

수업 구상 배경과 목적

실험, 수학의 원리를 눈으로 직접 확인해보기

수업 시간에 학생들을 관찰해보면 수업에서 배운 내용이 어떻게 실생활에서 잘 모르는 경우가 대부분이며, '쓸모없는 수학을 왜 배워야 하나요?'라고 묻는 경우가 태반이다. 또한 문제 풀이의 대상으로서만 수학을 접하는 경우가 많다. 그리고 내가 근무하는 학교 학생들은 상위권과 하위권 학생들이 많아 상위권에 초점이 맞춰진 수업이 진행되다 보니 성취도가 낮은 학생들은 수학에 더 어려움을 느끼고 동기부여가 되지 않는 상태였다.

나는 학생들이 사회 및 사연현상을 관찰할 때 그 속에 어떤 수학이 숨어있는지를 찾아낼 수 있게끔 해보고자 했다. 또한 수학이 어떻게 활용되는지를 단순하게 조사만 하는 것을 넘어서, 실험을 통해 수학적 원리를 직접 눈으로 확인하며 이를 이해하며, 그 속에서 수학의 실용성과 유용성을 느껴 동기부여가 될 수 있게 시도하였다. 그리고 협력적 주도성을 뒷받침할 수 있도록 모둠을 구성하여 주제 선정부터 계획, 정보수집, 실험, 발표까지 모든 것을 학생들이 주도할 수 있도록 구성하였다. 학생들이 주체적으로 결정하여 결과물을 만드는 과정에서 학생 주도성을 기를 수 있는 수업을 진행하고자 했다. 그리고 조별로 프로젝트 활동을 하면서 협업의 필요성을 깨닫고 의사소통하며 공동체 의식을 함양하고자 했다.

수업 한눈에 보기

수업 개요

실험을 통한 실생활 프로젝트 수학 수업		
과목 수학	학년 고등학교 1학년	기간 14차시
핵심 아이디어	• 순열과 조합은 다양한 상황에서 사건이 일어날 수 있는 모든 경우의 수를 체계적으로 세는 데 활용된다.	
성취기준	[10공수1-03-01] 합의 법칙과 곱의 법칙을 이해하고, 적절한 전략을 사용하여 경우의 수와 관련된 문제를 해결할 수 있다. [10공수1-03-02] 순열의 개념을 이해하고, 순열의 수를 구하는 방법을 설명할 수 있다. [10공수1-03-03] 조합의 개념을 이해하고, 조합의 수를 구하는 방법을 설명할 수 있다.	
핵심역량	■ 문제해결 역량　　■ 추론 역량　　■ 의사소통 역량 ☐ 연결 역량　　　　■ 정보처리 역량	
탐구질문	• 프로젝트를 통해 사회 및 자연현상을 관찰하고 어떻게 수학이 활용되었는지를 수학적으로 이해하기 위해서는 어떤 주제로 어떤 정보를 수집하며, 수집한 자료들을 어떻게 친구들에게 발표할까? • 실험을 통해 수학의 원리를 눈으로 확인하고 수학의 가치를 이해하기 위해서는 어떠한 실험을 해야 할까?	

수업의 흐름

차시	단계	활동	내용
1차시	준비	모둠 구성	• 프로젝트 모둠 구성하기(성적 또는 진로 희망 별로)
2차시		주제, 실험 선정	• 프로젝트 주제 선정하기 • 실험 내용 선정하기
3차시		계획 수립	• 프로젝트 계획 세우기 • 개인별 역할 분배하기
4차시	독서 활동	도서 선정	• 프로젝트 주제와 관련된 수학책 탐색하여 선정하기
5차시		도서 읽기	• 선정한 도서 읽기
6차시		독후감 작성	• 책에 대한 독후감 작성하기
7차시		독서 토론	• 독서 토론 진행하고 토론 감상문 작성하기
8차시	실험 활동	실험 준비	• 실험 준비물, 실험 장소 섭외 등 실험에 준비하기
9차시		실험 실시	• 계획한 실험을 시행하기
10차시	자료 조사	자료 수집	• 주제와 실험과 관련된 수학 실생활 관련 사례 자료 찾기
11차시		자료 분석	• 탐색한 자료 정리하기 • 발표를 위한 발표 자료 준비
12차시	발표	발표	• 프로젝트 전 과정 발표
13차시	정리	피드백 및 조별 평가	• 결과에 대한 피드백 제공 • 조별 평가 실시
14차시		보고서 작성	• 개별 보고서 작성

주요 결과물	• 모둠 결과물: 프레젠테이션 발표 자료, 실험 후 생성물 • 개인 결과물: 개별 보고서

채점기준표

평가 요소		채점 기준(점수)		
		잘함	보통	노력 필요
독서토론 (20%)	책 독후감 작성 (40점)	책을 읽고 내용을 올바르게 파악하고, 이를 요약하여 독후감을 잘 서술함. (40점)	책을 읽고 내용을 올바르게 파악하였으나, 표현이 부족함. (30점)	책을 읽고 내용을 올바르게 파악하였으나, 표현을 잘하지 못함. (20점)
	독서 토론 활동 (20점)	자신이 읽은 책의 내용을 바탕으로 논리적으로 토론 활동에 열심히 참여함. (20점)	토론 활동에 열심히 참여하였으나 논리적이지 못한 대응과 반응이 많음. (10점)	토론 활동에 소극적으로 참여함. (0점)
	토론 감상문 작성 (40점)	토론 내용을 잘 정리하고 결과에 대한 자신의 의견과 자신의 변화에 대하여 잘 서술함. (40점)	토론 내용을 잘 정리하였으나, 자신의 의견 또는 자신의 변화에 관하여 서술하지 못함. (30점)	토론 내용을 잘 정리하지 못함. (20점)
프로젝트 (20%)	실험 (40점)	실험 주제가 교육과정 범위 안에 있고, 실험 내용이 실생활 또는 수학적 이론과 관련되어 있으며 협업하여 수행하는 장기간의 연구·활동 과제로 적합함. (40점)	실험 주제가 교육과정 범위를 벗어났거나, 실생활 또는 수학적 이론과 관련이 없거나, 협업하여 수행하는 장기간의 연구·활동 과제로 적합하지 않음. (30점)	실험 주제가 교육과정 범위를 벗어났고, 실생활 또는 수학적 이론과 관련이 없고, 협업하여 수행하는 장기간의 연구·활동 과제로 적합하지 않음. (20점)
	발표 (40점)	발표를 4~6분 안에서 프로젝트 계획, 활동 내용, 결과 등을 잘 발표함. (40점)	시간 제한을 맞추지 못하거나 발표할 내용 중 1, 2가지를 부실하게 발표함. (30점)	시간 제한을 맞추지 못하거나 발표할 내용 중 3, 4가지를 부실하게 발표함. (20점)
	활동 과정 (20점)	주제에 따라 적절하게 연구·활동 계획을 수립하고 그 계획에 따라 적절히 분업하고 연구, 활동하였으며, 이로부터 결론을 끌어내고 그 결과에 대해 반성함. (20점)	주제에 따라 적절하게 연구·활동 계획을 수립하였으나 그 계획에 따라 적절히 분업하지 못하거나, 연구·활동을 진행함에 부족함이 있거나, 결론을 추론하는 데 오류가 있음. (10점)	주제에 따라 연구·활동 계획은 수립하였으나, 연구·활동을 거의 진행하지 않음. (0점)

세부 능력 및 특기사항 예시

중학교 때 배웠던 멘델의 유전 법칙을 떠올리며 유전 형질 발현의 경우의 수를 곱의 법칙을 통해 알아보고자 함. 경우의 수 독서 활동에서 제시한 접근법 외의 다른 방법을 모색하기 위해 조원과 토론함. 멘델의 완두 교배 실험을 탐구하여 완두콩의 유전자형에 따른 유전 형질을 정리하고, 반성 유전의 사례로 혈우병을 조사한 뒤 직접 가계도를 그려 부모 세대의 유전자형에 따른 자손 세대의 유전자형을 구함. 완두의 다양한 교배 상황에서 유전자형이 조합될 수 있는 경우의 수를 곱의 법칙으로 구하고 그에 따라 발현되는 유전 형질을 설명함. 혈우병 가계도를 이용하여 정상, 보인자, 혈우병 부모의 유전자형에 따라 나타날 수 있는 자손을 성별로 나누고 각각의 유전자형을 곱의 법칙을 통해 설명하고 유전병 여부를 나타냄. 이 활동을 통해 다양한 유전 현상을 조사하는 기회가 되었고, 경우의 수를 이용한 유전 현상을 이해하기 쉽게 설명하기 위해 노력한 결과 교사와 학생들의 인정을 받음.

수업에 들어가며

프로젝트 모둠 구성하기

처음 프로젝트 활동을 진행할 때는 모둠을 성적과 관계없이 무작위로 편성하였다. 그러자 성적이 낮은 학생들로 이루어진 모둠도 발생하였다. 결국 실험 주제 선정부터 의견을 적극적으로 내는 학생이 없어 프로젝트 활동에 난항을 겪는 모둠이 발생했고 실험 및 발표를 포기하는 상황이 나타났다. 이를 보완하고자 다음 프로젝트 활동은 성적분포를 고려하여 편성하였다.

또한, 수학이 학생의 삶과 연결되었다는 것을 알게 하고자 1학기에는 학생 주변의 실생활과 수학이 연계된 프로젝트를, 2학기에는 학생 개인의 진로와 수학이 연계된 프로젝트를 진행하였다. 진로와 수학이 연계된 프로젝트 활동은 학생의 진로 계열을 조사하여 이를 고려한 모둠을 편성하였다. 모든 학생이 책임감을 가질 수 있도록 하고 프로젝트 발표가 시간을 너무 소모하지 않도록 각 모둠의 인원은 5명에서 6명이 적절하다고 판단하였다.

프로젝트 주제 & 실험 선정하기

수학의 범위는 경계가 없이 무한하지만, 학교 현장에서 다룰 수 있는 수학 내용은 교육과정 문서 안으로 한정된다. 따라서, 프로젝트 주제와 실험 내용 선정은 해당 교과 교육과정 범위 안에서 선정이 되어야 한다는 것을 학생들에게 반드시 전달해야 한다. 예로 공통수학2에서 다루는 '원의 방정식'을 주제로 선정하고 실험 내용을 '원의 방정식'에서 벗어나 기하에서 다루는 '타원'에 관련된 실험을 진행하는 경우가 생기기 때문이다. 학생들이 실험하고 이해하기에는 무리가 없을 수 있지만, 공통수학2 수업 시간에 다루기엔 부적합하다.

또한, 실험 내용을 선정할 때 학생들이 어떤 실험을 해야 할지 감이 안 오고 어찌해야 할 바를 몰라 선생님에게 물어보는 경우가 많으므로 아래 표의 예시를 들어주면서 어떤 주제로 어떤 실험을 해야 할지 설명하였다.

프로젝트 주제와 실험 및 탐구 활동 예시

프로젝트 주제	실험 및 탐구 활동 예시
이차방정식	교실의 최대 면적 구하기
이차함수	농구공의 궤적을 이차함수로 표현하고 최고 높이 구하기
두 점 사이의 거리	구글 지도에서 두 나라 사이의 거리 구하기
무리함수	반 아이들의 체표면적 구하기
무리함수	효소 반응속도 무리함수 그래프 확인하기
경우의 수	멘델의 유전 법칙 계산
순열과 조합	DES[1] 알고리즘으로 블록 암호화해보기

그리고 실험 내용 선정을 할 때 '수학적 이론과 관련되어 있으며, 장기간의 연구 과제로 적당한가?'에 대한 평가 기준을 충분히 안내하였다. 학생들에게 너무 단순한 실험이거나 수학적 이론과 관계가 적거나, 실생활 활용과 동떨어져 있는 실험은 감점이 될 수 있다는 것을 설명하여 깊이 있는 탐구가 가능하도록 하였다.

프로젝트 계획 세우기

학생들이 모둠으로 함께 이야기할 수 있는 시간은 총 10시간임을 설명하고, 프로젝트 발표 날짜를 안내한 후, 프로젝트의 전반적인 계획을 세우게 했다. 실험을 진행하기 위해서는 어떤 준비물이 필요하고 언제 어디에서 실시하는지, 자료 탐색과 정리와 발표 자료는 언제까지 진행이 되어야 하는지를 모둠원들끼리 토의하게 했다. 처음 프로젝트를 진행할 땐 모든 학생이 책임감을 가질 수 있도록 조장, 자료 조사 및 정리, 발표 자료 만들기, 발표자 등과 같이 개별 역할을 부여하였다. 하지만 자기 역할 외에는 방관하고 소극적이며, 방어적인 태도를 보이는 학생들이 많이 나타나, 이후 프로젝트를 진행할 땐 개별 역할을 부여하지 않고 조장만 선정하여 협력이 자연스럽게 일어날 수 있도록 지도하였다.

---

1) DES(Data Encryption Standard) 알고리즘은 1972년 미 상무부의 NBS(National Bureau of Standards)에서 보안 문제가 대두됨에 따라, 정보 보호를 목적으로 공모한 암호 알고리즘으로 64비트의 블록 암호화 알고리즘으로 56비트 크기의 암호화키로 암호화된다.

독서 토론 활동 진행하기

학생들이 설계할 실험의 수학적인 이론적 배경을 다지고자 각 모둠에서 진행할 실험과 연결된 독서 토론 활동을 진행했다. 독서 토론은 수행평가로 연결하여 진행하였는데, 총 4차시로 '도서 선정', '도서 읽기', '독후감 작성', '독서 토론 및 소감문 작성'으로 진행했다.

첫 번째 차시에서는 각 모둠의 프로젝트 주제와 관련된 책을 탐색하고 적절한 것을 선정하도록 했다. 이때는 교내 도서관을 활용하여 학생들이 충분히 책을 탐색할 시간을 주어야 한다. 그 과정에서 모둠 주제에 어긋나는 책을 선정한 모둠은 없는지 순회하여 지도하였다. 두 번째 차시에서는 선정한 책을 읽는 시간을 가졌다. 독서 토론 세 번째 차시에서는 40분간 원고지 활동지에 책 내용을 작성하도록 안내하였다. 네 번째 차시에는 조별로 20분간 책을 읽고 느끼고 배운 점을 이야기 나누게 한 후, 20분간 독서 토론 소감문을 작성하도록 안내하였다.

독서 토론 수행평가의 평가 항목에 따라 각 모둠의 활동 과정을 평가하는 방법은 크게 두 가지가 있다. 먼저, 조별 평가는 토론을 진행하면서 토론이 잘 진행되지 않는 조들을 기록하여 평가하는 것이다. 다음으로 개별 평가는 의견을 잘 내지 않는 개개인을 기록하여 평가하는 것이다. 특히, 개별 평가를 할 때 개개인에 대한 기록이 어려운 경우에는 네이버의 클로버 노트 Clover Note와 같은 애플리케이션을 사용하면 대화 내용이 애플리케이션을 통해 대본 스크립트로 변환되어 개별 평가를 하기에 편리하다. 단, 테이블 중앙에 핸드폰을 놓으면 음성이 작아 변환이 잘되지 않는 단점이 있으므로, 녹음할 때 이야기하는 사람의 입 근처에 핸드폰을 가까이 가져가는 것이 좋다.

실험 준비하고 실시하기

모둠에서 스스로 설정한 실험계획을 수행하기 위해 주체적이고 능동적으로 행동할 수 있도록 실험 준비를 직접 할 수 있도록 했다. 실험 설계의 유의점을 찾아보고 자료를 조사하여 실험을 진행할 수 있도록 준비물을 구비하고, 장소를 섭외하는 등 제반 작업을 모둠에서 직접 준비하여 주도성을 높였다. 단, 실험은 한 시간으로 제한하여 주어진 범위에서 실험이 원활하게 이루어지도록 사전 준비의 중요성을 미리 강조했다. 실험 활동 시간엔 운동장이나 체육관, 정문, 도서관 등 섭외한 장소에 가서 자유롭게 실험을 진행하게 했다. 이때, 교사가 순회 지도를 통해 학생의 안전사고를 방지하는 것이 중요하다.

자료 조사와 정리 및 발표 자료 만들기

각 모둠의 실험 준비 과정에서 자체적으로 진행된 자료 조사와 함께 실제로 진행한 실험 결과를 토대로 자료 조사할 시간을 줬다. 프로젝트 주제와 관련된 수학적 이론의 실생활 활용과 사례들을 조사하고 정리하게 했다. 각 모둠의 발표는 4~6분으로 제한하여 이를 어길 시 감점 처리가 됨을 안내한 후, 발표 자료를 제작할 수 있도록 했다. 발표 자료의 내용은 실험과 관련된 수학적 이론과 수학 사례, 실험 과정 및 결과로 구성하여야 하며, 앞서 진행한 독서토론 활동과 실험을 연계하여 수학적인 깊이를 더하여 발표할 수 있음을 안내하였다.

프로젝트 발표하기

각 모둠에서의 프로젝트 주제 선정, 실험 내용 선정, 독서토론 활동 내용, 실험 실시 및 결과, 조사한 자료 등 전반적인 내용에 대해 발표할 수 있도록 안내하였다. 이때, 교사는 스톱워치 등을 활용하여 발표 시간을 기록한다. 이 과정에서 각 모둠의 발표를 들으면서 평가를 바로 해야 하므로, 미리 평가기준안을 출력하여 평가 기준대로 평가를 시행하였다. 각 모둠의 발표가 끝나면 발표 내용에 대한 피드백을 통해 어떤 부분이 부족한지, 어떤 부분이 개선되면 더 좋을지 안내하고 관련된 내용은 기록으로 남겼다. 가끔 발표를 너무 빠르게 하거나 목소리가 작아 잘 들리지 않는 경우도 있기 때문에 녹음을 해두어 놓쳤던 부분을 다시 들으면서 놓친 평가와 피드백을 하면 신뢰로운 평가를 할 수 있다.

발표에 대한 피드백 및 조별 평가, 개별 보고서 작성하기

각 모둠이 발표를 진행하면서 기록했던 내용과 발표 결과를 바탕으로 학생들에게 구체적인 피드백을 했다. 잘 진행된 부분과 함께 어떤 내용이 부족해서 어떤 영역에서 감점이 있었으며, 앞으로는 이런 부분을 더 신경 써야 한다는 것을 알려줌으로써, 추후 프로젝트를 진행하였을 때 더 나은 활동을 하고 성장할 수 있도록 도왔다.

처음 프로젝트를 진행할 땐 학생들이 협력하여 서로 성장할 것으로 기대해 활동 과정을 점검하기 위한 평가를 시행하지 않았으나, 모둠 내에서 아무런 활동을 하지 않는 학생이 생겨나 열심히 활동한 다른 학생과 같은 점수를 받는 상황에 이를 보완하고자 각 모둠 내에서 차등 점수를 부여하는 '활동과정 평가'를 추가하게 되었다. 학생의 성장에 초점을 두고자 활동 과정 평가를 정량적 평가보다는 정성적 평가를 의도하여 학생들의 소감을 바탕으로 서술형 평가를 시행한 적도 있었으나, 점수 변환에 어려움이 있어 활동 수준에 따라 5단계로 나누어 각 모둠 내 학생들의 평균 점수를 부여하였다. 5단계는 '매우 적극적으로 활동에 참여함', '적극적으로 활동에 참여함', '보통으로 활동에 참여함', '비적극적으로 활동에 참여함', '활동에 전혀 참여하지 않음'으로 제시하였다.

활동이 모두 끝난 후, 프로젝트 활동에 대한 개별 보고서를 작성하게 했다. 작성한 내용을 참고하여 개인 세부 능력 특기사항에 반영하면 좀 더 개별화되고 진로를 반영한 질 높은 특기사항을 입력할 수 있었다. 만약 발표가 끝나고 한참 후에 개별 보고서를 작성하면 기억이 잘 나지 않아 자세히 작성하는 데 어려움이 있으므로 프로젝트 종료 후 바로 작성하는 것이 좋다.

'미적분 I' 과목에서의 프로젝트 수업

미적분 I 과목에서의 프로젝트 진행 방식도 1학년 수학과 같다. 미적분 I은 사회 및 자연현상의 변화를 다루는 수학적 도구로서 미적분의 기초 내용에 대해 이해하고 탐구하는 과목이다. 미적분 I은 한없이 가까워지는 현상과 관련된 무한의 개념을 직관적으로 이해하고, 순간적인 변화를 탐구하는 데 도움이 된다. 또한, 넓이, 이동 거리 등과 관련된 문제를 해결하는 데에도 도움이 된다. 따라서 실생활은 물론, 학생들의 진로와 연계한 프로젝트 활동에 소재가 더 다양하다고 할 수 있다. 미적분 I에서 활동할 수 있는 실험, 탐구활동 사례는 아래 표와 같다.

미적분 I 과목에서의 실험, 탐구 활동 예시

프로젝트 주제	실험 및 탐구 활동 예시
미적분 I	언덕에서 공을 굴렸을 때 시간에 따른 공의 위치를 함수화시켜 그래프로 표현하고, 이를 미분하여 공의 순간속력 구해보기.
	여러 계단의 평균 기울기를 구하여 어떤 계단이 가장 가파른지 확인해 보기.
	사탕을 먹었을 때의 만족감을 숫자로 표현하여 만족감의 변화율인 한계효용 구하기.
	종이컵과 보온병에 담긴 물의 온도를 일정 시간마다 측정하고 시간에 따른 물 온도를 그래프로 표현하고 온도 변화율 측정하기.
	원 모양의 스티로폼을 일정한 모양으로 조각조각 잘라 사각형 모양으로 조각을 붙여서 사각형의 넓이를 구함으로써 원의 넓이를 유추해 보기.
	플라스틱 컵의 부피를 구하고 물을 반 채웠을 때 물의 부피의 변화율 구해보기.

'기하' 과목에서의 프로젝트 수업

기하는 평면과 공간에 나타나는 기하적 대상을 다양한 방식으로 표현하고 탐구하는 과목이다. 기하는 원뿔을 절단하여 나타난 곡선을 대수와 연결하여 분석하고, 공간도형의 성질을 이해하며, 크기와 방향을 갖는 벡터를 이용하여 평면과 공간에서 나타나는 도형을 탐구하여 주변 현상을 기하적 대상으로 표현하고 대상들의 구조와 관계를 파악하는 데 도움이 된다. 그중에서 공간좌표와 식을 활용하는 것은 공간도형의 기하적 성질을 탐구하는 데 유용한 방법이다. 이에 착안하여 학교 건물을 좌표공간에 그리고 구조물을 다시 만들어보는 2차시 활동을 하였다.

첫 차시에는 학교 건물 중 좌표공간에 옮길 건물 하나를 지정하고 밖에서 그 건물의 길이를 측정했다. 길이와 비율을 측정할 방법은 각 모둠에서 아이디어를 떠올릴 수 있게 단서가 될 이야기를 주면, 학생들은 자를 준비해 와서 직접 학교 둘레의 길이를 재거나 스마트폰 애플리케이션으로 측정하기도 한다. 또한 발걸음 횟수로 어림잡아 재기도 하며, 멀리서 사진을 찍어 사진의 길이 비율을 계산하여 측정하는 등 다양하고 창의적인 방법들이 많이 나온다. 건물 앞에서 바라본 모습, 건물 옆에서 바라본 모습, 건물 뒤에서 바라본 모습에 대한 건물 구조도를 그리고 각 변의 길이 비율을 작성하였다. 또한 높이를 30cm라고 가정하였을 때의 학교 구조도를 좌표공간에 나타냈다.

두 번째 차시에서는 이전 차시에서 작성하였던 좌표공간에 나타낸 학교 구조도를 참고하여 높이가 30cm인 학교 구조물을 제작했다. 모둠별로 도화지 네 장 정도와 칼, 가위, 테이프 등을 제공하고 한 시간 안에 구조물을 만들게 했다. 이때, 완성도와 길이, 내구성이 평가 요소이므로 이를 고려해야 하며, 제출할 때 이번 시간에 만든 학교 구조물과 저번 시간에 만든 공간좌표 학교 구조도를 함께 제출하게 했다.

채점기준표

기하 과목에서의 좌표공간 그리기 & 구조물 제작 성취평가 기준안

평가 요소		채점 기준(점수)		
		잘함	보통	노력 필요
좌표공간 그리기 (20%)	정면도 (20점)	학교 정면도를 잘 그리고 비율을 잘 나타낸 경우 (20점)	학교 정면도를 잘못 그리거나 비율을 잘못 나타낸 경우 (14점)	학교 정면도를 잘못 그리고 비율을 잘못 나타낸 경우 (8점)
	측면도 (20점)	학교 측면도를 잘 그리고 비율을 잘 나타낸 경우 (20점)	학교 측면도를 잘못 그리거나 비율을 잘못 나타낸 경우 (14점)	학교 측면도를 잘못 그리고 비율을 잘못 나타낸 경우 (8점)
	후면도 (20점)	학교 후면도를 잘 그리고 비율을 잘 나타낸 경우 (20점)	학교 후면도를 잘못 그리거나 비율을 잘못 나타낸 경우 (14점)	학교 후면도를 잘못 그리고 비율을 잘못 나타낸 경우 (8점)
	좌표공간 (40점)	좌표공간에 학교를 잘 그리고 길이를 잘 나타낸 경우 (40점)	좌표공간에 학교를 잘못 그리거나 길이를 잘못 나타낸 경우 (28점)	좌표공간에 학교를 잘못 그리고 길이를 잘못 나타낸 경우 (16점)
학교 구조물 제작 (20%)	완성도 (40점)	좌표공간에 옮긴 학교 설계도를 잘 반영하여 완성도 있는 구조물을 만든 경우 (40점)	좌표공간에 옮긴 학교 설계도를 잘 반영하지 못하여 낮은 완성도의 구조물을 만든 경우 (28점)	좌표공간에 옮긴 학교 설계도를 반영하지 못하고 형태를 알아볼 수 없는 구조물을 만든 경우 (16점)
	길이 (40점)	좌표공간에 옮긴 학교 설계도의 길이를 잘 반영하여 비율에 맞는 구조물을 만든 경우 (40점)	좌표공간에 옮긴 학교 설계도의 길이를 잘 반영하지 못하여 일부가 비율에 맞지 않는 구조물을 만든 경우 (28점)	좌표공간에 옮긴 학교 설계도의 길이를 반영하지 못하여 비율이 전혀 맞지 않는 구조물을 만든 경우 (16점)
	내구성 (20점)	학교 구조물을 내구성 있게 잘 만든 경우 (20점)	학교 구조물의 내구성이 약하여 흔들리는 구조물을 만든 경우 (14점)	학교 구조물의 내구성이 매우 약하여 무너져 있는 구조물을 만든 경우 (8점)

기하 과목에서의 좌표공간 그리기 & 구조물 제작 활동지

좌표공간에 학교 나타내기	
학년 반 번 이름:	
※ 주어진 자료를 토대로 학교 건물의 비율을 예측하여 작성해 보시오.	
1. 앞에서 바라본 모습	2. 옆에서 바라본 모습
3. 뒤에서 바라본 모습	4. 1, 2, 3을 토대로 학교 건물을 그리고 길이를 나타내 보시오.(단, 높이가 30cm라고 가정하자.)

수업을 나오며

프로젝트를 통해 성장하고 자라는 학생

2022 개정 교육과정에서 학생 주도성의 구성요소는 '책임 있는 결정 역량'과 '목표 달성 역량', '능동적 행동 역량'이다. 프로젝트를 진행하면서 가장 고민하였던 것이 교사가 어느 정도 개입을 해야 할지에 관한 내용이었다. 교사가 주제 선정에 많이 개입할 경우 학생들이 원하는 주제를 선정하기보다 교사의 영향을 받게 된다. 그래서, 학생들 본인이 원하는 주제 및 실험 선정을 통해 주체적으로 결정하고 자신의 결정이 다른 사람과 사회에 미치는 영향에 대해 이해하고 책임질 수 있게 수업을 설계하였다. 이러한 과정은 학생들은 '책임 있는 결정 역량'을 함양할 수 있다.

또한 실험을 계획하고 달성하기 위해 독서, 실험, 자료 조사, 발표 준비 등의 구체적 활동을 주체적으로 할 수 있도록 안내하였다. 이렇게 본인의 삶과 관계된 프로젝트의 목표를 정하고 실천하는 활동을 하며 '목표 달성 역량'을 함양할 수 있도록 하였다.

프로젝트를 진행하며 내가 가장 신경을 썼던 부분은 모둠 내 갈등 상황 대처였다. 몇몇 모둠원이 제대로 활동하지 않는다고 하소연하는 학생들이 있었다. 그뿐만 아니라 '활동과정 평가'에서 본인은 열심히 하였는데 왜 점수가 낮게 나왔는지, 또는 모둠원이 열심히 하지 않았는데 왜 점수가 높게 나왔는지에 대한 불만들을 개진하였다. 프로젝트는 모둠 안에서 역할을 분담하고 시켜서 하는 것이 아닌, 스스로 활동하는 능동적 활동을 통해 '능동적 행동 역량'을 기르게 하는 과정이다. 이를 위해서 교사는 퍼실리테이터로서 학생의 능동적 학습을 촉진하고 지원해야 한다.

프로젝트 마지막 차시에 받은 개별 보고서에서 가장 인상 깊었던 점은, 평소 수학에 관심이 없던 학생이 실험을 통해 수학의 재미를 알게 되었다고 고백한 것이다. 또한, 문제 풀이로서의 수학이 아닌 실생활 활용에서의 수학을 알게 되어 너무나 의미 있었다는 학생들의 후기를 들을 수 있었다. 덕분에 수학 프로젝트 활동의 의미와 중요성을 다시금 생각할 수 있었다.

도전!
스타트업 창업 수업

신경훈 * 홍성공업고등학교

늘 부족하지만, 욕심이 많아 크고 작은 것들에 도전하며 살고 있습니다. 처음부터 아이들이 좋아 교사가 됐다기보다, 어쩌다 보니 아이들 속에서 무한 행복을 발견하고 있습니다.

개정 교육과정 키워드에 대한 나의 수업 고민

역동적으로 변화무쌍한 우리 사회에서 학교라는 공간 속에만 들어오면 교사도, 학생들도 모두 조금은 멈춰있는 세상 속에 살고 있다는 생각을 한 적이 있다. 그건 아마도 학교라는 공간에서 학생다운, 교사다운, 그리고 학교다운 틀에 우리 자신을 규정해 왔기 때문이 아닐까? 그건 특히 교실 속 수업 현장에서는 더욱더 강하게 드러난다. 학생들과 이런저런 고민과 진로와 관련된 이야기를 해도, 수업 종만 치면 학생들과 교사는 수직관계 속에서 오래전부터 정답이라고 여겨진 지식을 배운다.

이러한 틀 속에서 학생들은 자아정체성을 확립하고 자기 삶을 스스로 개척할 수 있을까? 새로운 가치를 계속해서 창출하며 다양한 문화적 가치를 함양할 수 있을까? 공동체 의식 속에서 다양성을 이해하고 서로 존중하고 더 나아가 세계와 소통하는 경험을 할 수 있을까? 2022 개정 교육과정의 인간상을 실현하고자 한다면 적어도 우리 스스로가 그 틀을 깨야 할 필요가 있다고 생각한다.

2022 개정 교육과정의 개발 지향점인 '깊이 있는 학습', '삶과 연계한 학습'을 바탕으로 국어 방과후수업을 활용하여 창업계획서를 작성하고 발표하는 활동을 진행하였다. 또한 학생들의 학습 과정을 관찰하고 결과를 공유하는 지속적인 피드백을 통해 학습 과정에 대한 성찰을

지속적으로 실현하고자 하였다.

본 수업이 2022 개정 교육과정의 삶과 연계한 학습과 관련이 된다고 본다. 결국 학생들은 학교를 벗어나 독립된 사회구성원으로서 자신의 진로를 향해 나아가고 이를 위해 진로에 대해 끊임없는 고민을 한다. 이러한 고민이 창업 활동으로 연결되어 미리 실현해 보는 간접경험을 하게 되고 학생들의 삶과 함께 나아가는 수업이 되기를 바란다.

수업 구상 배경과 목적

세콰이어 캐피탈 Sequoia Capital [1]은 1975년 당시 초소형 기업이었던 애플에 이미 투자를 했고, 일렉트로닉 아츠 Electronic Arts, EA, 구글 Google, 유튜브 Youtube 등에 차례로 투자를 했다. 마이클 모리츠 Michael Moritz는 스타트업의 시초이자 전 세계적으로 막강한 영향력을 끼치고 있는 세콰이어 캐피탈에서 투자자로 활약 중이다. 그가 이야기한 말을 살펴보면, 교실 속 학생들과 교사들의 관계를 정말 잘 묘사하는 것 같다.

"투자 업무는 저널리스트가 되는 것과 같습니다. 아무것도 모르는 상태에서 자료와 팩트들을 찾아내고, 이들을 침전시킨 결과물들을 바탕으로

---

1) 세콰이어 캐피탈은 미국의 실리콘밸리를 거점으로 둔 투자사이다. 운용 자금이 세계 최대 규모이며 구글을 비롯한 여러 기업에 성공적으로 투자했다. 주로 시드 단계와 초기 라운드에 투자를 진행한다.

(자신의) 의견을 형성하고 판단을 내리는 것! 그게 바로 투자자의 본질입니다. 공학박사나 의학박사 따위의 학위가 필요한 것이 아닙니다. 오히려 필요한 것은 이야기를 풀어내고 명확하게 소통할 수 있는 능력입니다. 그게 (벤처 투자자에게) 매우 중요한 요소일 거라고 생각합니다."
- 마이클 모리츠

기존의 내 교과 수업은 끊임없이 사실적 지식을 주입하고 창의성 없는 정해진 답들을 토해내는데 몰두하였다. 하지만 위 글을 만난 이후 정해진 답도 없고, 꼭 따라야 하는 과정 없이 마음껏 자신만의 생각과 활동을 펼쳐낼 수 있는 그런 배움의 장을 제공하고 싶어졌다.

세콰이어 캐피탈사의 사업계획서를 바탕으로 진행된 첫 번째 수업에서는 '도전! K-스타트업'과 '스타트업 빅뱅' 프로그램을 기본 포맷으로 하였다. 학생들이 직접 창업 아이템을 내고 제품을 실현하는 것까지 완성한 후 PT를 하고 투자금 유치를 받도록 긴 호흡의 수업을 만들었다. 자세한 수업 과정은 아래 설명하겠지만 1차로 진행했던 스타트업 수업의 아쉬움을 보완하고 강화해서 2차 스타트업 수업을 진행해 나갔다. 1차 수업에서의 아쉬웠던 점은 창업 아이템을 스마트폰 어플 개발이라는 다소 협소한 범위로 한정 지었다는 것과 시장 분석, 고객 요구 분석, 수익 모델 분석 등 창업의 과정에서 매우 중요한 과정들을 지식적으로 깊이 이해하기 전에 피상적으로, 다른 사업계획서를 모방하는 식으로 진행했다는 것이다. 이 때문에 학생들이 단순히 어플을 만드는 것에만 몰두한 게 아닌가 하는 아쉬움이 들었다.

이를 보완하여 창업의 결과물을 내는 것보다(사실 20차시 방과후수업에서 학생들과 그렇게 할 수 있는 역량 및 시간이 절대적으로 부족한 것도 사실이다) 창업 아이템을 고민하고 창업하기 위해 시장이나 고객들의 요구를 분석하고 자료 조사를 하는 것이 더 중요하다는 것을 알았고 그러한 방향성으로 수업 디자인을 수정하였다.

수업 한눈에 보기

수업 개요

도전! 스타트업 창업 방과 후 수업		
과목 국어	학년 고등학교 2~3학년	기간 20차시
핵심 아이디어	<ul><li>프로젝트 수업 형태를 바탕으로 진로와 관련한 창업 아이템을 선정하여 구체적인 사업계획서를 작성할 수 있다.</li><li>고안한 창업 아이템을 바탕으로 투자금을 받기 위해 효과적으로 발표할 수 있다.</li><li>객관적인 평가 기준을 바탕으로 사업계획서 및 발표를 이해하고 평가할 수 있다.</li><li>진로 창업을 계획하는 모든 과정을 통해 내가 알지 못했던 나의 적성과 특기를 발견할 수 있다.</li><li>새로운 것을 창출해 내는 창업 활동을 통해 창의력을 향상시킬 수 있다.</li><li>대화, 토론, 발표를 통해 내가 가지고 있던 지식, 잠재력을 최대한 발산할 수 있다.</li></ul>	
성취기준	[12화작01-01] 사회적 의사소통 행위로서 화법과 작문의 특성을 이해한다. [12화작01-02] 화법과 작문 활동이 자아 성장과 공동체 발전에 기여함을 이해한다. [12화작03-01] 가치 있는 정보를 선별하고 조직하여 정보를 전달하는 글을 쓴다. [12화작03-03] 탐구 과제를 조사하여 절차와 결과가 잘 드러나게 보고하는 글을 쓴다. [12화작03-04] 타당한 논거를 수집하고 적절한 설득 전략을 활용하여 설득하는 글을 쓴다.	

핵심역량	■ 비판적·창의적 사고 역량 ■ 디지털·미디어 역량 ■ 공동체·대인 관계 역량 □ 문화 향유 역량 □ 자기 성찰·계발 역량 ■ 의사소통 역량
탐구질문	1. 자신의 진로와 관련된 창업 아이템을 창출하여 사업계획서를 어떻게 작성할까? 2. 사업계획서를 바탕으로 어떻게 하면 청중을 사로잡는 효과적인 발표를 할까?

수업의 흐름

차시		내용
1~2차시	다가서기	• 스타트업 전문 유튜브 채널 'EO' 시청 • 각자 사업 아이템 생각하기 • 패들릿으로 창업 아이템 브레인스토밍과 공유하기(발산화 작업) - 카카오벤처스의 대표 파트너 정신아 EO 인터뷰 내용 중 스타트업 기업의 자기소개 방법 참고!
3~4차시	스타트업이 뭔데?	• 스타트업 수업 활동에 앞서 관련 지식 및 용어 공부하기(카훗 퀴즈) - 학습 내용: 고객 니즈란? 시장 경제는 어떻게 파악할까? 데드밸리는? 현재 우리나라 스타트업 기업의 수익은?
5~6차시	사업계획서 들여보기	• 사업계획서를 공개한 여러 스타트업 기업의 자료를 통해 사업계획서 들여다보기 • 학생들의 진로 및 흥미와 관련된 사업계획서 선택 후 재구성하여 발표하기 - 분석한 기업: 머스트잇, 왓챠피디아, 쿠팡, 엘리스, 원스토어, 에어비앤비, 야놀자 등 다양한 스타트업 기업의 사업계획서 분석!
7~8차시	나도 PT! 사업계획서 재구성 발표하기	• 본인이 조사한 스타트업 기업의 사업계획서를 재구성하여 PT하기 • PT에 앞서 '스타트업 빅뱅' 프로그램에서 PT한 사례를 미리 시청하고 PT 기술을 습득하여 발표하기 • 사업계획서를 노션(Notion)에서 공유한 후 친구들의 여러 의견을 받아 구체화하기
9~10차시	어려워.... 다시 다시! 고객 니즈 분석	• 사업계획서에 드러난 시장 조사, 수익 모델, 고객 니즈 분석 등 학생들에게는 다소 어렵고 난해할 수 있는 경제적 분석 현상에 대해 심화 학습하기 • 영화 '파운더'(맥도날드 창업 실화)를 간단히 본 후 고객 니즈의 중요성 및 분석 방법을 학습하기 • 시장 규모 추정과 관련된 용어 공부하기 - TAM, SAM, SOM[2) 등 학생들에게는 어려울 수 있는 시장규모 분석 용어 학습하기. 이를 바탕으로 시장 분석의 중요성 및 방법 등을 학습하기.

차시		
11~12 차시	창업 아이템 발굴 작업: DMC 리포트	• DMC(Digital Media Marketing) 분석 보고서에서 흥미 있는 주제의 리포트 정리 및 분석하여 발표하기 • 현재 창업 아이템의 흐름과 미래의 유망한 창업 아이템을 공부하기 • 마인드 마이스터 어플(mind meister)을 활용하여 창업 아이템 구체화하기
13~14 차시	창업 아이템 구체화 작업: DMC 리포트	• DMC 리포트 활동 발표하기 <발표 주제> 1. 2021 인터넷 쇼핑 시장 및 현황 분석 보고서 2. 모바일 중고거래 플랫폼, 새로운 쇼핑 트렌드로 부상하다. 3. 인터넷 동영상 시장 현황 및 전망 4. 이케아, 스냅챗에서 'AR 방탈출 게임' 통해 가상의 가구 인테리어
15~18 차시	나도 스타트업! 창업 아이템 및 사업 계획서 발표하기	• 학생 별 창업 아이템과 사업 계획서 발표 및 공유 활동하기
19~20 차시	뜨거웠던 우리들의 스타트업 활동들!	• 지난 활동 과정 속에서 배운 것들 정리해서 발표하기 • 스타트업 활동 관련 더 하고 싶은 프로젝트 설문조사 실시하기 • 활동 성과 공유회 개최하기

2) TAM(Total Addressable Market)은 전체 시장으로 제품과 서비스의 카테고리 영역을 포함하는 비즈니스 도메인 크기를 의미한다. SAM(Serviceable Available Market)은 실제로 회사가 제품이나 서비스 제공이 가능한 시장을 나타낸다. SOM(Serviceable Obtainable Market)은 실제로 회사가 현재 서비스를 제공하거나 점유하고 있는 시장 규모를 의미한다.

세부 능력 및 특기사항 예시

의료 관련 진로와 관련하여 의료 인프라 구축과 편리한 의료 서비스 제공을 위한 애플리케이션 개발이라는 주제로 창업 아이템을 선정함. 이 과정에서 의료 취약 지역을 대상으로 삼아 화상 진료, 약 정보 공유, 온라인 구매로 약 처방 방안, 타 병원과의 연계 방안 등에 대해 사업 아이템을 구체화하는 능력을 보임. 현재 다른 나라의 창업 사례를 바탕으로 현재 창업의 문제점을 비판적 시각으로 다가가는 모습을 보임. 4인 1모둠에서 사업계획서를 요약하고 애플리케이션 디자인을 개발하는 역할을 맡아 누구보다 책임감 있고 창의적으로 자신의 역할을 수행함.

수업에 들어가며

흥미 및 동기 부여

처음 스타트업 수업을 시작했을 때, 학생들이 분명 좋아하고 관심 있을 거란 확신이 있었다. 페이스북, 구글, 쿠팡, 인스타그램, 유튜브 등 학생들의 생활에 밀접한 포맷들이 모두 스타트업 기업에서 시작한 공룡기업이 된 사례들이 막연하게 나를 착각하게 한 것 같다. 우선 학생들의 집중력은 유튜브 속 짧은 동영상에 익숙해져 있어서 몇 분이 지나가면 아무리 그게 유익하다고 판단되더라도 흥미와 관심은 곤두박질치게 된다. 오죽하면 2배속으로 1분 안에 알아보는 유익한 상식이라는 유튜브 채널이 나올 정도다.

프로젝트형 수업은 최소 20차시 정도는 잡아야 실질적인 결과물과 그 안에 유의미한 과정들이 나올 수 있다고 생각한다. 이렇게 기나긴 수업 여정을 함께 갈 학생들에게 흥미와 동기를 유발하는 것은 정말 중요하다.

1차 수업에서는 영상을 간단히 틀어주면서 동기유발을 하고 끝냈다. 당연히 동기가 유발될 리가 없었고 그렇게 끌고 간 15차시의 수업에서 중간마다 이탈하는 학생, 계속해서 활동의 가치 및 당위성에 대해 의문을 제기하는 학생들이 생겨났다. 더 중요한 건, 그 대답을 나 또한 제대로 해줄 수가 없었다.

이러한 과정을 바탕으로 2차 수업에서는 나 자신에게 "창업에 관심도 없는 고등학생들에게 스타트업 수업이 도대체 어떤 의미가 있는 걸까?", "이 수업의 목적이 제2의 구글 창업자를 만드는 것일까?"를 물었다. 이 물음에서 시작된 스타트업 수업의 가치를 깊게 고민하였고 이 과정에서 여러 스타트업 관련 서적을 읽고 정리한 것이 큰 도움이 되었다. 그 후에 타 교과 선생님께 자문을 구하기도 했다. 그렇게 스스로 납득한 스타트업 수업의 가치를 정리하면 다음과 같다.

혁신 ("원래 그래"가 아닌)

'페이팔Paypal' 공동 창업자 피터 틸Peter Andreas Thiel의 저서 '제로투원 ZERO to ONE'이라는 책을 읽고 생각한 것이다. 일반 자영업과 스타트업의 가장 큰 차이가 바로 새로 베이스에서 혁신이 되는 무언가를 발견하는 것이다. 기존에 있는 것이 아닌 미래의 가치를 창출하는 새로운 것! 그게 스타트업의 핵심이다. 우리들은 이미 주변에 어느새 익숙해져 비슷한 일상을 반복하면서 살고 있기 마련이다. 이때 학생들은 삶에서 물음을 던지고 일상에 자극을 줄 수 있는 활동, 그게 바로 스타트업이고 단순히 창업의 목적에서 벗어나 이러한 자극 활동을 하는 것 자체로 의미가 있는 것이다.

협업 ("경쟁"이 아닌)

스타트업의 목표는 다른 스타트업 기업을 경쟁해서 우위에 서는 것이 아닌, 어떤 기업에도 없는 아이디어를 창출하여 독점하는 것이다. 우리 빵집이 이웃 빵집보다 더 잘 팔리기 위해 노력해서 이윤을 창출하는 것이 스타트업 기업의 목표가 아니라는 것이다. 위에서 말한 혁신에서 시작한 아이템은 경쟁이 아닌 독점을 위한 것이고! 이 독점이 바로 세상의 혁신을 주도하게 되는 것이다.

자아개념 ("이윤 창출"만이 아닌)

스타트업에서 가장 중요한 출발점은 가장 큰 이윤을 창출하는 아이템을 선정하여 실효성을 발휘할 수 있도록 과정을 밟아가는 것으로 생각했다. 하지만 스타트업을 시작한 지금의 기업가들의 에세이들을 보다 보면, 돈을 좇아 시작한 사람은 거의 없다. 우선 창업자 자신이 잘하고 좋아하는 것부터 시작하는 것이다. 이게 굉장히 당연한 말이라고 생각할 수도 있지만, 실제로 굉장히 드문 일이기도 하다. 잘하고 좋아하는 것이 미래의 어떤 가치를 창출할 수 있는지를 끊임없이 고민하는 것! 이것이 바로 스타트업의 시작이다. 이러한 생각 자체만으로도 학생들에게 큰 의미가 있다.

미래사회 ("지금"의 안주가 아닌)

혁신과 독점을 위해서는 미래 사회를 생각해야만 한다. 스타트업 관련 서적을 읽어 보면서 미래에 대해 어떠한 입장, 관점, 태도를 가지는지 아는 것도 굉장히 중요하다고 생각한다. 미래를 낙관적으로 볼 것이냐, 비관적으로 볼 것이냐, 명확하게 바라볼 것인가, 안개 낀 유리창을 바라보는 것처럼 불명확하게 생각하느냐. 미래를 준비하는 학생들의 자세를 확인할 수 있다. 이를 바탕으로 과거를 통한 현재를 살아갈 수 있기 때문이다.

아이템 선정부터 사업계획서 작성까지의 고난들

첫 번째 수업에서는 '에어비앤비' 숙박 공유 업체의 사업계획서 사례를 설명한 후 학생들에게 무에서 유를 창출하라는, 지금 생각해보면 정말 무모한 수업 지도를 했다. 물론 그럼에도 불구하고 학생들은 결과물을 내긴 했다. 첫 번째 수업의 주제가 어쩌다 보니 앱을 만드는 수업으로 변질되긴 했다. 아이템을 선정하고 이를 바탕으로 앱을 만드는 것이었다고 보니 각 팀에서 나온 아이템들이 어느 정도 윤곽을 잡을 수 있었다.

하지만 두 번째 수업은 앱 만드는 활동으로 통일하지 않고 자유롭게 창업을 해보는 것이다. 그러다 보니 학생들은 아이템 선정에서부터 사업화로 구현하는 것까지 어려워했으며, 교사로서도 막막하긴 마찬가지였다.

그래서 이러한 의견을 바탕으로, 수업을 급선회했다. 현재 존재하고 있는 유수의 스타트업 기업의 사업계획서를 '모방'해서 써 보는 것이었다. 기존에 발표되거나 유출된 사업계획서를 그대로 쓰는 것이 아닌, 사업계획시기 없는 상태에서 현재 존재하고 있는 스타트업 기업의 창출 과정을 역추적해서 써 보는 것이다. '마켓컬리'의 실제 사업계획서를 우리가 볼 수 없지만, '마켓컬리'가 어떻게 지금의 성과를 낼 수 있었는지를, 자신이 창업자라고 생각하면서 사업계획서를 써 보는 것이다.

이렇게 하면 사업계획서를 쓰는 방법을 어렵지 않게 익히게 되면서도 현재 성장하고 있는 다양한 스타트업 기업에 대해서도 자연스럽게 이해할 수가 있다. 뿐만 아니라 이 과정에서 자신만의 사업 시장을 유사하게 조사할 수도 있으며 결국, 자신의 창업 아이템 선정과 사업 계획서 작성에 기초가 되는 작업이기도 했다. 왜냐하면 현재 있는 스타트업 기업에 대한 무궁무진한 자료들을 바탕으로 사업계획서를 쓸 수 있기 때문이다.

이때, 하나의 문제점이 또 생겼다. 기본적으로 현재 있는 시장을 조사하려면 스타트업에 대한 기본적인 지식이 어느 정도 있어야 한다. 우선 용어부터 전체적인 메커니즘 등에 대해서 말이다. 활동을 하면 할수록 점점 역행하는 우리의 수업을 발견하게 되면⋯ 막막하기도 하지만 '그래 이렇게 쉽게 진행될 리가 없지'라는 생각도 하게 된다.

**다시 원점으로,
스타트업 A~Z까지 다시 공부하자.**

기존 20차시의 수업 분량을 1학기 분량의 수업으로까지 수업 차시를 연장해야 한다는 필요성을 느끼게 되었다. 우선 경제 지식부터 시장의 흐름, 규모 등에 대한 기본적인 이론, 거기에 스타트업이라는 특수한 포맷에 기초한 여러 용어나 과정 등을 이해해야 했다.

이러한 지식 쌓기 작업이 선행되지 않으면, 마치 '로또에 당첨되면 뭐 하고 싶냐'는 물음에 막연한 상상을 풀어내는 것처럼 스타트업 수업도 공허한 꿈 찾기로 흘러갈 수가 있다.

지식 수업도 재미있게 풀어나가기 위해 노력했다. 먼저 책을 읽고 스스로 정리한 후 강의를 했다. 이때 학생들에게 개인 및 팀별 퀴즈 형식으로 상품을 걸고 맞추는 식으로 진행했다. 그러기 위해선 무턱대고 책을 읽고 내용을 정리하는 것보다는 지식은 교사가 먼저 쌓고 관련 지식을 흥미 있게 영상 및 퀴즈로 풀어내는 작업이 중요하다. 우선 학생들에게 흥미가 최우선이기 때문이다.

여기서 스타트업 전문 유튜브 채널 'EO(https://www.youtube.com/@eo_korea)'의 영상 자료들을 잘 참고했다. 요즘 아이들의 흥미를 반영된 영상 자료가 많기 때문이다. 뭐가 맞는 건지는 모르지만, 최소한 수업 시간에 아이들이 지루하게 여길 수 있는 순간을 최소화하기 위한 나의 고민이었다.

그리고 여러 사례를 소개했다. 일례로, 맥도날드에서 밀크셰이크 판매량이 7배가 늘어난 비결에 대해 영화 영상으로 사례를 소개한 후, 고객들의 요구를 분석하는, 스타트업에서 굉장히 중요한 작업을 학생들과 굉장히 흥미 있게 알아갔다. 이러면서 점점 수업이 뒤엎어지고 수정되고 발전된다는 것을 알았다. 처음 했던 스타트업 수업에서는 교사의 전달 10%, 학생들의 막연한 활동 90%로 흘러갔다. 분명 여기에서 학생들의 인지적 능력이 향상될 수도 있다.

하지만 정해진 시간 안에서 교사가 의도한 가치 있는 수업을 실현하려면 무엇보다 교사가 수업 전체를 정교하게 디자인하고 수업의 중심과 주인이 되어야 한다는 것을 알았다. 수업을 이끌어 가는 것이 학생이라고만 생각했던 프로젝트 수업이라는 관섬에서 조금 빗어났다.

천부적인 능력을 갖춘 김연아임에도, 빙판에서 혼자의 연습으로만 세계 정상을 이룬 것이 아닌 것처럼, 하물며 타고난 능력임에도 그런데. 내가 학생들에게 너무 많은 것을 무턱대고 요구한 것이 아닌지를 반성했다. 그건 어쩌면 교사 자신이 추상적으로 그린 그림을 구체화하는 방법을 몰라, 학생들에게 전가하는 것이 아닌지. 반성했다.

트렌드와 인공지능 학습

아이들이 팀별로 아이템 구상부터 사업계획서 작성까지 하는 데에 있어서 '데스밸리 Death Valley'[3]는 바로 배경지식의 부족이었다. 동기, 의미, 그리고 자신들만의 계획이 있지만, 그것을 구체적으로 구현해 내는 것이 가장 중요한 핵심인데, 이 과정에서 아이들이 많은 어려움에 부딪힌다. 그도 그럴 것이, 이 수업에 수업자인 교사는 모든 걸 디자인하고 그만큼 배경지식을 가지고 있는데 학생들은 그렇지 않기 때문이다. 이 수업을 준비하면서 수업 디자인 자체를 아이들과 함께 공부하면서 활동을 고안해내는 방법도 생각했다. 방과 후 수업의 특징 중 하나가 학생들의 필요 때문에 개설되는 것이며 수업 의도를 교사가 설명한 후 학생들과 고민하면서 수업 설계할 수 있는 지점들을 마련해 보는 것도 좋을 거란 생각이다. 그렇게 되면 수업 중간에 무리하게 계획을 바꾸는 혼란을 방지할 수도 있을 것이다.

이러한 피드백으로 인한 고민으로 하던 중, '히어로스쿨(http://hero-school.net/)'에서 교사를 대상으로 진행됐던 '인공지능과 트렌드' 강의가 생각이 났다. 스타트업의 가장 중요한 주춧돌이 되는 개념인 혁신을 이

---

3) 벤처 기업이 연구·개발(Research and Development)에 성공한 후에도 자금 유치에 어려움을 겪으면서 맞는 도산 위기를 일컫는다. 통상 창업 후 3~5년 정도 기간을 의미한다.

어가려면 이 두 가지 개념을 학생들에게 깊이 있게 전달하고 공부해야 겠다 생각했다.

세 번째로 진행된 스타트업 수업에서는 인공지능과 트렌드에 대해서 알아보고 함께 공부하는 시간을 총 6차시에 걸쳐 깊이 있게 가졌다. 이 과정에서 학생들은 시키지 않아도 혁신을 바탕으로 하는 사업 아이템에 대해 고민할 수 있었고 자신의 아이템을 어떤 기술과 접목해야 할지에 대한 구체화 방안도 함께 고안해 낼 수가 있었다.

아이들에게 아이템 고민의 시간을 주는 대신, 이렇게 함께 공부하면서 같이 아이템을 찾아보는 활동이 더 바람직하다고 생각한다. 이 과정에서 학생들에게 완전한 자율성을 주는 대신, 교사가 함께 협업하여 고민을 들어주고 같이 문제를 해결하는 것이 무엇보다 중요하다고 생각한다.

수업을 나오며

함께 고민하고 싶은 지점들

　수업 전체를 고민하고 디자인을 한 후, 내가 예상했던 학생들의 반응과 다를 때 당혹스럽다. 물론 그 과정에서 학생들의 유의미한 결과가 이루어질 수도 있지만……. 이 고민이 내가 학생들에게 피드백을 유연하게 주기 어려운 지점이기도 하다. 이미 답이 정해져 있는 활동을 아이들에게 주입하는 건 아닌지 고민하게 되었다.
　나는 입력과 출력의 결과물이 일목요연하게 구체화되는 수업에 익숙해져 있었다. 내가 어떤 수업을 하면 학생들은 이러한 행동으로 발현됐으면 하는 그런 구체성이 있는 수업 말이다. 분명 학생들의 인지 속에서 무언가가 이루어지고 있는 것들이 있을 텐데, 그것을 학생들에게 표현하게 하는 수업 방법도 미숙하다. 인지적 변화를 학생들과 의미 있게 발견할 수 있는 유의미한 수업 방법에 대해 고민하게 되었다.
　교사로서 학생들을 기다려주고 함께 고민해줬으면 하지만 수업하다 보면 교사 중심으로 흘러가는 경우가 많고, 그러다 보면 학생들의 관점에서 어떻게 기다려주고 어떤 도움을 줄지를 알고 싶다. 성급한 나의 기대가 학생들이 고민하고 학습할 기회를 뺏어 가고 있지는 않을까?

노션 Notion[4] 페이지로 공유하는 수업 과정

스타트업 수업을 진행하면서 학생들의 피드백을 바탕으로 내가 한 고민과 실천 내용들을 간단히 작성해 보았다. 수업의 전 과정이 노션 페이지를 바탕으로 진행되었으며 내가 학생들에게 설명해야 할 자료들, 학생들이 작성한 결과물 등 모든 활동들의 기록이 담겨있는 이 곳을 활용에 함께 공유하고자 한다. 이 글이 수업 전체를 이해하는 데 큰 도움이 되지 못했다면 노션 페이지를 참고해 주시기 바란다. 특히 총 20차시의 수업을 세 번에 걸쳐 수정하며 수업을 하였다. 이 과정들이 활동 내용으로 자세히 나와 있다. 이 글을 통해 수업 과정에서 학생들의 주춤 단계, 이를 바탕으로 한 수업자의 고민이 잘 전해지기를 바란다.

학습지 양식:
스타트업 일체의 활동 과정과 학습들 결과물, 학습지

---

4) 노션(Notion)은 프로젝트 관리 및 기록 소프트웨어이다. 회사의 구성원을 돕고 조직의 효율성과 생산성을 높이기 위해 마감일, 목표 및 과제를 조정하도록 설계되었다.

주도적 시민으로 거듭나기, 사회 참여 정책 제안 수업

이광현 * 천안신당고등학교

'삼국지'라는 이야기에 매료되어 역사를 좋아하게 되었습니다. 돌아오지 않을 아이들의 소중한 시간을 책임진다는 것이 무거움으로 느껴지는 교사가 되었습니다. 아이들에게 부끄럽지 않은 교사가 되고 싶어 노력하지만, 아이들의 모습에서 더 노력하지 못한 부끄러움이 저를 더 움직이게 합니다. 역사 교사지만 사회 문제에 관심이 많아 모두가 행복한 세상을 찾기 위해 공부하고 있습니다. 적어도 내가 가르친 아이들이 세상에서 차별받지 않는, 경쟁에서 좌절하지 않는 세상을 만들기 위해 교육의 힘을 빌려 노력해 보고자 합니다.

개정 교육과정 키워드에 대한 나의 수업 고민

주도성, 흔하지만 이루지 못한 이름

고백건대 평소 나의 수업은 다소 지루하다. 배움중심수업과 과정중심평가를 익히고 배워온 시간이 무색하게도, 내 수업은 수많은 학습 내용과 평가라는 현실적 고민을 핑계로 교사가 주도하는 수업이 주를 이룬다. 간혹 도전하는 학생 활동 중심 수업도 이벤트처럼 수행평가 형태로 단기간에 진행하였기에, 대부분 수업에서 학생들은 교사의 설명에 의지하며 수동적인 태도로 수업에 참여했었다. 나는 설명을 하느라 바빴지만, 학생들은 설명만 듣느라 지루해했다. 그리고 학생들의 지루함이 전달되는 순간, 나는 수업을 진지하게 반성하기 시작했다.

고민 중에 만난 또 다른 고민은 학습자의 주체성에 관한 문제였다. 학생들은 고등학교를 졸업하는 순간까지 자기 삶에서 온전한 주체가 되어 본 경험이 극히 드물다. 경제적으로는 부모에게 의존해야 하고, 학교에선 교사에게 평가받아야 하는 '학생'이라는 존재는, 대부분 시간을 부분적으로 주어진 권한만을 행사하는 '을'의 삶을 살아왔다. 학교를 등·하교하는 문제, 학습 내용을 선택하고 양을 조절하는 문제, 평가 방법과 과정을 선택하는 문제, 학교 규칙 제·개정과 자신들의 복지를 위해 예산 사용 규모 결정 과정에 참여하는 문제 등. '학교 3주체' 중 하나라는 이름이 무색하게도 학생들은 여러 과정에서 대부분 주도적인 경험을 한 적이 거의 없었다. 삶을 주도적으로 살아보지 못한 학생들이 성인이 된다고 자기 삶의 주체로 거듭날 수 있을까?

이러한 고민과 반성은 학생들이 적극적, 능동적으로 참여할 수 있는 수업을 기획해 보자는 도전 의식으로 이어졌다. 마침 학년 특색 프로그램을 기획하는 위치에 있었기에 학생들이 다양한 색깔을 살려 주어진 문제에 적극적으로 참여하는 수업을 만들면 좋겠다고 생각했다. 학생들을 움직이게 하려면 어떤 학습 동기가 필요할까? 학생들에게 제시할 도전 과제는 무엇이어야 할까? 설레는 마음으로 하나, 둘 질문을 던지고 고민은 길어졌지만, 혼자 구상하는 시간이 길어질수록 답도 전략도 잘 나오지 않았다. 내가 고민했던 질문은 다음과 같다.

학습자의 관심이 반영된 과제를 제시하면 학습자의 참여를 유도하기 쉬울 것 같다. 그런데 다양한 학습자의 관심 분야들을 어떻게 반영할 것인가?

학습자의 다양성을 고려해야 한다면 예측 가능성을 고려해 학생들을 무한정 참여시킬 수 없다. 학생들의 참여 범위를 어떻게 정해야 할까?

기획된 시간 안에 학습자가 과제를 완성하려면 교사의 적절한 도움이 필요하다. 다양성을 보장하면서, 학습을 지원하기 위한 비계를 어떻게 제공해야 할까?

학습자의 적극적인 참여를 이끌기 위해서는 다양한 동기 유발 전략이 필요하다. 학습자의 흥미를 높이고 과제에 도전하도록 이끌려면 어떤 경험을 제공할 것인가?

학습자가 주도할 수 있는 수업의 방향 및 방법은 무엇일까?

고민이 길어질수록 결론은 쉽게 나오지 않았다. 그래서 함께 참여하기로 한 고마운 학년 선생님들께 도움을 청했다. 고맙게도 선생님들은 수업에 대한 고민을 나누며 답을 찾아가는 과정을 즐거워하셨다. 대화를 나누며 알게 되었지만, 생각보다 선생님들은 이미 나와 같은 고민을 하고 있었다. 그리고 선생님들과 나누고 대화하는 과정에서 신기할 만큼 많은 부분이 자연스럽게 풀렸다. 설계 과정이 즐거웠고, 설계가 체계화될수록 수업에 대한 기대는 더욱 커졌다. 지금부터는 선생님들과 함께 만든 수업을 운영했던 과정들을 나누고자 한다. 준비 과정부터 수업이 진행되었던 흐름을 따라가되, 수업이 끝나고 설문을 통해 조사했던 참여 학생과 교사의 환류 내용을 연관된 부분에서 소개하며 비판적으로 수업을 성찰하겠다.

수업 구상 배경과 목적

주도적으로 사는 삶, '시민'으로 거듭나는 한 걸음

학생들이 학교를 졸업하면 자신의 삶을 주도적으로 살아갈 수 있을까? 자기 내면의 요구를 말하지 못하고, 여러 결정 과정에서 배제되었던 학생들이 사회에 나왔을 때, 그들은 주도적으로 세상을 살아갈 수 있을까? 주도적으로 삶을 산다는 것은 무엇일까? 성인이 되어 사회의 한 구성원으로 살아갈 때, 자신이 처한 환경에서 주어지는 대로만 사는 삶을 주도적인 삶이라고 할 순 없을 것이다. 문제가 있다면 문제에 대해 알아보고, 문제를 문제라고 말하고, 문제를 해결하기 위해 어떤 형태로라도 참여하려는 태도야말로 주도적인 삶을 사는 자세라고 생각한다.

2022 개정 교육과정에서 요구하는 주도성은 자기 삶에 국한되지 않고 사회 문제에 관한 관심과 적극적인 참여를 포함하는 시민성적 자질의 필수 요소로 해석된다. 그래서 수업의 방향은 학습 계획이나 진로에 관한 계획을 세우는 개인 차원의 수준을 넘어, 학생이 사회의 구성원으로 참여함으로써 시민적 주도성을 길러주는 목적을 담아 기획하였다. 그리고 수업의 형태는 학생들이 사회 문제에 대한 나름의 대안을 제시해 보는 '사회참여 정책 제안'의 방식으로 정하였다.

수업 한눈에 보기

수업은 크게 오전과 오후로 구분되고, 8차시 흐름에 따른 단계별 활동으로 구성하였다. 오후에 학생들이 제안한 정책을 통해 문제의식과 대안을 공유하는 것이 수업의 목표였기에, 오전은 학생들의 동기유발과 문제의식 형성에 목표를 두었다.

수업 개요

세상을 향해, 한 발을 내딛다 - 사회참여 정책 제안 수업		
과목 사회(방과후수업)	**학년** 고등학교 3학년	**기간** 8차시
핵심 아이디어	• 자신의 진로와 연관한 다양한 사회적 문제에 관해 자료를 찾고 동료들과 토론하며 문제를 심층적으로 이해한다. • 동료와 문제해결 방안을 토론하고 도출한 대안을 사회에 제시함으로써 사회 문제에 적극적으로 참여하는 시민의 태도를 기른다.	
핵심역량	■ 창의적 사고력　　■ 비판적 사고력　　■ 문제 해결력 및 의사 결정력 ■ 의사소통 및 협업 능력　　■ 정보 활용 능력	
수업의 흐름		

0차시 수업 준비	교사	• 자신이 이끌 수 있는 사회적 이슈 선정 • 선정 이슈에 관한 탐구 질문과 도움 자료 제공 • 주제 선정 결과를 토대로 학생 토론팀 구성 • 사회적 이슈와 관련한 팩트 체크 문제 만들기
	학생	• 탐구하고 싶은 2가지 주제/이슈 선정 • 선정 주제/이슈 관련 도움 자료 학습

차시	구분	내용
1차시 O.T	교사	• 학습 일정 및 화폐 제도 안내 • 교사 및 탐구 주제 소개 • 준비물 확인: 토론용 전지, 대형 포스트잇, 매직, 교육용 화폐, 이젤
	학생	• 학습을 위한 스마트기기 준비 및 인터넷 연결 상태 확인 • 몸으로 하는 가위, 바위, 보 게임
2차시 팩트 체크	교사	• 퀴즈N, 카훗, 띵커벨 등 교육용 퀴즈 플랫폼 활용 • 결과에 따라 보상(화폐) 지급
	학생	• 스마트기기를 활용해 퀴즈 참여 • 탐구 주제 관련 사전 학습 지식과 오개념을 확인하며 학습 동기 형성
3차시 이슈별 토론	교사	• 1회 30분씩, 2회로 구성하여 교사별 주제를 맡아 모둠 토론 지원 • 교사는 사회자, 촉진자의 역할만 수행 • 토론 방법 및 유의 사항 안내, 우수토론자 투표 결과 반영 보상 지급
	학생	• 사전에 신청한 주제/이슈별 30분씩 2회 토론에 참여하며 심화 학습 • 토론 후 회차별 우수토론자를 각각 선정하여 투표
4차시 학습 반추	교사	• 오전 토론 활동 결과에 대한 교사 간 협의, 모둠 조정
	학생	• 도움 자료 사전 학습, 팩트 체크, 이슈 토론 과정을 돌아보며 새롭게 학습한 점과 생각 변화 등을 정리 • 오후 활동과 연계한 탐구 계획, 정책 제안 방향 등을 정리
점심 시간	교사	• 보상에 따른 음식 제공 • 식사에서 소외된 학생이 없도록 확인
5차시 모둠 만들기	교사	• 오전 수업 의도 설명, 학생 활동 평가 • 모둠 만들기 활동 지원
	학생	• 오전 활동 토대로 오후 탐구 주제 선정을 통해 모둠 만들기 • 모둠 세우기 활동
6-7차시 정책 제안 작성	교사	• 오전 토론 자료를 토대로 학생들의 정책 제안 방향 지원 • 토론 및 학습 촉진, 학생 활동 관찰 및 기록
	학생	• 오전 토론 자료를 토대로 상호 정책 제안 방향 토론 • 개별 역할 분담을 통한 자료 조사 및 공유
8차시 정책 마켓	교사 학생	• 모둠별 정책 제안서 설명 부스 운영 • 정책 설명자와 부스 체험자 역할을 구분하고 번갈아 체험 • 1인 3개의 투표권을 갖고 제안된 우수 정책에 투표 • 다득표한 우수 정책 발표 후 활동 설문
주요 결과물		• 모둠 결과물: 분야별 정책 제안서 • 개인 결과물: 분야별 문제 분석 및 개별 제안서, 활동 성찰 일지

세부 능력 및 특기사항 예시

활동에 참여하여 사회 양극화 현상을 해결할 수 있는 방안을 주제로 모둠원과 토의하는 과정에서 사고의 독창성을 발휘함. 능력주의 사회에서의 사회 계층 간 갈등을 완화하기 위해 노동에 대한 보상 기준을 개인의 능력 이외에도 성실성, 발전가능성 등 보상 기준의 다양화의 필요성을 주장함. 모둠 토의에서 교육의 사회 계층화 강화에 따른 대학 진학의 의미 변질을 막기 위해 대입 추첨제도 개편을 제안함. 학생에 대한 평가가 보다 객관적으로 이루어질 수 있도록 논술 캠프 등 1박 2일의 밀착 평가 방식을 고안하는 등 구체적인 의견을 피력해 모둠원을 설득하는 모습이 인상적임. 더불어 수학 이론을 적용한 탐구 방식이 아닌 문제 풀이 중심의 대입 제도가 유지된다면 현재 학생들의 선택권 확장을 위한 고교학점제는 허울뿐이라는 점을 날카롭게 비판함. 문제 상황을 바라볼 때 사회 구조적 측면과 연결하여 근본적인 해결이 가능한 방안을 탐색하려는 모습에서 세상을 바라보는 폭넓은 안목이 드러남.

활동에 참여하여 '과학기술의 양면성과 인간의 삶'을 주제로 토론 활동에 적극적으로 참여함. 오펜하이머의 견해를 바탕으로 과학적 발견은 가치 중립적 영역이므로 사회적 책임의 대상이 아니라고 주장하며, 과학 기술자의 연구가 부정적 결과를 낳았을 때 이를 잘못 이용한 사람들에게 책임이 있다고 주장함. 최근 인공지능을 기반으로 한 '딥페이크' 범죄 사례를 보고 과학기술의 오용에 대한 우려를 표현함. 인공지능의 급격한 발달로 인해 발생할 수 있는 윤리적 문제에 관한 기사를 더 찾아보고, 기술 발전이 가져올 수 있는 잠재적 위험을 예방하는 방안을 국가적 차원에서 모색함. 그 방안으로 우리나라도 인공지능 기본법을 시행해야 한다는 내용을 유럽연합에서 세계 최초로 인공지능 규제법이 승인되었다는 논리적인 근거로 내세워 주장함. 완성한 정책 제안서를 다른 학생들에게 판매하는 '정책 마켓' 활동에서 정책 제안의 등장 배경과 의의를 설명하며 문제 해결을 위한 구체적이고 체계적인 접근을 보여줌.

수업에 들어가며

준비 과정에서 교사들이 고민한 것

수업을 준비하며 가장 먼저 한 고민은 학생들의 다양한 개성과 진로를 얼마나, 어떻게 보장할 것인가였다. 많은 논의가 있었지만, 학생들의 탐구 과정과 학습 결과에서 깊이 있는 수준을 보장하려면 부득이 교사의 전문성 내로 주제 범위를 좁힐 수밖에 없었다. 결국 학생들이 탐구할 주제를 교사가 지도할 수 있는 범주 내에서 제안하되 학생들의 선택권이 보장되도록 다양한 주제를 제시하고, 그럼에도 실제 수업에서 학생들이 다른 주제를 설정할 시 그것을 인정하기로 논의 후 수업 준비를 시작했다.

8차시 길이는 다소 많은 시간일 수 있지만, 다양한 활동을 통해 결과물까지 도출하려면 많은 시간이 아니었다. 특히 퀴즈를 통한 사전 지식 확인, 문제 분석 및 정책 제안 토론, 정책 마켓 등 학습자가 움직이고 활동하는 방식으로 수업이 설계되어 있었기 때문에, 8차시 안에서 학생들이 새로운 지식을 학습할 시간을 보장하기가 어려웠다. 그래서 결국 교사들이 사전에 패들렛을 이용해 도움 자료와 탐구 질문을 제공해 학습자가 사전 학습 후 프로그램에 참여하는 블렌디드 러닝 방식으로 수업이 설계되었다. 다음은 당시 교사들이 제시한 탐구 주제와 탐구 질문, 도움 자료의 목록이다.

주제	탐구 질문	도움 자료
사회 양극화 문제	1. 드라마나 웹툰 중 회귀물(ex: 재벌집 막내아들)에 열광하는 이유가 무엇일까? 　- 대중문화는 시대를 반영한다는 점에서 2. '금수저'가 아니라면 어떤 노력도 의미가 없을까? 　- 계층 양극화를 중심으로 3. 현실에서 회귀는 불가능, 그렇다면 계층 양극화를 해소할 수 있는 방안은 무엇일까? 4. 공동체의 무너짐, 각자도생 속에서 우리를 '함께' 꿈꾸게 할 수 있는 세상의 실현은 가능할까?	• 한국의 소득양극화 통계 자료 • 드라마 '재벌집 막내아들' 줄거리와 시청률 • 다큐프라임 '자본주의와 불평등' • '차이나는 클라스' 능력주의와 성공 • 불평등 관련 기사
디지털 기술의 발달과 사회 변화	1. 디지털 기술의 발전이 사회적 불평등을 증가시키고 있는가? 2. 소셜미디어와 같은 디지털 기술의 발전은 소통을 개선하고 있는가 아니면 약화시키고 있는가? 3. 디지털 기술의 발전은 어떻게 직업 시장의 수요와 공급을 변화시키고 있는가? 4. 디지털 기술의 발전으로 인한 알고리즘의 증가는 우리의 일상생활에 어떻게 영향을 미치고 있는가? 5. 인공지능의 판단 기준과 의사 결정 프로세스는 어떻게 형성되고 있으며, 사회적으로 공정한 의사결정을 내릴 수 있는가?	• '알고e즘' 4차 산업혁명과 일자리 • '알쓸범잡' 인공지능 • 인공지능, SNS 관련 보도 자료
과학 기술의 발전과 윤리적 책임	1. 과학 기술의 발전은 인간을 행복하게 만드는가? 2. 오펜하이머·노벨은 영웅인가, 비난받아야 할 인물인가? 3. 과학자들은 자신의 연구가 미칠 사회적 영향에 대해 얼마나 책임을 져야 할까? 4. 최근 킬러 로봇 등 AI의 위험성이 주목받고 있다. AI 기술에 대한 개발로 우리는 무엇을 얻을 수 있고 무엇을 잃을 수 있을까? 앞으로 AI 기술의 발전에 대한 국가적 제한이 필요할까?	• '인물사담회' 오펜하이머, 노벨 • 킬러 로봇 규제 보도 자료 • 과학기술기본법 법령 정보
언어와 인간 사회	1. 언어는 인간에게 무슨 의미이고 어떤 영향을 미치는가? 2. 언어가 인간에게 영향을 끼친다면, 청소년의 언어 문화가 인성에 영향을 미칠까? 3. 모든 인간이 동일한 언어를 구사하는 것이 인류의 발전에 유익한 일인가? 4. 힘이 없는 언어는 사라져야 하는가? 5. 번역기가 개발되어도 외국어를 배워야 하는가?	• '스타특강쇼' 언어가 인간에게 미치는 영향1 • 유튜브 영상 - 언어가 인간에게 미치는 영향2 • 인공지능과 번역 문제 보도 자료 • 영어공용화 토론 자료

세대의 변화와 가족 구성원의 변화	1. 인간에게 결혼제도는 필요할까? 2. 혼인률은 감소하지만, 연애 프로그램의 인기가 증가하는 것은 왜일까? 3. 증가하는 1인 가구에 '복지 지원 강화'가 타당할까? 오히려 싱글세 도입이 필요할까? 4. 'MZ세대'는 어떤 집단의 이데올로기가 반영된 표현일까? 5. 우리나라의 세대 갈등은 과연 극복될 수 있을까? 극복가능하다면 그 방법은 무엇일까?	• 결혼 제도 관련 유튜브 영상 • 1인 가족 증가 관련 유튜브 영상 및 보도 자료 • '비정상회담' 1인 가구 복지 비용 증가 • 세대 갈등 관련 칼럼 및 영상 자료
동물 실험을 둘러싼 논란과 대책	1. 동물실험이란 무엇인가? 2. 동물실험의 장점과 단점은 무엇이 있는가? 3. 동물실험의 성공, 실패 사례는 무엇일까? 4. 동물보호법이 타당한 이유가 무엇일까? 5. 동물 실험이 학습권에 미치는 영향은 무엇일까? 6. 고등학교 해부 실험에 어떤 규칙이 필요할까?	• 동물권과 학습권 갈등 관련 보도 자료 • 중고등 해부 실습 관련 신설 규정 • 동물 실험 반대 단체의 주장
다양성 사회의 인권 문제와 대안	1. 인간과 로봇은 어떻게 다른가? - 인간의 조건을 생각하며 2. 누가 인간이고, 인간이 아닌가? - 인권 범주의 확대 과정과 오늘날의 인권 3. 다른 정체성의 문화와 삶을 모두 존중해야 할까? - 다양성 사회의 조건	• AI 기술 보도 자료 • 혐오 범죄 보도 자료 • 혐오의 역사 요약 • 사회 속 다양성 존중 제도, 시설 사례 • 문화다양성 영상 자료
미래 사회와 학교 교육	1. 미래에도 학교는 필요할까? 2. 미래 사회 대응을 위한 학교의 역할은 무엇일까? (발전 방향 및 필요한 역량) 3. 현 교육 체제(상황) 분석하기 - 지금 우리 학교는? 4. 교육이 추구해야할 가치(방향)는 무엇일까?	• '미래교육 플러스' 영상 • AI 교과서 도입 보도 자료 • 수준별 교육 찬반 토론 자료
의료 윤리	1. [자율성 존중의 원칙·악행 금지의 원칙·선행의 원칙·정의의 원칙] 중 가장 중요하다고 생각하는 것은 무엇인가? 2. 추가하고 싶은 의료 윤리원칙은 무엇인가? 3. 이를 위한 정부 및 사회가 취해야 할 조치는 무엇인가?	• 생명 의료 윤리 4원칙 • 생명의료윤리 관련 토론 자료 • '닥터 김사부' 딜레마 상황 영상 자료

나는 정말 '잘' 알고 있을까?
- 인지부조화를 통한 동기유발

사람들은 자신이 알고 있는 지식에 오류가 거의 없다고 생각한다. 하지만 정말 그럴까? 내가 알고 있는 지식이 사실이 아니거나, 오류가 있을 때 사람들은 자신이 이미 알고 있던 지식 체계를 바꾸기 위해 노력한다. 피아제 Jean Piaget 가 이야기했던 인지부조화를 통한 학습 동기유발 전략을 활용해 학생들의 동기를 일으키고자 하였다. 퀴즈의 구성은 『팩트풀니스』를 참고했고 몇몇 예능 프로그램에 나온 아이디어와 동료 선생님들이 만든 질문과 정답, 근거와 출처 등을 '띵커벨'을 이용해 온라인으로 제시하였다. 당시 확인했던 몇 가지 질문 사례는 다음과 같다.

- 전 세계에서 영어가 공용어인 나라는 몇 %일까?
- 2023년 7월에 입대한 병사가 제대 때까지 한 푼도 안 쓰고 월급을 모았다면, 그 금액은? (복무 기간 18개월 / 병장 월급 100만원)
- 2022년 기준 경찰청 범죄 통계에서 강력 범죄는 24,954건이다. 이 중 여성의 피해 건수는?
- 2024년 열린 총선 결과 선출된 제22대 국회 의원 300명 중 여성 의원의 수는?
- 2024년 기준, 전체 가구 2,177만 3,507가구 중 1인 가구의 비율은?
- 2023년 기준, 전 세계 인터넷 접근성이 있는 가구 비율은?
- 디지털 기술의 발전으로 인해 2023년에 몇 개의 일자리가 만들어졌는가?
- 중·고등학교에서 동물의 사체 해부는 별도의 허가 없이 가능한가?
- 오늘날 우리나라에는 'AI 기본법(인공지능 계획을 수립하고 관리하는 법)'이 있는가?
- 2024학년 대학수학능력시험의 N수생 응시 비율은 전체 인원의 1/3을 넘었을까?
- 학생들이 대학 이상의 교육을 받고자 하는 이유 중 가장 높은 순위를 차지한 항목은?
- 2040 성인 남녀를 대상으로 '한국 사회에서 성공하는 데 필요한 요소'를 물은 결과 1위를 차지한 요소는?

다소 부족한 부분은 있지만, 선생님들이 담당하신 각각의 주제에 관한 문제의식을 불러오는 사실 확인 문제들을 제공했다. 모두 객관식의 형태로 이뤄졌고, 자료를 조사하는 것이 목적이 아니었기에 제한 시간 내 빠르게 정답을 고르는 경쟁적 게임 방식을 취해 순위에 따른 보상도 제공되었다. 경쟁적 게임 방식이 도입되어서인지 학생들은 매우 즐거워하며 질문 하나하나에 몰입했던 것 같다. 정답을 공개하며 근거가 될 자료와 출처를 알려주었기 때문에 학습 효과도 있었다고 생각한다. 하지만 다음에서 학생들이 보인 환류 내용은 모든 토끼를 완전히 잡을 수 없었음을 보여준다. "퀴즈 질문이 찍어서 맞추는 질문이라 아쉬웠다.", "사실확인 퀴즈, 화폐 운영 제도에서 운이 많은 영향을 주어서 좀 아쉬웠다."의 내용을 보면, 생각보다 학생들은 자신이 모르거나 관심이 부족했던 주제에 대해서는 사전 지식이 없었기 때문에 답을 찍어야만 했던 것 같다. 다양한 주제를 한 번에 다룬 데서 온 한계였다.

현실의 냉정함을 담은 자본과 계급, 그리고 규칙
- 체험을 통한 동기유발

학생들의 수업 참여를 높이는 방안으로 게임 형식이 도입되면서 자연스레 보상이 필요하였다. 수업을 1일 8차시로 기획하면서 점심을 제공할 계획을 세웠기에 점심을 다양하게 준비해 보상으로 연결하고자 하였다. 그래서 다시 점심을 활동 결과로 얻은 화폐(코인)를 이용해 구매하도록 장치를 둠으로써 활동마다 성과에 따른 보상으로 가상 화폐를 차등 지급하였다. 게임 속 경쟁과 보상이라는 상지는 새니 요소를 활용한 학습 동기를 유발하는 또 다른 장치였고, 학생들의 적극적인 참여를 이끌었다는 점에서 매우 성공적이었다.

하지만 화폐 제도를 단순히 동기유발 장치로만 활용하려는 의도는 아니었다. 명색이 사회 참여 정책 제안 수업이었던 만큼, 학생들이 앞으로 던져질 세상을 간접적으로 경험하며 문제의식을 느끼고 오후 활동에 참여하길 바랐다. 그래서 화폐라는 보상을 받으려면 노력해야 하고, 성과를 이뤄야 하고, 경쟁에서 이겨야 했다. 그리고 그러한 규칙은 게임의 규칙이라는 명목으로 선생님의 일방적인 통보로 정해졌다. 학생들은 그저 선생님이 제시한 일방적인 통보에 따라 경쟁에서 이기기 위해 가위바위보를 하고, 성과를 내기 위해 퀴즈에서 정답을 맞혀야 하고, 토론에서 돋보이고자 노력했다. 그렇게 얻은 개인 화폐는 오전 활동이 끝나고 준비된 음식과 교환되었다. 선생님이 제시한 터무니없는 물가와 자신이 보유한 화폐 보유 정도에 따라 개인 간 희비가 엇갈렸다.

학생들에게 차이를 두는 이런 비교육적인 프로그램을 기획한 것은 앞서 언급했듯, 고도화되는 현실의 자본주의 사회가 가진 냉혹함을 간접적으로나마 느끼길 바랐기 때문이었다. 그리고 우리를 움직이고 통제하는 규칙이 누군가로부터 주어졌고, 우리는 그것을 받아들이고만 있다는 사실을 알려주고 싶었다. 터무니없는 물가와 교환 가격, 보상 방식을 제안한 모든 규칙이 교사의 일방적 통보였음에도 아무도 문제를 제기하지 않았고 바꿀 생각조차 하지 않는 자신을 반성해 보길 바랐다. 그리고 정책 제안을 통해 주도적으로 세상을 살아갈 준비를 해보자는 활동의 의의를 전하고 싶었다.

점심시간이 끝나고 오후 활동이 시작되며 억울해하는 학생들에게 화폐 운영 제도의 이유와 오전 활동이 진행되는 과정에서 나타난 학생들이 보인 반응과 문제를 설명해 주었다. 동료 선생님들과 학생 대다수가 고개를 끄덕이며 동의의 뜻을 보였지만, 환류 내용에선 불만의 목소리도 여전했다.

> **학생**
> - 음식은 싸게 해주세요. 밥은 공짜로 주세요. 음식 가격 내려주세요.
> - 돈 편차 덜 나게 해주세요. 밥을 먹을 때 돈이 부족해서 조금 슬펐다.

> **교사**
> - 자칫 무거울 수 있는 활동에 화폐 제도를 도입해서 재미있게 풀어내고, 그 안에서도 배울 수 있는 요소를 넣어둔 점이 좋았다.
> - 사실 아까 돈을 차등 지급해서 식사를 제공한 부분에서 교우 관계가 좋은 친구들은 돈을 모아 풍족한 식사를 하고, 그렇지 않은 친구들은 그렇지 못해서 살짝 속상했는데, 식사 이후 전달하신 메시지가 너무 좋았습니다.

함께 대화하며 문제에 더 가까이
- 토론을 통한 주제 이해 심화

학생들이 자신의 진로와 연관되어 있거나 관심 있는 분야의 주제를 직접 선택했다 하더라도 그 분야에 대해 깊이 있는 지식이나 문제의식이 부족할 가능성이 크다. 그래서 사전에 교사들이 탐구 질문과 도움 자료를 제공한 바 있기에, 학생의 사전 학습 이해 정도를 확인하고 수어셨던 질문이나 다른 문제의식에 대해 깊이 고민할 기회를 주기 위해 상호

토론하며 대화하는 기회를 2회 반영하였다. 관심 분야가 여럿일 수 있기에 많은 대화 기회를 제공하고 싶었지만, 시간의 제약으로 2회로 토론 기회를 제약한 것은 다소 아쉽다. 1회 토론 시간은 30분이 주어졌다. 주제를 준비했던 교사들이 촉진자로 참여해 토론에 함께 참여했기 때문에 30분이 충분할 거라 판단했지만, 환류 내용은 토론 시간이 매우 부족해서 아쉽다는 반응이었다. 토론 환경은 동일한 주제를 선택한 학생들 4~5명이 전지를 가운데 두고 둘러앉아 자신들의 생각을 기록하며 시각적으로 공유한 가운데 토론이 이뤄지도록 환경을 조성했다.

돌아봐야 다음으로 나갈 수 있다.
- 활동을 반추하며 생각 정리

활동 수업에서 학습자의 과제 달성만을 강조하는 경우, 학습자는 자신이 경험한 활동이 어떤 의미였는지 이해하지 못하고 다음 활동에 다시 몰입해야 한다. 그런 경우 활동에 대한 의미를 상실해 활동 욕구가 저하될 수 있고, 학습 의미를 잊고 활동에만 몰입해 학습 효과가 떨어질 수도 있다. 수업이 크게 오전과 오후로 설계된 것을 고려해서 오전 활동까지의 경험을 되돌아보며 학습자가 스스로 학습 경험을 되돌아보는 시간을 오전 마지막 시간에 배치했다.

모둠 만들고, 세우기
- 협동학습을 위한 소속감 강화

오전 학습 경험을 정리하며 의미를 떠올린 학생들은 자신이 선택했던 2가지 주제 중에 자신에게 더 필요하다고 생각하는 주제를 최종 선택한다. 주제를 선택한 학생이 3명 이상인 경우 모둠을 만들어 오후 활동에서 함께 하도록 권했고, 주제 선택 인원이 소수이거나 다수일 경우 교사와 상의해 모둠을 조정했다. 오후 활동 역시 모둠원 간 협업이 필수적으로 필요했기 때문에, 관계를 세우는 활동이 꼭 필요했다. 협동학습을 위한 모둠 세우기 활동은 다양하겠지만 시간 관계상 풀이나 테이프 없이 주어진 시간 동안 종이를 가장 높게 쌓는 모둠이 승리하는 방식의 모둠별 미션을 부여했다. 하지만 이 또한 시간을 좀 더 확보해서 모둠 세우기 활동을 다양하게 하지 못한 부분이 아쉽다.

사회에 던지는 나와 우리의 목소리
- 정책 제안과 정책 마켓

이번 수업의 핵심인 정책 만들기는 사전 학습과 오전의 토론 활동에 이어 자신이 생각하는 사회 이슈에 대한 문제의식을 동료와 함께 나누며 대안을 찾아 제안하는 활동이다. 오전 토론 활동에서 자신이 선택한 주제를 이미 다뤘었기 때문에, 오후에 확정된 모둠이 오전 토론 자료를 토대로 대화를 심화시킬 수 있었다. 하지만 오후 활동에도 주제별로 교사들이 함께 참여했음에도 대안을 찾는 것은, 또 다른 고민과 논의를 필요했기에 방향을 잡는 데도 많은 시간이 소요되었다. 정책 제안을 위한 숙의를 이끌기 위해 전체적으로 제시된 제안서 양식이자 도움 질문은 '청참이클래스(https://www.youtube.com/@청참이클래스)' 유튜브 영상 자료를 참고하였으며 예시는 다음과 같다.

- **제안 배경**: 무엇이 문제일까? 왜 문제라고 생각하는가?
- **제안 대상**: 제안하려는 대상은 누구인가? 학교? 학생? 시민 사회? 정부 기관?

- **제안 내용**: 문제해결을 위해 어떤 방안이 있을까? 논리적 근거는 무엇인가?
- **기대 효과**: 제시된 정책으로 인해 어떤 세상이 만들어질까? 문제가 해결되었을까? 정책이 이뤄지면 우리는 행복해졌을까?
- **필요 자원**: 정책을 실현하기 위한 필요 자원은 무엇일까? 자원을 활용하기 위해서는 어떤 절차가 필요할까? 예산은 얼마나 필요하고, 특별한 조직이 필요할까?

학생들은 진지한 숙의 과정을 거쳐 자신들의 요구를 반영한 정책을 만들었다. 물론 모든 학생이 원만하게 결과물을 도출한 것은 아니었다. 교사들이 처음 제시한 주제가 있었고, 그것을 학생들이 선택했다고 하지만, 막상 정책 제안을 위한 숙의 과정에서 대화가 진행되며 처음 교사의 의도와는 다른 방향으로 대안을 만들려는 모둠도 있었다. 학생들의 자발적인 선택과 주도적 참여를 전제로 한 수업이었기 때문에, 주제를 제안했던 교사가 학생들의 결정을 무시하고 처음 의도대로 이끌 수는 없어 곤란한 부분이 있었다. 그런 경우 동료 선생님들이 해당 모둠을 지원하며 숙의 과정에 함께 했고, 어려움을 겪었던 학생들이 대화 속에서 도움을 얻어 과제를 수행해 갈 수 있었다.

2시간의 숙의와 협력을 통해 모둠별 정책 제안서가 대형 포스트잇에 작성되었다. 마지막으로 준비한 활동은 제안한 정책을 공유하고 평가하기 위한 정책 마켓이었다. 정책 마켓은 모둠별로 제안 설명자가 정책의 내용을 설명하고 다른 모둠원이 평가자로서 자신의 판단에 따라 평가권을 발휘해 우수 제안을 선발하는 활동이다. 수업에 참여한 모든 사람이 제안 설명자이자 평가자의 역할을 모두 경험하게 되며, 평가자로서 제안한 정책이 우리 사회에 정말 필요한지, 실현 가능성은 있는지 등 합리적인 기준에 따라 판단해 3개의 추천 권한을 제한적으로 행사하였다.

또한 마켓 운영 결과 가장 많은 추천을 받은 우수 정책은 실제로 반영되도록 제안해 봄으로써 활동에 대한 효능감과 시민으로서의 참여 경험을 갖는 효과를 통해 의미를 더하고자 했다.

정책 제안을 위한 숙의 과정

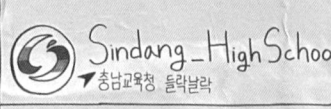

Sindang_High School
충남교육청 들락날락

긍정적 SNS 활용을 위한
진짜 내모습 챌린지

참여 방법

1. 자신의 진솔한 일상을 담은 사진이나 글을 SNS에 올려주세요!

2. 해시태그를 달아주세요!
   #진짜내모습챌린지 #진짜모습을보여줘
   #SNS긍정적활용

3. 친구들과 함께 참여하고 서로 응원해요!

꾸밈없는 일상

SNS 사진

< 예시 사진 >

♡ 🔍 ✈

○○○님 외 956명이 좋아합니다

Sindang_High School #진짜내모습챌린지 # SNS 긍정적 활용

○ 댓글 쓰기... 이예은, 곽서울, 이정희, 공도연
                30116   30201   30517   31002

진짜내모습
SNS의 긍정적 활용
챌린지

- **제안배경** : 외적인 성취와 인정에 집중을 둔 교육성장
  (문제상황) 환경, 즉, 성적정 교과과 명문대 입학을 최우선하는 교육을 통해 타인에게 보여주는 것에 대한 압박감과 인정욕구 때문에 '보여주기식 행복'에 집착하는 사회문제에 주목

- **제안대상** : 교육청

- **제안내용** : 꾸며진 모습이 아닌 자신의 현실적인 일상을 공유하는 챌린지를 통해 화려한 삶을 모방하고 인정받는 데에 집착하는 것에서 벗어나 화려하지 않은 삶을 사는 사람들이 많다는 것을 알게된다. 챌린지를 참여함으로써 '진짜'자신의 모습을 사랑하는 것이 중요하다 라는 메시지를 전달할 수 있다.

- **기대효과** : 챌린지가 전파되면 학생들의 자존감회복에 긍정적 영향을 미칠 수 있다. 그럼으로써 SNS에서 '보여주기식'의 컨텐츠들이 줄어들 것으로 예상된다.

- **필요요소** : 챌린지 참여보상 (∵ 적극적 참여동기 필요)
  챌린지 검수인력 고용
  챌린지 참여 홍보 (∵ SNS에 예시사진과 함께 게시)

<챌린지 참여방법> ⇒ 포스터 참고!

30116 이예은. 30201 곽서울. 30517 이정희. 31002 공도연

정책 제안서 작성과 진행 모습

하지만 문제도 있었다. 가장 큰 문제는 정책 마켓을 운영한 시간이 8차시 수업의 마지막에 배치되어서 학생들이 다른 모둠의 제안 설명을 여유롭게 듣고 판단할 수 있는 시간이 부족했다. 시간이 부족하다 보니 학생들의 이동 동선을 최소화해 제한된 공간에 여러 모둠의 정책들을 배치했고, 좁은 공간에서 동시다발적인 활동이 이뤄지면서 어수선한 분위기가 집중도를 많이 떨어뜨렸다. 또한 학생들이 자신의 주제에 대해서는 충분한 숙의를 거쳤지만, 다른 주제들에 대해서는 전반적인 관심도와 이해도가 부족했다. 제안 설명자가 자신들의 정책을 홍보하며 배경과 중요도를 설명했지만, 충분히 이뤄지지 못해 자신이 지닌 추천권을 관계 친밀도를 고려해 사용하기도 했다. 이 부분은 다음에 정책 마켓 이전에 배경 설명만이라도 전체적으로 공유하는 시간을 가신나면 좋을 것 같다.

수업을 나오며

주도적으로 참여한, 즐거운 수업 경험

　이번 수업은 학생들에게 자신이 나아갈 사회를 향해 목소리를 내고 사회 문제에 주도적으로 참여하는 기회를 만들어 보고 싶다는 개인적 욕구가 있었기 때문에 준비할 수 있었다. 아이러니하게도 학생들의 주도적인 참여를 위해 수업을 설계하고 운영해 본 경험이 내가 교사로서 갖는 주도성을 체험하게 한 소중한 경험이 되었다. 또 놀랍게도 정책 제안까지 참여했던 과정을 통해 배움의 즐거움을 느꼈던 학생들뿐 아니라, 함께 수업을 설계하고 운영했던 동료 선생님들도 주도적으로 참여하며 교사로서의 만족감을 느꼈다는 반응을 보였다. 어쩌면 우리는 교사와 학생으로서 느낄 수 있는 주도성을 수업에서 경험한 적이 부족했기 때문에 더욱 수동적으로 위축되는 것은 아닐까? 한 번의 경험이 모두를 바꿀 순 없겠지만, 학생들이 세상을 향해 한 발을 내디뎠던 것처럼 학생들의 주도성을 길러줄 수 있도록 다음 한 발을 준비해야겠다. 마지막으로 수업에 참여한 학생들과 선생님들의 환류 내용을 소개한다.

> **학생**
> - 평상시에 생각했던 불편한 점들을 직접 친구들, 선생님과 목소리를 낼 수 있어 뜻깊었다.
> - 좋은 프로그램을 기획해 주어서 감사하다. 모든 선생님이 참여하고, 준비해 줘서 우리가 잘 따라갈 수 있었다.
> - 너무 재미있고 유익하다. 또 했으면 좋겠다.

> **교사**
> - 오랜만에 보람을 느낄 수 있는 교육활동이었다. 아이들에게 실질적으로 도움이 되고 사고를 증진 시킬 수 있던 시간이었다.
> - 아이들의 참여도가 매우 높았던 점, 참여도 상승을 위해 여러 장치를 마련한 치밀한 계획이 돋보였다.
> - 아이들이 스스로 어떠한 문제에 대해 생각 열기 - 심화 탐구를 할 수 있도록 만든 수업 흐름이 좋았다.

- 3부 -

경계를 넘나드는 배움의 연결

- 교육과정 자율화와 진로연계교육 -

슬기로운 갈등 관리 프로젝트, 융합수업
p.209

지역 전문가와 함께하는 기후생태 정보 팩트체크 프로젝트
p.227

'너'를 알고, '나'를 알면 보이는 우리의 길
p.249

미래 교사의 첫걸음! 아동의 생활 습관 형성을 위한 모의 수업
p.269

슬기로운 갈등 관리 프로젝트, 융합 수업

김선명 * 이순신고등학교

직접 부딪히고 경험하여 배우는 역동적인 삶을 지향합니다. 학교에서 아이들 그리고 선생님들과 함께하는 새로운 도전을 즐깁니다. 교실에서 아이들과 함께하는 시간은 저를 교사로서, 사람으로서 성장시킵니다. 아이들도 저처럼 교실 안에서 만드는 시간을 통해 성장하기를 바랍니다. 마주하는 순간들에 의미를 부여할 수 있고, 철학적 지혜로 삶의 문제를 해결하는 현명한 어른이 되어가는 길에 도움이 되는 교사가 되고 싶습니다.

개정 교육과정 키워드에 대한 나의 수업 고민

학교 스스로 세우는 학교자율시간

2022 개정 교육과정은 학교 현장 교육과정 편성 운영 자율화와 지역화를 목적으로 '학교자율시간'을 도입하였다. 학교는 학교자율시간을 통해 지역과 학교 여건 및 학생의 필요에 따라 다양하고 특색 있는 교육과정을 편성하고 운영할 수 있다. 2022 개정 교육과정의 학교자율시간은 고등학교에서 고교학점제 준비 과정에서 시행해 온 '학교 자율적 교육과정' 운영과 세부적인 편성 방법은 차이가 있지만 도입 배경과 목표가 유사하다.

학교는 학교 자율적 교육과정 운영시간 확보를 위해 한 학기 17주 기준 수업시수를 탄력적으로 운영할 수 있도록 '수업량 유연화'를 활용하고 한 학기 17주 수업 분량을 16주로 축소하고, 나머지 1주를 학기별로 자율적으로 운영할 수 있었다. 이 과정을 통해 교과 간의 융합과 창의적 체험활동 등을 개발하고 운영하는데 큰 도움이 되었다.

나의 첫 융합 수업은 학교 안 전문적학습공동체 활동에서 시작되었다. 함께 수업을 연구하는 국어 선생님과 수행평가 이야기를 나누다가, 산출물이 서로 유사하다는 사실을 알았다. 국어 선생님은 화법과 작문 수업에서 자신의 이야기를 전달하는 수필 쓰기 활동을, 나는 윤리와 사상 과목에서 동양 윤리 사상을 적용하여 자기 삶의 문제를 해결하는 책 쓰기 활동을 기획하고 있었다. 국어과와 윤리과에서 각각 다루고자 하는 핵심 지식은 다르지만, 산출물이 비슷했기 때문에 충분히 융합 수업을 운영해 볼 수 있다는 생각이 들었다.

하지만 융합 수업을 제대로 하지는 못했다. 평가의 공정성 때문이다. 화법과 작문 이수 학생들과 윤리와 사상 이수 학생들이 완전히 일치하진 않았기 때문에, 둘 중 한 과목이라도 이수하지 않는 학생이 있으면 평가 부문에서 불공정해질 수밖에 없었다. 결국 각각의 과목에서 수행 평가가 진행되었다. 어떤 학생들은 산출물로 글을 2개나 완성해야 한다는 부담감을 가졌을 것이고, 교사들도 글의 내용과 형식에 관한 피드백을 혼자서 온전히 감당하는 부담을 져야 했다.

반면 학교 자율적 교육과정은 평가에서 비교적 자유로워서 교과 간 융합이 수월했다. 또한 1주 동안 같은 교육과정을 선택한 학생들과 연속된 수업을 집중적으로 운영할 수 있으므로 일관된 맥락으로 활동을 진행하는 데에도 큰 도움이 되었다. 각자 다른 교육과정을 선택한 학생들끼리 활동 내용이나 산출물을 공유하는 시간도 마련할 수 있다는 점도 매력적이었다.

물론, 서로 다른 교과에 대한 이해를 높이고, 교사 간의 관심사를 공유할 수 있도록 전문적학습공동체를 좀 더 활성화하면 멋진 융합 수업을 할 수 있을 것이다. 민주적인 의사결정을 통해 학교 교육과정 주제를 선정하고 교육과정 운영을 협의하는 문화도 필요하다. 그럼에도 학교 자율적 교육과정을 활용한 융합 수업은 교사와 학생들에게는 좀 더 자유롭고 창의적인 수업을 경험할 수 있다는 점에서 매우 긍정적인 변화였다. 고등학교에서 시행해 온 학교 자율적 교육과정의 수업 사례는

2022 개정 교육과정 중학교에서 도입되는 학교자율시간 운영에 큰 도움이 될 것이다.

수업 구상 배경과 목적

바람직한 소통으로 갈등을 해결하는 성숙한 어른 되기

요즘 SNS를 보면, 다름에 대해 관용보다는 혐오를 표현하는 사람들이 많이 보인다. 온라인상에서 자주 쓰이는 혐오 표현들은 재미 요소로 소비되기도 하고, 우리 아이들에게까지 쉽게 전염되곤 한다. 아이들은 자신이 쓰는 혐오 표현들이 어떤 기원을 가졌는지도 모른 채 그것들을 사용한다. 심지어 자신들을 비하하는 '급식충'이라는 단어를, 재미있다며 친구들과 자신에게 쓰기도 한다.

성별, 장애, 인종, 지역, 성적 지향 등 정체성을 이유로 가해지는 혐오는 해당 집단 전체에 대한 차별과 폭력으로 이어져 심각한 사회 문제를 일으킨다. 나는 융합 수업을 통해 아이들이 자신들이 사용하는 '말'이 차별과 배제, 편견을 낳는 문화적 폭력이 되어 구조적 폭력과 물리적 폭력으로까지 이어질 수 있다는 사실을 깨닫길 바랐다. 그리고 이러한 갈등을 깊이 있게 분석하고, 성숙하고 현명한 어른으로서 잘 다룰 수 있기를 바랐다.

같은 교무실을 사용했던 국어 선생님과 학교 자율적 교육과정 융합 수업을 준비하면서 이러한 문제의식을 함께 공유했다. 국어 선생님도 깊이 있게 공감하고 동의하셨다. 그리하여 아이들이 혐오 표현을 접하는 콘텐츠를 직접 찾아, 그 안에 숨겨진 사회적 갈등 요소와 논의해야 할 요소들을 찾아 고쳐 봄으로써 다양한 갈등 양상을 이해하고 바람직하게 의사소통할 수 있는 수업을 융합 수업으로 기획하게 되었다.

수업 한눈에 보기

수업 개요

슬기로운 갈등 관리 프로젝트 융합 수업		
과목 현대사회와 윤리, 독서와 작문	**학년** 고등학교 2학년	**기간** 14차시
핵심 아이디어	• 독자와 필자는 주도성과 책임감을 가지고 문어 의사소통을 실천함으로써 바람직한 언어 공동체의 문화와 담론을 형성하는 데 기여한다. • 사회의 다양한 갈등을 평화적으로 극복하고 진정한 사회통합을 이루기 위해서는 동·서양의 다양한 윤리 이론을 바탕으로 한 윤리적 소통과 담론이 필요하다.	
성취기준	[12독작01-04] 글의 내용이나 관점, 표현 방법, 필자의 의도나 사회·문화적 이념을 평가하며 읽는다. [12독작01-15] 독서와 작문의 관습과 소통 문화를 이해하고 공동체의 소통 문화 및 담론 형성에 책임감 있게 참여한다. [12현윤06-01] 다양한 사회적 갈등의 양상을 제시하고 동·서양의 윤리 이론을 바탕으로 사회통합을 위한 방안을 제안할 수 있으며, 바람직한 소통과 담론을 실천할 수 있다.	

핵심역량	■ 도덕 판단 능력　　■ 도덕공동체 의식　　□ 도덕적 상상력 ■ 시민역량　　　　　□ 생태전환역량　　　■ 디지털역량
탐구질문	어떻게 하면 사회의 혐오와 갈등을 평화롭게 해결하고 모두가 서로 평등한 인격체로서 존중받으며 안전하고 행복한 삶을 누릴 수 있을까?

수업의 흐름

차시	활동명	활동 내용
1차시	프로젝트 목적 및 활동 안내	• '내가 생각하는 갈등의 정의' 및 '슬기로운 갈등 관리 프로젝트' 수업을 수강 신청한 이유에 관하여 공유하기 • 프로젝트 수업의 목표 함께 정하기
2차시	모둠 구성 및 모둠 세우기	• 프로젝트 목표와 연결하여 모둠 활동의 목적 설명하기 • 모둠장 중심으로 모둠 구성하기 • 투게더 파이프 활동을 통해 모둠 세우기 • 사회적 역할에 따른 '눈, 입, 손, 귀'로 역할 분담하기
3차시	혐오 갈등 문제 관련 도입 활동	• <미움 받고, 동시에 미워한다> 도입 영상 시청 • 모둠별 혐오 표현 및 혐오 갈등 경험 나누고 문제 발견하기
5~7차시	영상 시청 후 독서 및 독후 활동	• KBS 시사기획 창 <혐오 팬데믹> 영상 시청 후 소감 나누기 • 모둠별로 『지금, 또 혐오하셨네요』(박민영), 『한국 사람들은 왜 이렇게 서로 싸울까?』(김왕근) 발췌독하기 • 목차별로 내용 요약하여 온라인 공동 문서로 작성하기
8~9차시	모둠 프로젝트 계획서 작성 및 피드백 활동	• 모둠별 혐오 갈등 문제 주제 선정하기 • 혐오 갈등 문제 발견 및 극복을 위한 산출물 제작을 위해 모둠별 프로젝트 계획 작성하기 • 갤러리 워크 활동을 통해 모둠별 계획서 동료 피드백하기
10~11차시	혐오 갈등 현상 자료 탐색 및 고쳐쓰기 활동	• 혐오를 혐오하지 않기 위한 도입 영상 시청하기 • 다양한 매체에서 드러나는 혐오 표현 및 혐오 갈등 내용 요약하고 문제 원인 분석하기 • 위 내용을 바탕으로 혐오 표현을 올바르게 고쳐 쓰거나 혐오 갈등을 해결하는 방안 제시하기
12차시	산출물 제작 및 발표 준비	• 우리나라에서 드러나는 혐오 표현 및 혐오 갈등 해결을 촉구하는 산출물 제작하기 • 모둠원 발표 영역 분담 후 내용 전달 및 청중과의 상호작용을 위한 발표 준비하기

13차시	갤러리 워크를 통한 발표	• 8개 모둠이 4개 모둠씩 A팀, B팀으로 나뉘어, 발표자와 청중 역할을 번갈아 맡고 갤러리 워크 발표 진행하기
14차시	프로젝트 과정 및 결과 성찰과 피드백	• 프로젝트 과정에서 자신의 성장 정도 자기 평가하기 • 프로젝트 결과로써 목표를 어느 정도 달성했는지 자기 평가하기

주요 결과물	• 모둠 결과물: 혐오 갈등 현상 및 해결에 대한 산출물 갤러리 워크 발표 • 개인 결과물: 혐오 표현 고쳐쓰기 및 혐오 갈등 해결하기 활동지

세부 능력 및 특기사항 예시

1학기 학교 자율적 교육과정 슬기로운 갈등 관리 프로젝트(14차시)에 참여하여 '지금, 또 혐오하셨네요(박민영)', '한국 사람들은 왜 이렇게 서로 싸울까?(김왕근)' 도서를 가장 능동적으로 읽고 '세대 혐오'와 '갈등 조정' 부분 내용을 구조화하여 요약한 후 친구들이 참고할 수 있도록 온라인 공동 문서에 게시함. 모둠원을 배려하는 리더십으로 협의에 참여하여 '노인 혐오'를 주제로 선정하고 '노인을 위한 나라는 없다'를 제목으로 한 산출물을 제작함. 자료 탐색 과정에서 온라인상의 노인 혐오 표현으로 인한 사회적 낙인과 차별 행위 정당화 문제의 원인을 분석하고, 도서 내용을 바탕으로 구체적이고 실현 가능한 해결 방법을 고안해내는 등 높은 비판적 사고력과 문제해결력을 보임. 자기평가에서 탐구 질문에 대한 자신만의 해답으로, 갈등 해결에 있어 상대와 문제를 인식하는 관점을 합의하는 과정이 중요하다는 점과 갈등이 사회 발전과 성장을 위한 기점이 될 수도 있다는 점을 제시함.

수업에 들어가며

슬기롭게 혐오와 갈등 해결하기

우리의 언어는 삶의 양식 중 하나이다. 어떤 언어를 자주 사용하느냐에 따라 삶의 모습이 달라질 수 있다. 요즘 아이들이 일상에서 아무런 문제의식 없이 사용하는 혐오 표현들은 누군가에 대한 차별과 폭력으로 이어지기도 한다. 아이들이 장난으로 내뱉는 '틀딱'이라는 단어는 노인에 대한 혐오를 드러내기도 하고, 'ㅇㅇ녀'같은 표현은 여성에 대한 조롱과 적대감을 드러내기도 한다. 악한 의도로 사용하지 않더라도, 문제의식 없이 이러한 혐오 표현을 사용하다 보면 구조적 폭력을 정당화하는 주도자가 될 수도 있다.

슬기로운 갈등 관리 프로젝트에서 아이들은 탐구 질문을 통해 혐오 표현으로 인한 사회 문제를 발견하고, 고쳐쓰기와 올바른 의사소통 실천을 통해 사회 문제 해결에 이바지한다. 2022 개정 교육과정의 '독서와 작문' 성취기준 달성을 위해 글의 사회적·문화적 이념을 평가하며 능동적으로 읽는다. 더불어 '독서와 작문' 과목과 '현대사회와 윤리' 과목에서 공통으로 제시하고 있는 성취기준을 달성하기 위해 바람직한 공동체 소통 문화와 담론을 형성하고 실천한다.

프로젝트 수업은 모둠 활동으로 진행되었다. 프로젝트 과정에서 아이들은 모둠원들과 원활하게 의사소통하고 협업을 통해 문제를 해결하는 경험을 통해 성취기준에서 기대하는 관계 역량과 공동체 역량을 기를 수 있다. 학교 자율시간으로 운영된 수업이기에 구체적인 채점기준표를 통한 평가는 이루어지지 않았다. 다만, 성취기준을 근거로 학생들의 성취 수준을 진단하고 비계를 제공하기 위한 교사의 피드백이 이루어졌다.

말랑말랑하게 프로젝트 준비하기

슬기로운 갈등 관리 융합 수업을 수강 신청한 학생들은 총 34명이었다. 서로 얼굴이나 이름도 잘 모르는 상태에서 14차시 수업을 모둠 활동으로 진행해야 했기 때문에 서로 가까워지는 시간이 필요했다. 그래서 충분히 긍정적인 관계를 맺을 수 있도록 2차시 동안 모둠 세우기 활동을 진행했다. 먼저 아이들은 '내가 생각하는 갈등의 정의'와 '이 수업을 수강 신청한 이유'를 붙임 종이에 작성하고, 앉은 자리에서 가까운 친구들과 공유하는 시간을 가졌다.

정적과 어색함이 사라지고 교실에 활기가 조금 생길 때쯤 모둠장을 중심으로 모둠을 구성하였다. 먼저 모둠장 8명을 자천 받고, 자신을 도와줄 수 있는 친구를 1명씩 선정하여 교실 뒤로 나가 대기하도록 하였다. 자리에 앉아 있는 학생들을 적절히 한 모둠에 2~3명씩 배치한 후 각 모둠에 번호를 부여했다. 모둠장은 제비뽑기를 통해 뽑은 번호의 모둠으로 자신이 선정한 친구와 함께 이동했다. 자리 이동을 통해 모둠장과 모둠원이 만났을 때 서로 환대할 수 있도록 지도했다.

본격적으로 프로젝트를 시작하기 전, 학생들이 모둠원과의 협동을 간단하게 경험하고 준비할 수 있도록 '투게더 파이프' 모둠 세우기 활동을 진행했다. 아이들은 파이프를 하나씩 나누어 가지고 일렬로 선다. 도우미 학생들이 탁구공 1개를 출발점에 서 있는 친구의 파이프 위에 올려주면, 옆 사람의 파이프에 공이 떨어지지 않도록 넘겨준다. 자기 파이프에서 공을 떠나보낸 학생은 맨 마지막 학생 옆으로 가서 다시 파이프를 일렬로 연결하여 공을 이동시킨다. 이렇게 릴레이로 파이프를 연결하여 목적지에 놓인 컵에 탁구공을 넣으면 성공이다.

가장 빠르게 공을 컵에 골인시킨 모둠에는 먼저 주제를 선정할 수 있는 우선 선택권을 부여했다. 큰 상품이 없음에도 아이들은 최선을 다해 활동에 참여하고 즐거워했다. 학생들은 활동 마무리 후에 모둠원들과 힘을 합쳐 옮긴 탁구공이 어떤 의미를 지니고 있는지, 협동하는 동안 우리 모둠이 가장 잘한 점과 부족했던 점은 무엇인지 고민하고, 모둠원들과 생각을 공유하도록 했다. 각 모둠은 공유 활동을 마무리한 후, 사회적 역할에 따른 '눈', '입', '손', '귀'로 역할을 분담했다. 모둠원이 5명인 경우 모든 의견을 경청하고 적극적으로 반응하는 '귀' 역할을 2명씩 담당하게 했다.

'눈'은 프로젝트의 준비와 진행 상황을 총괄하여 점검하고 모둠원의 참여를 독려하는 역할이다. '입'은 모둠의 회의 과정을 이끌고 가장 먼저 발언하여 침묵을 깨는 역할이다. '손'은 수업 준비물을 챙기거나 수업 과정을 기록하는 등 솔선수범하여 움직이는 역할이다. '귀'는 모둠원들의 의견을 경청하고 언어적, 비언어적으로 적극적인 반응을 보여주는 역할이다. 학생들은 각자의 사회적 역할을 통해 모둠 협업에 기여하고 사회적 기능의 중요성을 몸소 깨닫게 된다.

혐오 표현과 혐오 갈등 이해하기

먼저 혐오 표현이 온·오프라인에서 어떻게 나타나고 있으며, 혐오 갈등의 종류에는 무엇이 있는지 알아보고 문제를 발견하기 위해 현대 한국 사회에서 일어나고 있는 혐오 갈등에 대한 영상을 시청했다. 세대 갈등과 성별 갈등, 특정 종교집단이나 정치 성향에 대한 혐오 현상과 원인, 문제점을 다룬 짧은 영상이다.

프로젝트를 통해 탐구 질문을 해결하기 전, 아이들이 3가지 질문에 대한 답을 생각해 보고 친구들과 공유하면서 '혐오 표현과 갈등'을 자기와 가까운 문제로 인지하기를 바랐다. 3가지 질문은 다음과 같다. '혐오 표현을 사용하거나, 혐오 갈등을 겪어본 경험이 있나요? 있다면 어떤 경험인가요?', '혐오 표현을 듣거나 혐오 갈등을 겪었을 때 나의 마음은 어땠나요? 어떤 생각과 감정이 들었나요?', '혐오가 우리 사회에서 어떤 역할을 한다고 생각하나요?' 아이들은 질문에 대한 대답을 모두 작성한 후 모둠원들과 공유했다.

다음으로 본격적인 독서 활동을 시작하기 전, 모둠별 주제 선정을 위해 배경지식이 되어줄 다큐멘터리를 1시간 시청했다. 영상을 시청하며 학생들은 인상 깊은 장면이나, 새롭게 알게 된 정보에 대한 소감을 작성했다. 다큐멘터리에서 소개하는 혐오 표현이나 갈등으로 인해 편견과 차별의 고통을 받은 피해자, 특히 사회적 소수자들의 일상은 아이들이 문제의 심각성을 파악하고 공감하는 데 큰 도움이 되었다.

독서 활동은 2가지 도서를 모둠 내에서 돌아가며 읽고, 요약하는 활동을 했다. 4인 모둠에 『지금, 또 혐오하셨네요』(박민영) 2권과 『한국 사람들은 왜 이렇게 서로 싸울까?』(김왕근)를 2권씩 나눠주고 서로 책을 교환해 가며 읽도록 지도했다. 두 시간 동안 책 두 권을 전부 정독하기는 어렵기 때문에, 모둠 세우기 게임으로 정한 순서대로 주제를 선정한 후 해당 내용만 발췌독했다.

『지금, 또 혐오하셨네요』(박민영)는 세대 혐오(청소년 혐오, 20대 혐오, 주부 혐오, 노인 혐오), 이웃 혐오(여성 혐오, 장애인 혐오, 동성애자 혐오, 세월호 혐오), 타자 혐오(이주 노동자 혐오, 조선족 혐오, 난민 혐오, 탈북민 혐오), 이념 혐오(일본의 혐한, 정치 혐오, 이슬람 혐오, 빨갱이 혐오)로 나뉘어져 있으며, 16개의 주제 중 8개의 모둠이 각각 한 가지씩 주제를 선정하여 읽었다.

『한국 사람들은 왜 이렇게 서로 싸울까?』(김왕근)는 우리나라 갈등 상황의 맥락과 특수한 배경을 중심으로 해결 방안을 제시하는 내용으로 이루어져 있다. 학생들은 평화적 갈등 해결 의미와 해결 단계, 갈등 조정가의 과제 등과 관련된 내용을 모든 모둠이 공통으로 발췌독하였다.

아이들은 정해진 부분의 책 내용을 정독하고 패들렛에 읽은 내용을 요약하여 정리했다. 요약문과 인상적인 부분에 대한 자기 생각을 함께 작성하도록 지도하니, 아이들이 글을 능동적으로 읽는 모습을 보였다. 특히 혐오 문제를 읽으며 사회적 갈등의 본질을 파악하고 옳고 그름의 가치 판단을 내렸으며, 한국인의 사고 습성에 대해 비판적으로 성찰하고 감정 문제를 현명하게 해결하는 방법에 관해 관심을 기울였다.

여기까지 7차시분의 일과를 마치고 아이들은 집으로 돌아갔다. 수업을 마무리하며 학생들에게 오늘 교육과정에 대한 피드백을 들어봤다. 아이들은 책을 읽고 그동안 미처 문제라고 생각하지 못했던 사회 현상을 발견하는 과정에서 흥미를 느끼고, 자신의 언행을 돌아볼 수 있었다고 말했다. 동시에, 하루 종일 스스로 생각하고 성찰하는 고차원적 사고를 반복하는 동안 에너지를 너무 많이 쓰게 되어 배가 빨리 고파지고 피로해졌다고 이야기하기도 했다. 학습하는 매 순간에 주도성을 가지고 참여했던 아이들이 기특하기도 하고, 안타깝기도 했던 순간이었다.

프로젝트 계획 세우기

다음 날 아침 다시 모인 아이들은 모둠별로 선정한 주제와 관련하여 영상과 독서를 통해 쌓은 배경지식을 바탕으로 모둠별 프로젝트 계획서를 작성했다. 문제를 발견하기 위한 자료를 어디에서 탐색할 것인지 정하고, 그 심각성을 알리고 해결 방안을 제시할 수 있는 산출물을 어떻게 만들 것인지 협의했다. 융합 수업을 진행한 교사 두 명의 피드백도 진행되었다. 피드백은 두 가지를 중심으로 이루어졌다. 모둠별로 제시한 문제 발견 매체가 너무 제한적이지 않은지, 혐오 갈등 문제를 극복하는 방안이 지나치게 추상적이거나 스스로 실천하기에 무리가 없는지를 기준으로 피드백했다. 피드백은 질문 형식으로 이루어졌으며, 교사의 지시대로 계획서 내용을 수정하기보다 아이들이 스스로 질문에 대해 생각해 보고 성찰할 수 있도록 하였다.

혐오 표현 고쳐 쓰고 혐오 갈등 해결하기

계획서를 바탕으로 매체와 현실에서 드러나는 혐오 표현을 고쳐 쓰고, 혐오 갈등 해결 방안을 제안하는 활동을 시작했다. 국어 선생님께서는 아이들이 혐오 현상을 발견하고 해결하는 과정에서 혐오 자체를 다시 혐오하여 또 다른 문제가 재생산되지 않을까 걱정하셨다. 혐오를 혐오하는 문제를 방지하기 위해 해당 활동의 본질과 목적을 곱씹고, 현명하게 의사소통할 수 있도록 도움이 될 만한 영상을 시청했다.

아이들은 계획서 작성 과정에서 정한 매체 안에서 혐오 표현 또는 혐오 갈등 현상을 찾아 작성한 후 문제의 원인을 분석했다. 아이들은 단순히 표면적으로 드러나는 글과 말로써의 문제뿐만 아니라, 사회에 만연한 선입견과 구조적 폭력 문제들까지 점검하여 문제 원인으로 작성했다. 혐오 갈등의 피해자들이 겪는 문제에 진심으로 공감했기 때문에 발견할 수 있는 문제 원인이었다.

혐오 표현을 발견하여 고쳐쓰기를 하는 경우, 글에서 드러나거나 숨겨진 필자의 의도나 이념을 분석하고 문제를 발견하도록 했다. 그리고 글을 읽는 사람들이 편견이나 차별로 인해 상처받지 않도록 고쳐 쓰는 활동을 했다. 국어 교사는 학생들이 고쳐 쓴 내용에 바람직한 소통 문화를 만들고자 하는 의도가 잘 드러나는지 점검하고 피드백했다.

혐오 갈등을 발견하여 해결 방안을 제시하는 경우, 해당 갈등이 지속되면 생길 수 있는 사회 문제에는 무엇이 있는지 파악하여 심각성을 인지할 수 있게 하였다. 윤리 선생님은 해결 방안의 내용이나 해결 주체가 추상적이지 않은지, 구체적이고 윤리적인 방안이 맞는지 점검하고 피드백해 주었다.

문제의식 공유하고 실천하기

모둠별로 그동안 조사한 내용을 정리하여 혐오 표현을 고쳐 쓰는 방법과 혐오 갈등을 해결하는 방안을 담은 산출물을 제작하였다. 이젤 패드와 유성 매직을 사용하여, 청중이 한눈에 보고 내용의 흐름을 이해하고 반응할 수 있도록 시각 자료를 만들었다. 자료 제작과 발표는 역할을 나누어 각 모둠원이 중점적으로 탐구했던 부분을 맡도록 했다. 그리고 각 자료와 관련하여 청중과 나누고 싶은 이야기를 질문 형태로 간단히 발제했다. 자료가 완성되면, 모둠 내에서 서로의 발표 연습을 도와주고 피드백했다.

발표는 8개 모둠을 4개씩 A팀, B팀으로 나누어 '갤러리 워크' 발표로 진행했다. 갤러리 워크 발표는 마치 미술관에 걸린 작품들을 걸어 다니며 감상하듯 발표회를 진행하는 방법이다. A팀은 교실 각 네 귀퉁이 중 배치된 자리의 한쪽 벽에 발표할 자료를 부착한다. 약 10분간 A팀의 모든 모둠원은 발표에 참여하고, 발제 질문을 던져 청중과 적극적으로 소통한다. B팀은 각자의 모둠원들과 함께 네 귀퉁이 중 두 개 모둠을 골라 돌아다니며 발표를 경청하고 발제 질문에 대해 생각해 보는 시간을 가진다.

A팀은 청소년 혐오, 여성 혐오, 난민 혐오, 일본의 혐한을 주제로 4개 모둠이 발표하였으며, B팀은 노인 혐오, 장애인 혐오, 탈북민 혐오, 이슬람 혐오를 주제로 4개 모둠이 발표하였다. 발표 모둠은 전체 학급 학생들을 대상으로 발표할 때보다 적은 인원을 대상으로 발표할 때 훨씬 부담감을 덜고 자신감 있게 발표하는 모습을 보였다. 청중들에게도 눈을 잘 맞추고 집중하며, 적극적으로 소통하고 상호작용했다. 첫 번째 발표보다는 같은 내용으로 두 번째 발표했을 때 좀 더 자연스럽고 자신감 있는 태도로 발표했다.

모든 발표가 마무리된 후에는 슬기로운 갈등 관리 프로젝트 과정에서 자기의 배움과 성장을 성찰하고, 수업에 대한 평가를 받아 환류하기 위해 '프로젝트 성찰 및 피드백'활동을 했다. 학생들은 구글 설문지 링크를 통해 '슬기로운 갈등 관리 프로젝트를 수상 신청한 이유는 무엇인가요?', '탐구 질문에 대한 나의 대답은 무엇인가요?', '주제를 선정한 이유는 무엇이고 어떤 내용을 발표했나요?', '다른 모둠 발표 내용 중 인상적이었던 주제는 무엇이었고, 어떤 의견을 주고받았나요?', '프로젝트 과정에서 가장 잘한 점은 무엇이고, 가장 어려웠던 점은 무엇이었나요?' 등 목표와 과정, 발표와 태도 등에 관한 질문에 답변했다.

학생들은 이틀 연속으로 이어진 14차시 수업에서 한 가지 주제를 깊이 있게 탐구하고, 리더십이나 의사소통 역량 등 자기 능력을 발휘하고 성장시키고자 노력했던 점을 구체적으로 성찰하고 긍정적으로 평가했다. 다른 친구들의 발표를 통해서도 자기 성찰을 하는 아이들이 많았으며, 다양한 혐오 갈등에 관심을 기울이고 습관적으로 듣고 사용하던 혐오 표현들도 적극적으로 개선하고자 하는 의지를 보였다. 융합 수업을 준비하면서 피드백을 통해 학생들의 학습 과정에 최대한 함께 참여하고자 했던 두 교사의 목표와 열정도 알아봐 준 피드백이 있어서 아이들이 참 기특하게 느껴지기도 했다.

수업을 나오며

갈등을 현명하게 관리하는 슬기로움이 자랐을까?

융합 수업 주제는 현대사회에서 일어나는 혐오 갈등과 혐오 표현에 대한 나의 관심사 때문에 정해졌다. 내가 요즘 가진 고민에 공감해 주시고, 더 사려 깊은 고민을 담아 융합 수업을 함께 해주신 국어 선생님 덕분에 융합 수업을 의미 있게 운영할 수 있었다. 그리고 나와 같은 고민을 한 아이들이 이 수업을 선택하여 참여해 준 덕분에 탐구 질문에 대한 답을 함께 찾을 수 있었다.

아이들은 현대사회에서 발생하는 혐오 갈등의 양상을 탐구하며 근본적인 원인에 대해 고민했다. 서로의 이야기를 경청하지 않고 다름을 틀림으로 규정짓는 태도, 평등한 인간으로서 서로를 존중하기보다 우열을 나누고 이득을 취하려는 이기심이 갈등의 뿌리가 된다는 생각을 나누기도 했다. 그리고 아이들은 인간은 그 자체로 소중하고 모두가 평등하게 존엄하다는 사실을 늘 인지해야 한다는 점, 서로의 입장에 서서 공감하려고 노력해야 한다는 점, 서로가 적이 아니라 함께 더불어 살아가야 하는 '우리'로서 같은 곳을 바라보아야 한다는 점을 갈등의 해결책으로 제시했다.

평가와 경쟁으로 잔뜩 예민해지곤 하는 고등학교의 일상적 교실과 다르게, 학습 그 자체에 동기를 가지고 몰입하는 아이들의 모습이 보기

좋았다. 그리고 수업 시간에 다른 교과 교사와 함께 공존하며 서로 다른 역량을 성장시키기 위해 피드백하는 경험도 특별했다. 프로젝트를 해결하기 위한 아이들 사이의 협업, 교사들 사이의 협업 그리고 교사와 아이들 사이의 협업은 인지·감정·행동을 온전히 사용하여 슬기롭게 갈등을 관리하는 방법을 학습하고 실천할 수 있도록 도왔다.

그리고 이러한 경험은 학습과 성장에 집중할 수 있도록 자율성을 부여한 교육과정의 유연화 덕분에 가능했다고 생각한다. 아이들이 통찰력 있게 사회 문제를 발견하고, 갈등의 근원을 찾아 서로를 공감하고 존중하는 대화를 통해 해결해 본 경험을 잊지 않고 꾸준히 배움을 쌓고 삶에서 실천하기를 바란다. 그리고 갈등을 슬기롭게 관리할 수 있는 현명한 어른이 되어 사회에 선한 영향력을 미칠 수 있기를 바란다.

지역 전문가와 함께하는 기후생태 정보 팩트체크 프로젝트

청소년 기후생태 뉴스 체커톤 프로젝트

박준일 * 온양여자고등학교

우리가 다른 존재들과 연결되어 있음에 행복을 느낍니다. 국어 교사로서 학생들과 함께 개인의 성공을 목적으로 하는 바벨탑의 리터러시가 아닌 존재와 존재를 연결하는 다리의 리터러시[1]를 만들어 가고 싶습니다. 제가 바라는 수업을 실천하기 위해 꾸준히 동료 선생님들과 협력하고 연대하고 싶습니다.

---

1) 바벨탑의 리터러시와 다리의 리터러시는 '엄기호·김성우. 『유튜브는 책을 집어삼킬 것인가』. 따비. 2018.'에 등장하는 표현입니다.

개정 교육과정 키워드에 대한 나의 수업 고민

학생 주도성 기반 지역연계교육

2022 개정 교육과정 총론에는 추구하는 인간상 중 하나의 항목으로 '자기주도적인 사람'이 제시되어 있다. 2015 개정 교육과정까지 '자주적인 사람'이라고 표현하던 것을 변경한 것이다. 이는 OECD의 DeSeCo 프로젝트 'OECD 교육 2030: 미래 교육과 역량'의 일환으로 개발된 학습자 나침반에 등장하는 학습자 주도성을 이론적 배경으로 하고 있다. 한편, 2022 개정 교육과정은 지역 교육과정을 강조한다. 이를 위해 학기당 17주 기준 수업량을 16주로 유연화하여 학교자율시간을 운영할 수 있도록 했다.

학습자 주도성과 지역 교육과정은 서로 밀접하게 연결되어 있다. 학습자 주도성을 발현하기 위해서는 지역 교육과정이 필요하고, 지역 교육과정을 운영할 때 그 중심에는 학습자 주도성이 있어야 한다. 학습자 주도성은 기존의 자기주도 학습과는 다른 개념이기 때문이다. 자기주도 학습은 학생이 학습 목표를 설정하고, 실행하고, 결과를 평가하는 일련의 과정을 스스로 할 수 있는 것과 관련된 개념으로 주로 '개인의 학습 과정'에 초점을 맞추고 있다. 하지만 학습자 주도성은 관계적 자아로서의 학생이 '삶 전반에 걸쳐 어떤 사람이 될 것인가'를 탐색하는 것에 초점을 맞춘다.

OECD 2030 프로젝트에서 학습자 주도성에 대한 이론적 기반을 제공한 리드비터 Leadbeater(2017)는 학습자 주도성의 발현 수준을 개인적 주도성, 협력적 주도성, 집합적 주도성으로 구분하였다. 주도성은 독립적인 개인 차원에서 이루어지는 것이 아니라 타자와의 유기적인 관계 속에서 이루어지는 것이다. 남미자 외(2019)는「학습자 주도성의 교육적 함의와 공교육에의 실현가능성 탐색」에서 학습자 주도성을 '개인의 욕망(고유성)이 세계 안에서 성숙하게 존재할 수 있도록 하는 능동적 실천을 이끄는 힘'으로 정의한다. 이는 학습자 주도성이 동료 학습자, 교사, 가정, 지역사회를 포함한 협력적 주도성 Co-Agency과 함께 다뤄져야 하는 개념임을 잘 드러낸다.

이유미 외(2023)는「학생 주도성 기반 지역연계교육 방안 연구」에서 정책 용어로서 '학생 주도성 기반 지역연계교육'을 제안하며 이를 다음과 같이 정의한다.

"학생 주도성 기반 지역연계교육은 실제 삶의 맥락에서 학생 삶에 영향을 미치는 내용에 대해 지역 환경을 총체적으로 활용하면서 실제로 행동하고 반성적으로 생각하는 경험을 통해 학생을 자기 삶의 진정한 주체로 성장시키는 것이다."

진정한 배움은 객관적 실체로서의 외부 지식을 받아들이면서 일어나는 것도 아니고, 외부 세계와 상관없이 오로지 개인의 주관으로 형성되는 것도 아니다. 배움은 개인과 세계가 함께 서 있는 공간 in-between space에서 서로 유기적으로 상호작용하는 과정에서 일어난다. 지역연계교육은 학생이 스스로를 세계와 연결된 존재로서 인식하게 하고, 세계와의 복잡한 관계 속에서 행복한 삶을 고민하고 실천하게 하는 좋은 기반이 될 수 있다.

수업 구상 배경과 목적

취미에서 시작한 지역연계 기후·생태 프로젝트 수업

아내와 함께 호주 북동부에 있는 그레이트 배리어 리프로 스쿠버다이빙 여행을 간 적이 있다. 이곳은 세계 최대의 산호초 지대로 다이버들 사이에서 죽기 전에 반드시 가봐야 할 곳으로 유명하다. 산소통을 매고 바다에 들어가면 마음이 편안해진다. 온몸으로 물의 흐름을 느끼며 아름다운 바다 생물들을 가만히 보고 있으면, '내가 하나뿐인 지구의 일부구나.' 하는 생각이 절로 든다. 하지만 이날의 바다는 달랐다. 많은 바다 생물들이 있었지만, 그들의 집이 되는 산호들은 대부분이 하얗게 죽어가고 있었다. 환경 다큐멘터리에서나 보던 산호 백화 현상을 직접 확인한 것이다. 몸이 움츠러드는 무서움을 느꼈다. 바다에서 나와 교사인 아내와 우리가 교사로서 이 문제를 해결하는 데 어떻게 이바지할 수 있을지 긴 이야기를 나눴다. 그 이후로 국어 수업에서 기후·생태 프로젝트 수업을 진행하고 있다.

처음 시도한 기후·생태 프로젝트 수업은 주로 교실 안에서 진행되었다. 중학교 1학년 학생들과 현재 우리 청소년들이 처한 환경 문제를 주변에 알리는 방법을 토의하고, 실천해 보는 프로젝트였는데 학교 안에 결과물을 전시하는 것으로 그쳤다. 이것만으로 나름의 의미가 있었지만 몇 가지 아쉬운 점이 있었다.

먼저, 환경에 대한 전문적인 지식이 없는 국어 교사가 이와 관련된 학습 자료나 피드백을 제공하는 데 어려움이 있었다. 이에 따라 수업을 진행하는 중에도 여러 시행착오를 겪어야 했다. 이는 먼저 수업을 진행한 반과 나중에 진행한 반의 학습 격차, 수업 시수 부족 사태로 이어지기도 했다.

다음으로 교사가 의도한 만큼 학생들이 환경 문제를 우리가 직면한 심각한 문제라고 느끼지 못했다. 영상, 읽기 자료를 통해 우리 주변에서 일어나고 있는 기후·생태 위기의 결과를 제시했지만, 대부분 학생은 이를 진짜 나의 문제로 인식하지는 않았다. 그래서 중도에 포기하려는 학생이 많아지고, 수행평가 점수 결과에만 관심을 두는 어려움이 있었다. 체험학습, 전문가와의 만남과 같이 학생들이 더 적극적으로 교실 밖과 상호작용할 수 있는 과정이 있었으면 했다.

이러한 고민을 해결하기 위해 지역연계교육에 도전했다. 처음엔 나의 프로젝트 수업 계획을 해당 분야 지역사회 전문가에게 자문을 구하는 것부터 시작했다. 점점 자신감이 쌓여 수업 마무리 단계에서 학생들이 자기 결과물을 지역사회에 공개하고, 피드백을 받는 과정을 추가했다. 지금은 학생들이 탐구 단계에서부터 지역사회와 소통할 수 있도록 수업을 구상하고 있다.

기후 위기가 가짜라고요?

고2 학생들과 독서 수업에서 어떤 프로젝트 수업을 하면 좋을지 고민하던 2023년 여름, 우리나라는 일본의 후쿠시마 오염수 방류에 대한 논란이 강하게 일고 있었다. 정치인과 과학자들도 다핵종제거설비^{ALPS,} Advanced Liquid Processing System 로 처리한 물의 안정성이나 생태계에 미칠 영향에 대해 서로 다른 주장을 했다. 과학적 사실보다는 정치적 입장에 따라 찬성과 반대가 정해지니 일반 시민으로서는 어느 쪽이 옳은지 판단하기가 어려웠다.

같은 시기에 SNS에서 '기후 위기가 가짜'라는 주장이 담긴 뉴스 기사가 공유되기도 했다. 유명 대학의 환경 공학과 명예 교수를 인터뷰한 기사라 얼핏 보면 지구온난화는 사실이지만 위기는 아니라는 주장에 공감하는 독자들이 있을 것 같았다. 지구의 평균기온 변화는 지구가 만들어진 이래 항상 있던 일이고, 정치적 이득을 위해 위기론을 조장한다는 댓글이 달리기도 했다.

학생들과 이 문제를 다뤄봐야겠다고 생각했다. 독서 과목에는 '사실적 읽기, 추론적 읽기, 비판적 읽기'와 관련된 성취기준이 있다. 평소 관심 있게 지켜봤던 한국언론진흥재단의 '청소년 체커톤' 대회를 학교에서 진행하면 좋겠다는 아이디어가 떠올랐다. 체커톤은 '팩트체커'와 '마라톤'의 합성어로 사회에 널리 퍼진 잘못된 뉴스와 정보를 가려내고 바로잡는 대회다.

수업을 준비하다 학교 안에서만 프로젝트를 진행하면 명색에 기후·생태 프로젝트 수업인데 학생들이 스마트폰만 쳐다보다 끝나겠다는 생각이 들었다. 그래서 천안·아산 지역에서 환경교육의 거점 센터 역할을 하는 광덕산환경교육센터와 아산시 청소년수련시설인 아산시청소년교육문화센터에 연락했다. 광덕산환경교육센터와는 이전부터 기회가 되면 학교와 협력 수업을 해보자고 이야기했던 상황이었고, 아산시청소년교육문화센터와는 한국청소년활동진흥원에서 진행한 청소년수련시설-학교 네트워킹 지원사업을 통해 만나게 되었다.

이렇게 '청소년 기후생태 뉴스 체커톤 프로젝트'가 만들어졌다. 이 프로젝트에서 학생들은 청소년 팩트체커가 되어 지역 전문가들과 소통하며 "어떻게 하면 시민들이 정확한 기후생태 정보를 가지고 올바른 판단을 할 수 있도록 도울 수 있을까?"라는 질문을 탐구했다.

수업 한눈에 보기

수업 개요

청소년 기후생태 뉴스 체커톤 프로젝트		
과목 독서와 작문	**학년** 고등학교 2학년	**기간** 12차시

핵심 아이디어	• 독서와 작문은 문자 언어를 중심으로 의미를 구성하는 사고 행위이자 사회·문화적 맥락 속에서 소통하는 문어 의사소통 행위이다. • 독자와 필자는 자신의 목적을 달성하기 위해 적절한 전략을 사용하여 다양한 분야 및 유형의 글과 자료를 읽고 쓴다. • 독자와 필자는 주도성과 책임감을 가지고 문어 의사소통을 실천함으로써 바람직한 언어 공동체의 문화와 담론을 형성하는 데 기여한다.
성취기준	[12독작01-02] 독서의 목적과 작문의 맥락을 고려하여 가치 있는 글이나 자료를 탐색하고 선별한다. [12독작01-03] 글에 드러난 정보를 바탕으로 글의 내용을 파악하고 글에 드러나지 않은 정보를 추론하며 읽는다. [12독작01-04] 글의 내용이나 관점, 표현 방법, 필자의 의도나 사회·문화적 이념을 평가하며 읽는다. [12독작01-10] 글이나 자료에서 가치 있는 정보를 수집하고 효과적으로 조직하면서 정보를 전달하는 글을 쓴다. [12독작01-14] 매체의 유형과 특성을 고려하며 글이나 자료를 읽고 쓴다.
핵심역량	■ 비판적·창의적 사고 역량　■ 디지털·미디어 역량　■ 공동체·대인 관계 역량 ☐ 문화 향유 역량　☐ 자기 성찰·계발 역량　☐ 의사소통 역량
탐구질문	어떻게 하면 사람들이 정확한 기후·생태 정보를 가지고 올바른 판단을 할 수 있도록 도울 수 있을까?

수업의 흐름

1차시	기후 위기가 가짜라고?	• 프로젝트의 필요성 인식하고, 팩트체크를 위한 팀 구성하기
2차시	팩트체크 대상 선정하기	• 좋은 글을 고르는 기준과 방법 이해하기 • 내가 팩트체크하고 싶은 기후생태 뉴스를 선정하기
3~4차시	사실적 읽기와 추론적 읽기	• 사실적 읽기, 추론적 읽기 방법을 익히기 • 내가 선정한 뉴스의 글의 구조와 전개 방식, 중심 내용, 사실과 의견, 필자의 의도와 전제 등 파악하기
5차시	비판적 읽기	• 팩트체크할 명제를 만들기 • 신뢰할 만한 정보를 검색하고 적절성을 평가하는 방법을 익히기
6~8차시	명제의 사실 여부 판정하기	• 팩트체크를 위한 자료 조사 활동 진행하기 • 타당하고 신뢰할 수 있는 근거를 활용해 명제의 사실 여부를 판정하기
9~10차시	보고서 작성하기	• 팩트체크 과정과 판정 결과 점검하기 • 기후생태 뉴스 팩트체크 보고서 작성하기
11~12차시	성찰하고 축하하기	• 프로젝트 전 과정을 성찰하고 소감 공유하기

주요 결과물	• 개인 결과물: 팩트체크 보고서(웹 페이지 제작) • 공동 결과물: 아산시 청소년 기후생태 뉴스 체커톤 행사 운영

채점기준표

평가 요소	채점 기준(점수)			
	탁월함(20)	잘함(16)	보통(12)	노력 필요(8)
개인적, 사회적 가치를 고려해 팩트체크할 대상을 선정하였는가?	개인적, 사회적 가치를 고려해 팩트체크할 대상을 선정하고 선정 이유를 구체적으로 설명함.	개인적, 사회적 가치를 고려해 팩트체크할 대상을 선정하고 선정 이유를 대략적으로 설명함.	팩트체크할 대상을 선정함.	팩트체크할 대상을 선정하려고 시도함.
핵심 사실과 핵심 의견을 바탕으로 팩트체크 할 내용을 선별할 수 있는가?	사실과 의견을 능숙하게 구분하고 뉴스 기사의 핵심 사실과 핵심 의견을 바탕으로 팩트체크할 내용을 명료하게 선별함.	사실과 의견을 대략적으로 구분하고 이를 바탕으로 팩트체크 할 내용을 선별함.	팩트체크할 내용을 선별함.	팩트체크할 내용을 선별할 필요가 있음을 이해함.
팩트체크 할 내용과 관련된 정보를 검색하고 신뢰성이 확보된 정보만 선별할 수 있는가?	팩트체크할 내용과 관련된 정보를 검색하고 신뢰성이 확보된 정보만 선별하여 출처를 명확히 밝힘.	팩트체크할 내용과 관련된 정보를 검색하고 신뢰성이 확보된 정보만 선별함.	팩트체크할 내용과 관련된 정보를 검색하고 정보를 정리함.	팩트체크할 내용과 관련된 정보를 검색함.
선별한 정보를 바탕으로 도출한 판정 결과가 타당한가?	판정 결과의 근거가 풍부하며 결과와 근거 사이의 논리 관계가 모두 이치에 맞음.	판정 결과의 근거가 풍부하며 결과와 근거 사이의 논리 관계가 대부분 이치에 맞음.	판정 결과와 근거 사이의 논리 관계가 이치에 맞음.	선별한 정보를 바탕으로 판정하려고 시도함.
자기평가 및 동료 피드백 활동에 성실히 참여할 수 있는가?	자기의 수행 수준을 평가한 후 앞으로 해야 할 일을 구체적으로 작성하였으며, 모둠원의 수행에 대해 도움이 되고, 구체적이며, 친절한 피드백을 제공함.	자기평가 및 동료 피드백 활동 모두를 성실히 참여하였으나 다소 미흡한 점이 있음.	자기평가 및 동료 피드백 활동에 참여하였으나 자신의 수행 수준을 정확히 평가하고, 모둠원에게 도움이 되는 피드백을 제공하는 데에 어려움을 느낌.	자기의 수행을 개선하고, 모둠원의 수행에 도움을 주는 일에 관심이 부족함.

세부 능력 및 특기사항 예시

글을 깊이 있게 분석하고 비판적으로 접근하는 능력을 갖추고 있어 향후 학문적 성취가 기대되는 학생임. 뉴스에 담긴 정보를 팩트체크하여 온라인 플랫폼에 탑재해 지역 시민들과 공유하여 공동체 발전에 기여함. 지역 하천의 오염 및 악취 문제를 다룬 뉴스를 읽고 사실과 의견을 능숙하게 구분하여 '미상의 하수관로를 통해 유입된 오·폐수로 하천에 수질오염과 악취가 발생해 시민들이 불편을 겪고 있다.'를 명제로 설정하고, '시내권이나 시장에 연결된 미상의 하수관로가 존재하는가?' 등의 세부 질문을 만듦. 직접 생태 탐방을 하는 등 자료를 다각적으로 조사하여 적절성을 평가하고, 출처를 명확히 밝혀 신뢰성을 높임. 타당성을 갖추어 하천의 악취, 수질오염 문제로 주민들이 불편함을 겪고 있음을 확인할 수 있으며, 실험을 통해 특정 구간에 COD 농도가 확연히 높았고, 담당 공무원 인터뷰를 통해 하수처리시설이 없는 하수관로가 설치되어 있음을 확인하여 해당 명제를 사실로 판정함. 협업 능력이 뛰어나 중간 점검 과정에서 도움이 되는 피드백을 제공함. 학습 내용을 바탕으로 효과적으로 체커톤 행사를 기획하고 멘토로 활동하며 뉴스 읽기에 대한 참가자들의 이해를 돕는 등 지구생태시민으로서의 역량을 갖춤.

수업에 들어가며

이 프로젝트는 크게 두 가지 흐름으로 진행되었다. 하나는 독서 수업 시간에 학생들이 청소년 팩트체커가 되어 최근의 기후·생태 뉴스를 팩트체크한 결과를 시민들과 공유하는 과정이고, 다른 하나는 관내 중고등학생들과 함께 기후생태 뉴스 체커톤 행사를 운영하는 교과 외 과정이다. 두 번째 과정을 위해 독서 수업을 듣는 학생 중 '아산시 청소년 기후생태뉴스 체커톤 운영단'으로 활동할 학생들을 따로 모집했다.

프로젝트 흐름도

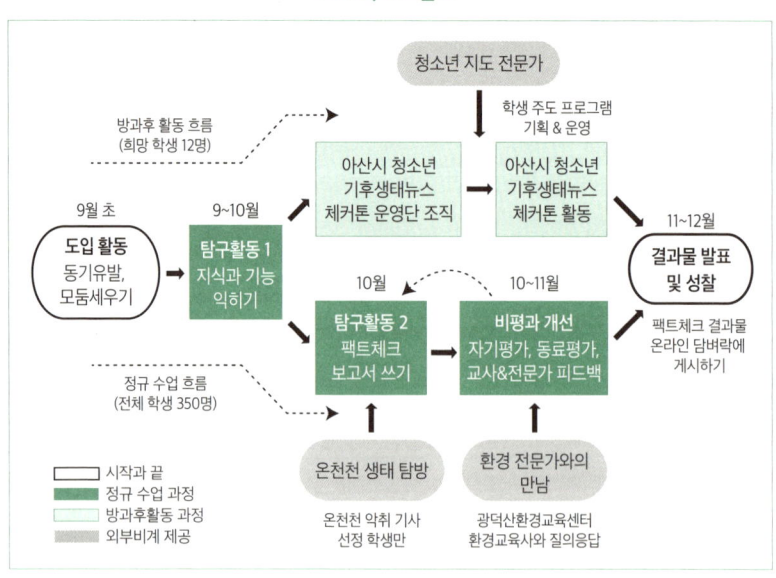

청소년 팩트체커가 되기 위한 험난한 과정

프로젝트의 문제 상황을 파악하고, 목표를 설정하는 도입 단계에서 학생들은 '기후위기는 가짜다.'라는 주장을 담은 뉴스를 함께 읽고, 이 주장에 관한 생각을 공유하는 토론을 했다. 피라미드 토론 방식으로 뉴스에 담긴 주장과 근거를 수용할 수 있는지에 대한 찬반 의견을 나누고, 뉴스에 담긴 정보의 사실 여부를 판단하기 위해서는 어떻게 해야 할지, 미래세대로서 정확한 기후생태 정보를 알고, 이를 주변 시민들에게 알리는 것이 왜 중요한지에 대한 이야기를 나눴다.

다음으로 학생들은 뉴스에 담긴 사실과 의견을 구분한 뒤, 핵심 사실과 핵심 의견을 찾아 이를 팩트체크하는 방법을 학습했다. 학생들은 모둠원과 함께 다양한 뉴스 자료들을 검토하며 사실적 읽기, 추론적 읽기, 비판적 읽기를 할 수 있는 능력을 키워나갔다. 사실과 의견을 구분하는 것을 어려워하는 학생들이 많아 다양한 예시를 제공하고 구분하는 연습을 여러 번 해야 했다.

학생들은 개인적 관심사와 사회적 가치를 고려해 팩트체크하고 싶은 뉴스 기사를 선정하고, 이 안에 담긴 핵심 정보를 팩트체크했다. 이때부터 교실마다 보고서 작성을 포기하려는 학생들이 하나둘 생기기 시작했다. 평소에 읽지 않던 기사문을 읽고, 분석하는 일이 어렵게 느껴졌기 때문이다. 자신의 진로가 환경과는 전혀 연결되지 않는다고 생각한 학생들도 있었다.

"선생님, 하천이 오염되었는지 어떻게 객관적으로 알 수 있어요?"
"선생님, 저는 댄서가 되고 싶은데 이게 환경이랑 무슨 관련이 있죠?"

'아, 지금이 바로 전문가의 도움이 필요한 때구나!' 쏟아져 나오는 질문에 나 홀로 대처하기에는 한계가 있었다. 광덕산환경교육센터 활동가님들과 아산청소년교육문화센터 담당 부장님께 SOS를 외쳤다. 사전에 각 주체가 어떤 역할을 할지 논의한 상태였기 때문에 즉각적으로 지역사회와 연계한 수업을 진행할 수 있었다.

지역사회로 교실 문을 활짝 열기

아산시의 지역 하천인 '온천천'의 오염 문제를 다룬 뉴스 기사를 검증하는 학생들이 있었다. 이 학생들이 정보를 검증하기 위해서는 하천 생태 조사가 꼭 필요한 상황이었지만 국어 교사가 도움을 주기 어려운 부분이었다. 그래서 아산시청소년교육문화센터에 온천천에 대해 잘 아는 지역 생태 전문가와의 연결을 부탁했다.

방과후에 우리는 온천천에 모여 지역 생태 전문가와 함께 수생 환경을 조사하고, 주민들을 인터뷰했다. 이 과정에서 깨끗한 하천에는 어떤 생물들이 서식하는지, 온천천이 과거에 어떤 모습이었는지, 하천에 오염이 일어났던 직접적 원인이 무엇인지, 이 하천이 지역 주민에게 어떤 기능을 하는지 알 수 있었다. 생태 조사를 계기로 용기를 얻어 직접 시청 하천관리과 담당자에게 전화를 걸어 이 하천이 어떻게 설계되었는지 알아보는 학생들도 있었다.

지역 생태 전문가와 하천 생태 조사를 하는 학생들

　한편, 현장 검증이 어려운 주제를 선택한 학생들을 위해 광덕산환경교육센터 활동가님들을 교실로 초청해 '환경 전문가와의 만남' 활동을 진행했다. 기후생태 정보를 검증하는 과정에서 적절한 자료를 찾지 못하는 학생들이 많았다. 또한 자료를 찾았더라도 환경과 관련된 전문적인 내용을 이해하기 어려워하는 학생들도 있었다. 교실마다 2명의 활동가님이 들어가 학생들의 질문에 자기 생각을 나눴다.

　사전 준비 과정에서 활동가님들에게 질의응답을 시작하기 전에 학생들에게 청소년들이 기후생태 문제에 관심을 갖고 이 프로젝트를 진행하는 것이 어떤 의미가 있는지 이야기해 달라고 부탁했다. 교사가 수업에서 아무리 강조해도 그 말이 마음에 와닿지 않는 학생들, 기후 위기에 대한 불안과 무력감을 느끼는 학생들이 있었기 때문이다. 활동가님들의 짧은 강의를 듣고 '내가 지금 대단한 일을 하고 있구나!', '책임감을 가지고 더 열심히 해봐야지.', '미래세대로서 작은 일이라도 하나씩 실천해야겠어.'라고 생각하는 학생들이 많아진 것 같았다. 수업이 끝난 후에도 활동가님들을 둘러싸고 질문을 하는 학생들을 보며 뿌듯함을 느꼈다.

환경 전문가와의 만남 활동 이후 학생들은 속도감 있게 보고서를 작성했다. 보고서에는 기사에 담긴 핵심 사실과 핵심 의견, 팩트체크할 명제, 신뢰할 수 있는 출처를 바탕으로 이를 검증한 과정과 결과를 적게 했다. 이 보고서는 다음의 4가지 기준을 가지고 평가했다. 학생들도 이 평가 기준을 가지고 자기평가와 동료평가를 진행하며 보고서를 고쳐 썼다. 결과물을 평가하는 기준 외에 '자기평가 및 동료 피드백 활동에 성실히 참여할 수 있는가?'라는 기준을 두어 동료평가 과정에서 친구들에게 '친절하고, 구체적이며, 도움이 되는' 피드백을 제공하도록 했다.

수행평가 채점 요소
(각 요소를 4단계 루브릭으로 평가)

❶ 개인적, 사회적 가치를 고려해 팩트체크할 대상을 선정하였는가?
❷ 핵심 사실과 핵심 의견을 바탕으로 팩트체크할 내용을 선별하였는가?
❸ 팩트체크 할 내용과 관련된 정보를 검색하고 신뢰성이 확보된 정보만 선별하였는가?
❹ 선별한 정보를 바탕으로 도출한 판정 결과가 타당한가?
❺ 자기평가 및 동료 피드백 활동에 성실히 참여할 수 있는가?

아산시 청소년 기후생태뉴스 체커톤

"선생님, 우리가 이거 할 수 있을까요?"
"글쎄, 한번 해보는 거지 뭐. 잘되면 좋고, 실패해도 좋아!"

체커톤 운영단 학생들과 가진 첫 기획 회의, 불안의 공기가 교실을 가득 채웠다. 분위기를 끌어 올리려고 미리 준비한 간식을 꺼내며, 다소 무책임하게 답했다. 일단 저지르고 보는 성격이라 나도 구체적인 계획은 없었다. 정말로 실패해도 그 과정에서 배울 것들이 많이 있을 것으로 생각했다. 한편으로는 큰 행사를 운영해 본 경험이 있는 아산시청소년교육문화센터 부장님과 함께한다는 믿는 구석도 있었다.

첫 회의에서는 간단히 자기소개를 하며 서로를 알아가는 시간을 가지고, 체커톤이 무엇을 하는 프로그램인지 공부했다. 나도 체커톤에 참여하거나 체커톤을 운영해 본 경험이 없었지만, 한국언론진흥재단 홈페이지와 유튜브 채널에 이를 알 수 있는 자료들이 많이 있어 도움이 됐다.

다음 회의에서는 전체 일정을 수립하고, 각자의 역할을 논의했다. 이때 부장님의 도움이 컸다. 비전을 수립하는 것부터 교사가 놓치기 쉬운 세세한 역할까지 신경 쓰며 회의를 진행해 주셨다. 운영단은 홍보팀, 교육팀, 행사 진행팀으로 역할을 나누어 일을 진행했다. 행사의 틀이 잡히니 학생들도 다양한 아이디어들을 내놓기 시작했다. 부장님과 나는 행사의 큰 줄기를 잡는 과정만 이끌고, 구체적인 진행 방법은 학생들이 직접 기획했다.

이 과정에서 발생한 또 한 가지 어려움은 체커톤 참여자를 모집하는 것이었다. 나와 학생들이 가진 네트워크로는 한계가 있었다. 이 문제도 아산시청소년교육문화센터를 통해 해결할 수 있었다. 센터 홈페이지를 통해 행사를 홍보했고, 총 7팀이 신청서를 제출했다. '우리가 이걸 할 수 있을까?'라는 질문은 점점 '어떻게 하면 성공적으로 행사를 운영할 수 있을까?'라는 고민으로 변해갔다.

체커톤 행사는 '팀별 발표 준비→전체 만남→아이스브레이킹→팩트체크 결과물 발표→시상 및 마무리'의 순서로 진행됐다. 7개의 참가팀 중 6개의 팀이 끝까지 결과물을 만들어 팩트체크 결과를 공유했다. 본 행사 전부터 개별적으로 각 팀과 소통하며 멘토 역할을 했던 학생들은 두근대는 마음으로 우리 팀의 발표를 지켜봤다. 동물의 줄기세포를 배양하여 만든 배양육을 직접 구입해 먹는 실험을 한 중학생 참가팀의 발표가 진행되는 과정에서는 모든 참여자가 '우와!' 하고 탄성을 질렀다.

방학 때 운영단 학생들과 모여 사후 피드백을 하는 시간을 가졌다. 기쁘게도 우리의 활동이 청소년수련시설-학교 네트워킹 지원사업 우수 사례로 선정되어 그 상금으로 식사를 할 수 있었다. 학생들은 태어나서 처음으로 다른 학교 학생들을 대상으로 한 행사를 운영하며 다른 사람들과 협력하는 법, 행사를 기획할 때 고민해야 할 것들, 다른 사람들이 더 나은 결과물을 만들 수 있도록 적절히 질문하는 법 등 많은 것들을 배웠다고 했다. 운영단에는 기후 위기를 인식하고 나서 비건 생활을 하는 동시에 우울감을 느끼던 학생이 있었는데, 체커톤을 운영하면서 큰 힘을 얻었다고 했다. 반면, 준비 기간이 너무 짧아서 아쉬웠다거나 멘토의 역할이 명확히 정해지지 않아 어려웠다는 등의 아쉬움도 공유했는데, 잘 기록해 뒀다가 다음 행사를 하게 되면 개선해 봐야겠다.

교실과 지역사회를 넘어 더 널리 알리기

학생들이 애써 만든 결과물들이 수업이 끝나면 잊히는 것이 아쉬웠다. 노션을 활용해 웹 페이지를 만들어 팩트체크 결과를 모두에게 공개하면 좋겠다는 생각이 들었다. 공개를 동의한 학생들에게 노션 사용법을 알려준 뒤 함께 웹 페이지를 제작했다. 아래 QR코드를 촬영하면 학생들이 팩트체크한 기후·생태 정보를 확인할 수 있다.

청소년 기후생태 뉴스 체커톤 담벼락 화면

QR코드

지역 전문가와 함께하는 기후생태 정보 팩트체크 프로젝트

지역사회 반응

지역 연계 교육은 학교뿐만 아니라 연계에 참여하는 지역사회 주체들에도 긍정적인 영향을 미친다. 학교 밖 활동가님들과 이야기하다 보면 여전히 학교는 닫혀 있는 공간이라는 말을 자주 듣는다. 학교 교육과정으로 마련된 창의적 체험 활동을 통해 학생들을 만날 기회가 간혹 있지만 1~2시간 정도의 짧은 시간 동안 학생들과 할 수 있는 것이 많지 않다. 이번 프로젝트 수업에서는 수업의 도입 단계에서 마무리 단계까지 지속적으로 교사와 학생들이 학교 밖 활동가들과 직·간접적으로 상호작용했다는 점이 학교 밖 활동가들의 욕구를 충족할 수 있는 시간이었다고 볼 수 있다.

서로 다른 교육에 대한 접근 방식이나 관점을 공유할 수 있다는 점도 지역 연계 교육의 효과다. 환경교육을 할 때 각자가 속한 집단이 과거에서부터 만들어 온 교육의 틀 안에서 환경교육에 접근할 수밖에 없다. 수업에 참여한 환경교육 활동가님들은 국어 교육의 관점에서 환경 문제를 다룬 것이 매우 신선한 경험이었고, 앞으로 교육을 준비하는 데 있어 시야를 확장할 수 있는 계기가 되었다는 소감을 전해주셨다. 아산시청소년교육문화센터 역시 체커톤이라는 청소년 프로그램을 처음 경험해 보았고, 앞으로도 지속적으로 아산시 청소년 체커톤 대회를 진행하고 싶다는 의견을 제시해 주었다.

수업을 나오며

우리는 지구생태시민

공주대학교 환경교육과 이재영 교수는 교육의 목표는 학생들이 민주시민과 세계시민을 포함한 '지구생태시민'이 되는 것이라고 말한다.[1] OECD 학습 나침반에서는 교육이 지향하는 가치를 '개인과 사회의 웰빙'으로 설정하고 있다. 두 자료 모두 이러한 목표를 이루기 위해서 교사는 학생이 배움의 과정에서 주도성을 발휘할 수 있는 환경을 조성해야 한다고 강조한다.

이번 프로젝트를 진행하며 지역사회와 연계한 생태전환교육이 앎과 삶을 연결하는 교육을 만드는 열쇠일 수 있겠다는 생각이 들었다. 교실 안에서만 이루어지는 수업에서 학생들은 배움의 의미를 찾기 어려워한다. 결국 수업에 참여하지 않고 책상에 엎드리려는 학생들이 생기는 걸 자주 경험했다. 나는 재미있는 농담도 잘하지 못하는 교사라 이런 현상이 더 빨리 일어났다. 하지만 이런 학생들도 교실 밖과 만남을 하면 누구보다 열정적인 학습자가 된다. 교실 안과 밖을 넘나들며 지금의 배움이 나의 삶과 밀접하게 연결되어 있다는 것을 느낄 수 있기 때문이다.

---

1) 지구생태시민(Global Eco-citizen)은 '지구가 유일하면서 동시에 유한한 인간 생존의 절대 조건이라는 자각과 기후위기 등 현재 인류에게 닥친 지속불가능성에 대한 인식을 바탕으로 지구생태계, 사회체계, 그리고 우리의 삶을 지속가능하게 변혁하려는 의지와 능력을 갖춘 시민'이다. - 이재영 외, 「국가환경교육표준」, 환경부, 2024.

또한 교실 안에서 배운 것들로 교실 밖 세상에 이바지할 수 있다는 사실은 학생들의 기대감과 만족감을 높인다. 자신이 만든 결과물을 교실 밖 누군가에게 공유한다는 묘한 긴장감이 학생들이 수업에 열심히 참여하게 하는 긍정적인 역할을 하기도 한다. 그래서 OECD 학습 나침반에서 학습자 주도성과 함께 또래, 교사, 학부모, 지역사회의 협력적 주도성이 강조되는 것이다.

  신규교사 시절에 내가 꿈꾸던 수업은 '재미있는 수업'이었다. 학생들이 국어 수업을 지루해하지 않고 모든 학생이 웃는 얼굴로 참여하는 수업을 설계하는 데 초점을 맞췄다. 지금은 존 듀이 John Dewey가 말한 "학습은 세계로의 입문인 동시에 더 나은 세계를 향한 것이기도 하다."라는 말을 그리며 수업하고 있다. 나와 앞으로도 기후·생태 프로젝트 수업을 만들어 나갈 학생들이 배움이 개인적 성공만을 위한 것이 아님을 이해하길 바란다. 그리고 이 수업이 조금이라도 기후 위기 대응에 도움이 되길 소망한다.

'너'를 알고, '나'를 알면 보이는 우리의 길

권은미 * 온양용화중학교

학교는 제 삶의 터전입니다. 엄마 손 꼭 잡고 처음 들어섰던 낯선 교실, 달리기 시합에서 꼴찌할까 두려워 도망치고 싶었던 운동장, 거울 보느라 시간 가는 줄 몰랐던 화장실, 마음 조마조마하며 선생님께 불려 갔던 교무실, 친구들과 삼삼오오 모여 깔깔대던 급식실. 이제는 하루 여덟 시간 묶여있는 저의 일터이자, 제 꿈을 펼치는 무대가 되었습니다. 학생 살이 열두 해, 교사 살이 열다섯 해. 제 인생의 절반이 넘는 시간을 학교라는 공간에서 살아왔습니다. 이곳에서 성장하며 꿈을 키우는 동안 저는 늘 한 가지 질문을 마음에 품어왔습니다. 어떻게 하면 학교가 모두에게 '가고 싶은 곳'이 될 수 있을까? 이 물음에 대한 답을 주변의 동료 교사들과 함께 찾아가고 싶습니다.

개정 교육과정 키워드에 대한 나의 수업 고민

영어 수업시간에 진로 찾기

우리나라 중학교 영어 교과서는 13종에 달하며, 각 교과서마다 구성과 내용은 다르지만 '진로'는 모든 교과서에서 공통적으로 다루는 핵심 주제이다. 2015 개정 교육과정의 교과서들을 살펴보면, 동아출판의 'Follow Your Dream', 금성의 'Careers Day', 지학사의 'Moving into the Future', 미래엔의 'Find Your Passion', 비상교육의 'This Is Me', YBM의 'Work on Your Dreams' 등 모든 출판사가 진로 관련 단원을 포함하고 있다. 특히 2022 개정 교육과정에서는 학생들의 적성과 흥미 탐색, 진로 준비를 더욱 강조하고 있어, 진로 교육의 중요성이 한층 부각되고 있다.

이처럼 영어 교과에서 진로 연계 활동은 필수이다. 하지만 진로는 흔한 수업 소재임에도 불구하고 수업 진행이 절대 녹록지 않다. 학생들 대다수가 자신의 진로에 대해 '아직 모르겠다'라고 말하는 현실에서, 교사와 학생 모두에게 진로 관련 활동은 막연하게 느껴지기 때문이다. 그렇다면 어떻게 진로 연계 수업에 접근해야 할까?

진로를 찾아가는 여정은 자신을 이해하는 것에서 시작된다. 하지만 자신을 객관적으로 바라보고 진정으로 원하는 것을 발견하여, 이를 다른 사람들과 나누는 과정은 결코 쉽지 않다. 이러한 어려움을 해결하기 위한 효과적인 방법으로, 먼저 다른 사람들을 관찰하고 분석한 후 자신과 비교해 보는 접근법을 추천한다. 예를 들어, 영화 속 등장인물의 성격과 특성을 분석하고 그들에게 어울리는 직업을 생각해 보면서 자연스럽게 진로 탐색의 첫 발을 내디딜 수 있다.

2022 개정 교육과정에서는 초등학교 6학년, 중학교 3학년, 고등학교 3학년 2학기 일부를 진로연계학기로 지정하여 상급 학교 진학을 앞둔 학생들의 진로교육을 강화하고 있다. 본 장에서 소개하는 교육 활동들은 정규수업은 물론 진로연계교육 활동 자료로도 활용할 수 있으며, 이를 통해 2022 개정 교육과정에서 강조하는 자기관리 역량을 기를 수 있다.

Viewing과 Presenting

영어과 2022 개정 교육과정에서는 'Viewing(보기)'과 'Presenting(제시하기)'이라는 새로운 용어가 등장한다. 'Viewing'은 기존의 읽기 활동에 시청각 요소를 통합한 것이며, 'Presenting'은 말하기와 쓰기에 멀티미디어를 활용하여 효과적으로 발표하는 능력을 의미한다. 이러한 변화는 2025년부터 중학교에 단계적으로 도입될 인공지능 디지털교과서 Artificial Intelligence Digital Textbook(이하 AIDT)와 그 방향을 같이 한다. AIDT는 인공지능 기술을 활용한 교육 플랫폼으로 개별 학습자에게 최적화된 맞춤형 교육을 제공한다. 텍스트뿐만 아니라 이미지, 동영상, 쌍방향 퀴즈 등 다양한 매체를 활용하여 더욱 풍부한 학습 경험을 제공한다.

이러한 교육 환경의 변화에 발맞추어 교사와 학생들의 수업 참여 방식도 혁신이 필요하다. 전통적인 언어 중심의 수업에서 벗어나 프리젠테이션 도구를 비롯한 다양한 디지털 매체를 적극 활용하는 방향으로 나아가야 한다. 이는 단순한 기술 도입을 넘어서 학습자들의 지식정보 처리 역량을 높이고 교육 효과를 극대화하는 데 기여할 것이다. 특히 영어 수업에서의 진로 교육은 이러한 새로운 도구들을 통해 더욱 실감나고 다채로운 방식으로 이루어질 수 있으며, 학생들에게 미래 직업 세계를 생생하게 체험할 수 있는 기회를 제공할 것이다.

Reception과 Production

2022 개정 교육과정에서는 기존의 듣기, 말하기, 읽기, 쓰기라는 언어 기능별 구분에서 벗어나 언어의 사회적 목적에 따라 'Reception(이해)'와 'Production(표현)' 두 영역으로 재편되었다. 이해 영역에서는 전통적인 담화와 글의 범위를 넘어 이미지와 동영상 등 다양한 형태의 영어 정보를 효과적으로 처리하고 활용하는 능력 배양에 중점을 둔다. 표현 영역에서는 여러 매체를 활용하여 말과 글뿐만 아니라 시청각 이미지를 통해 자신의 감정, 생각, 의견을 전달하는 능력을 키운다. 이러한 교육과정의 혁신적인 변화를 본 프로젝트의 채점 기준에도 적극 반영하고자 한다.

영어과 역량 및 영역 구성

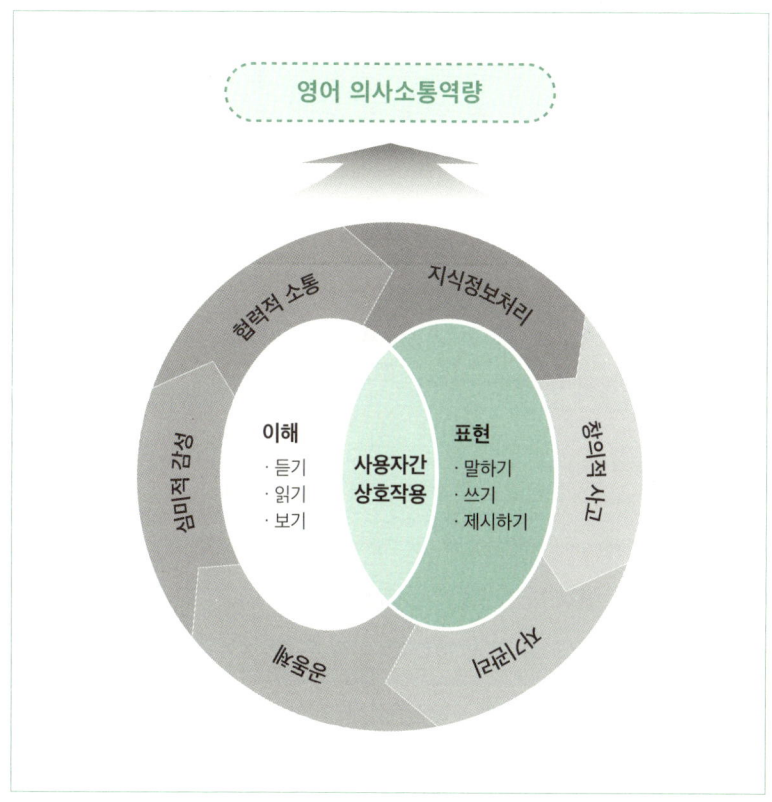

출처: 「교육부 고시 제2022-33호 영어과 교육과정」, 교육부, 2022

수업 구상 배경과 목적

'나'를 알아가기

나는 누구인가? 이 질문은 인류의 영원한 화두이다. 평생 이 답을 찾아 헤매는 이들이 있을 만큼 심오하고 복잡한 주제이지만, 그렇기에 더욱 교육 현장에서 다뤄져야 할 중요한 질문이다. 나는 어떤 사람인가? 내가 진정으로 원하는 것은 무엇인가? 나는 무엇이 되고 싶은가? 이러한 질문들은 초등학교 교육과정부터 꾸준히 등장한다.

내가 교실에서 만나는 중학교 3학년 학생들의 약 85%가 인근의 일반계 고등학교 진학을 희망한다. 그러나 이는 대부분 뚜렷한 목표 의식에서 비롯된 선택이 아니다. 단순히 통학 거리가 가깝다는 이유로 결정하는 경우가 많다. 진학 지도를 하다 보면 안타까운 마음이 자주 든다. 섣부른 선택으로 인해 자신과 맞지 않는 고등학교에서 3년이라는 소중한 시간을 허비하거나, 심지어 중도에 자퇴하는 사례도 적지 않기 때문이다. 만약 학생들이 자신의 성향을 제대로 이해하고, 자신이 잘하고 좋아하는 것을 명확히 알고 있다면, 이들의 선택은 달라지지 않을까?

나는 학생들에게 단순히 장래 희망 목록을 작성하게 하는 것이 아니라 진정으로 자기 자신을 들여다보고 알아갈 기회를 제공하고 싶다. 자기 이해는 일회성 활동이 아닌 지속적인 탐구 과정이다. 이는 학생들의 미래를 좌우할 중요한 선택의 기반이 된다. 교사의 역할은 학생들이 이 여정을 시작할 수 있도록 안내하고, 그 과정에서 필요한 도구와 지지를 제공하는 것이다. '나'를 알아가는 과정은 때로는 혼란스럽고 어려울 수 있다. 하지만 이는 동시에 가장 흥미롭고 보람찬 여정이 될 수 있다. 학생들이 이 여정을 통해 자신의 잠재력을 발견하고, 진정한 열정을 찾아 나아가길 희망한다.

수업 한눈에 보기

수업 개요

'너'를 알고, '나'를 알면 보이는 우리의 길		
과목 영어	학년 중학교 3학년	기간 14차시
핵심 아이디어	• 적절한 사고 과정 및 전략을 활용하여 담화나 글의 의미를 파악하고 분석한다. • 의사소통 목적과 상황에 맞게 적절한 매체를 활용하여 자신의 감정이나 의견을 담화나 글로 표현하는 능력을 함양한다.	
성취기준	[9영01-04] 친숙한 주제에 관한 담화나 글에서 일이나 사건의 논리적 관계를 파악한다. [9영01-10] 자신의 관심사에 관한 다양한 담화나 글을 선택하여 적극적으로 듣거나 읽는다. [9영02-07] 친숙한 주제에 관해 듣거나 읽고 내용을 요약한다. [9영02-09] 적절한 매체를 활용하여 정보 윤리를 준수하며 말하거나 쓴다.	
핵심역량	☐ 심미적 감성 역량　　■ 지식정보처리 역량　　☐ 공동체 역량 ☐ 창의적 사고 역량　　■ 자기관리 역량　　■ 협력적 소통 역량	

탐구질문	1. 영화 속 등장인물의 성격과 그들의 직업은 잘 어울릴까? 2. 나의 성격에는 어떤 직업이 어울릴까?

수업의 흐름

차시	활동명	내용
1~3 차시	영화 속 등장인물 특징 파악하기	• 영화 <주토피아(Zootopia)> 108분 시청하기 • 모둠별로 모여 등장인물에 대해 이야기를 나누고, 그 특징을 표에 작성하기
4차시	MBTI 의미 파악하기	• MBTI 성격유형테스트에 사용되는 8가지 알파벳의 의미를 파악하고, 각 카테고리에 해당하는 행동 예시를 찾아보기
5~6 차시	등장인물 MBTI 분석하기	• 모둠별 영화 속 등장인물들의 MBTI 성격 유형을 분석하여 작성하기 • 모둠별로 작성한 글을 읽으며, 분석 결과를 비교하기
7차시	등장인물 성격과 직업 분석하기	• 등장인물의 성격과 직업이 잘 맞는지 생각해 보고, 그 근거에 대해 이야기 나누기
8차시	나의 성격유형 파악하기	• MBTI 성격유형테스트를 통해 자신의 성격유형을 파악하기 • 테스트 결과를 읽고, 핵심 내용을 짧은 글로 요약하기
9차시	갤러리 워크 공유 활동	• 작성한 글을 교실 벽면에 부착하여 갤러리 워크(gallery walk) 활동하기 • 친구의 글을 읽고, 친구의 성격유형을 추측하고 칭찬 피드백 남기기
10차시	챗봇과 진로 관련 대화 활동	• 자신의 성격과 강점을 챗봇에게 이야기하고, 나에게 어울리는 직업을 추천받기
11차시	챗봇 피드백 반영하여 발표 자료 제작하기	• 챗봇에게 받은 조언을 토대로 나의 진로 계획에 대해 발표할 자료 제작하기
12~14 차시	매체 활용하여 발표하기	• 한 학생당 3분 이내로 준비한 내용을 적절한 매체를 활용하여 발표하기

주요 결과물	• 모둠 결과물: 영화 속 등장인물의 성격유형 분석하는 글쓰기 • 개인 결과물: 성격유형테스트 결과 요약문을 토대로 나의 진로 계획 발표하기

채점기준표

평가 요소		채점 기준(점수)		
		잘함	보통	노력 필요
분석하는 글 쓰기 (40)	[이해] 분석하기 (20)	영화 속 등장인물의 성격을 정확하게 분석하고, 그 특징을 구체적으로 서술함. 성격 분석에 대한 구체적인 이유와 근거(영화의 특정 장면, 대사 등)를 제시함.	영화 속 등장인물의 성격을 구체적인 이유와 근거를 가지고 분석했으나, 일부 근거가 불명확하거나 부족함.	영화 속 등장인물의 성격을 분석했지만, 제시된 근거가 분석을 뒷받침하지 않음.
	[표현] 글쓰기 (10)	친구와 교사의 피드백을 반영하여 글을 여러 번 수정함. 글의 논리적 흐름이 명확하고 맞춤법과 문법 오류가 없음.	의미 전달에 크게 문제가 없지만, 맞춤법과 문법 오류가 종종 발견됨.	맞춤법과 문법 오류가 많아 의미 전달에 지장이 있음.
	[상호작용] 협업하기 (10)	모둠 내에서 자신이 맡은 역할을 충실히 수행할 뿐만 아니라 모둠원들에게 도움을 줌.	모둠 내에서 자신이 맡은 역할을 수행함.	모둠 내에서 맡은 뚜렷한 역할이 없고, 기여도가 매우 낮음.
나의 꿈 발표하기 (60)	[이해] 요약하기 (20)	MBTI 결과를 읽고 핵심 내용을 요약하고, 자신의 수준에 맞는 적절한 어휘와 문장구조를 사용하여 다른 말로 바꾸어 작성함.	MBTI 결과를 읽고 핵심 내용을 요약했지만, 어휘나 문장구조를 거의 바꾸지 않고 그대로 작성함.	MBTI 결과를 읽고 핵심 내용을 파악하지 못함.
	[상호작용] 참여하기 (10)	갤러리 워크 활동을 하며 친구들의 글을 신중하게 읽고 건설적인 피드백을 제공함.	갤러리 워크 활동을 하며 친구들의 글을 읽고 피드백을 해주었지만, 내용이 다소 미흡함.	갤러리 워크 활동을 하며 친구들의 글을 읽었지만, 내용을 제대로 파악하지 못함.
	[표현] 발표하기 (20)	매우 자연스러운 발음과 발화 속도로 내용을 정확하게 전달함.	이해할 수 있는 발음과 발화 속도로 내용을 전달함.	발음이 부정확하여 전달력이 미흡함.
	[표현] 매체 활용하기 (10)	적절한 매체를 활용하여 발표의 효과를 극대화함.	디지털 매체 활용 능력을 갖추고 있음.	디지털 매체 활용 능력이 부족함.

세부 능력 및 특기사항 예시

영화 속 등장인물들의 성격을 날카로운 관찰력으로 분석하여 일목요연하게 표로 정리함. 인물들의 대사와 행동에 담긴 의미를 정확히 파악하고 각 캐릭터의 성격을 구체적으로 묘사하는 탁월한 분석력을 보여줌. 자신의 꿈을 향해 흔들림 없이 나아가는 주인공의 의지를 본받아 그의 명언을 사물함에 부착하고 매일 되새기는 등 진로에 대한 강한 의지를 보임. 영문 성격유형 검사에 도전하여 자기 자신에 대해 진지하게 탐색하고 성찰했으며, 검사 결과를 토대로 자신의 성격에 대해 분석하는 글쓰기 활동을 하며 자기 이해 능력이 크게 향상됨. 자신의 외향적인 성격을 어휘로 표현하고 구체적인 일화를 들어 설득력 있게 서술함. 갤러리 워크 활동에서 동료의 글을 세심하게 읽고 발전적인 의견을 제시하는 등 뛰어난 공감 능력을 발휘함. 진로 계획 발표에서 자신에게 어울리는 직업을 소개하는 창의적인 영상을 제작하고, 실시간 소통 도구를 활용하여 청중과 활발히 상호작용하며 우수한 의사소통 능력을 보여줌.

수업에 들어가며

이 프로젝트는 학생들이 타인과 자신의 성격을 이해하고, 이를 바탕으로 자신에게 적합한 적성과 직업을 찾아가는 것을 목표로 하고 있다. 14차시로 구성된 이 프로젝트는 타인 분석, 자기 분석, 진로 탐색이라는 세 가지 주요 활동으로 진행된다. 첫째, 타인 분석 활동에서는 영화 속 등장인물들의 성격을 MBTI^{Myers-Briggs Type Indicator}(이하 MBTI) 성격유형 도구를 활용하여 분석한다. 둘째, 자기 분석 활동에서는 앞선 타인 분석 경험을 토대로 자신의 성격을 분석하고 이를 짧은 글로 정리한다. 마지막으로 진로 탐색 활동에서는 자신에게 어울리는 직업을 찾고 진로 계획을 발표한다. 모든 활동이 끝난 후에는 두 개의 산출물을 얻을 수 있다. 타인 분석 활동의 산출물로 '분석하는 글'이 있으며, 자기 분석과 진로 탐색 활동의 산출물로 '나의 진로 계획 발표 자료'가 있다.

1~3차시 영화 속 등장인물과 만나기

많은 학생이 수업시간에 영화 보는 행위를 느슨한 여가 활동으로 오해하곤 한다. 하지만 교육적 맥락에서 영상 자료 활용은 반드시 명확한 목적을 가지고 이루어져야 한다. 이를 위해 교사는 영화 감상의 목적과 학습 목표를 사전에 제시하여 학생들이 능동적으로 시청할 수 있도록 해야 한다. 또한 영화를 보면서 작성할 수 있는 구조화된 활동지를 미리 준비하여 단순한 '감상'을 넘어 '이해와 분석'이 이루어지도록 유도해야 한다. 학생들은 활동지의 빈칸을 채우기 위해 특정 요소에 주의를 기울이며 시청하게 된다. 영화를 보며 동시에 작성해야 하는 활동의 특성상, 학생들의 모국어인 한국어로 작성하는 것이 가장 효과적이다. 단, 정확한 대사는 영화 시청 후에 검색하여 추가 입력할 수 있다.

영화 속 등장인물의 성격 분석하기

	말	행동	성격
Judy Hopps			
Nick Wilde			
Chief Bogo			
Bellwether			
Lionheart			
Clawhauser			
Gazelle			

4~7차시 등장인물의 성격유형 분석하기

MBTI는 개인의 성격을 이해하고 분류하는 데 널리 사용되는 심리검사 도구이다. 이 테스트는 개인이 세상을 인식하고 판단하는 방식을 기반으로 16가지의 고유한 성격유형을 제시한다. MBTI의 핵심을 제대로 이해하기 위해 먼저 테스트의 근간이 되는 8가지 선호 경향을 파악해야 한다.

8개의 선호 경향[1]

E — **Extroverts** are energized by people, enjoy a quick pace, and are good at multitasking.

I — **Introverts** often like working alone or in small groups and like to focus on one task at a time.

T — **Thinkers** tend to make decision using logical analysis. Value honesty and consistency.

F — **Feelers** are sensitive people who make decisions based on how their actions will impact others.

S — **Sensors** are realistic people who like to focus on the facts and details.

N — **iNtuitives** prefer to focus on possibilities and big picture, seek creative solutions to problems.

J — **Judgers** tend to be organized and prepared, and like to make and stick to plans.

P — **Perceivers** like to be able to act spontaneously, and like to be flexible with makin plans.

위의 8가지 선호 경향의 조합으로 16가지 성격유형이 만들어진다. MBTI의 8가지 선호 경향을 이해한 후에는 각 유형에 해당하는 구체적인 행동 사례를 살펴보는 것이 매우 중요하다. 이를 통해 학생들은 추상적인 개념을 실제 상황에 적용할 수 있게 되며, 자신과 타인의 행동을 더 깊이 이해할 수 있다.

---

[1] Tieger, P. D., Barron, B., & Tieger, K. (2014). Do what you are: Discover the perfect career for you through the secrets of personality type (5th ed.). Little, Brown Spark.

타입별 행동 예시

타입	특징	타입	특징
E	• Enjoys group activities • •	I	• Enjoys alone time • •
S	• Focuses on present • •	N	• Focuses on future • •
T	• Values fairness • •	F	• Values harmony • •
J	• Likes planning • •	P	• Likes to keep options open • •

    위의 활동에서 학습한 MBTI 개념을 바탕으로, 영화 속 등장인물들의 성격유형을 분석하는 심층 활동을 진행한다. 이때 정답은 정해져 있지 않으며, 관점에 따라 분석 결과가 다양하게 나올 수 있음을 미리 안내한다. 분석하는 글쓰기 활동은 모둠별로 진행되며, 정해진 글쓰기 틀에 따라 7명의 캐릭터 성격유형을 분석한다.

분석하는 글쓰기

I think Judy Hopps's personality type is _____ because she tends to _____ .

She also likes to _____ . She often says "_____".

글쓰기 활동이 마무리되면 학생들은 모둠별로 작성한 글을 공유한다. 학생들은 다른 모둠의 분석 결과와 자신들의 결과를 비교하며, 차이점이 발견되면 각 모둠이 어떤 근거로 그러한 결론에 이르게 되었는지 살펴본다. 이어서 교사의 안내 하에 캐릭터들의 성격유형을 재검토하고, 각 캐릭터의 성격과 직업 사이의 연관성에 대해 토론을 진행한다. 이 과정에서 학생들은 두 가지 중요한 점을 배울 수 있다. 하나는 동일한 직업이라도 서로 다른 성격의 사람들이 선택할 수 있다는 점이고, 다른 하나는 한 사람에 대해서도 보는 관점에 따라 여러 해석이 가능하다는 점이다. 이러한 학습 과정은 학생들의 비판적 사고 능력을 향상시키고, 다양성에 대한 이해의 폭을 넓히는 데 기여한다.

8~9차시 나의 성격유형 알아보기

1차시부터 7차시까지 타인에 대해 파악하고 분석하는 활동을 했다면, 8차시부터는 본격적으로 자기 탐색을 시작한다. 학생들은 '16personalities.com'에서 제공하는 무료 성격유형 테스트를 활용하여 자신의 성격을 분석한다. 이 테스트는 다국어로 제공되며, 약 60개의 문항으로 구성되어 10~15분 정도 소요된다. 테스트 결과는 성격 특성, 장단점, 대인관계 조언 등을 포함하는데, 학생들은 이 중 자신에게 필요한 내용을 선별하여 300단어 이내로 요약한다. 이때 원문을 그대로 옮기지 않고 반드시 자신의 말로 '바꾸어 표현 Paraphrasing'하도록 한다. 또한 요약문에는 자신의 이름을 넣되 자신의 MBTI 유형을 직접적으로 명시하지 않도록 안내한다. 완성된 요약문을 교실 벽에 게시하고, 학생들은 갤러리 워크 방식으로 서로의 글을 읽는다. 이 과정에서 학생들은 친구의 요약문마다 두 개의 포스트잇을 부착한다. 첫 번째 포스트잇에는 자신이 추측한 그 친구의 MBTI 성격유형을 적고, 두 번째 포스트잇에는 칭찬 피드백을 남긴다. 이러한 활동은 자기 이해를 깊게 하고 또래 간의 상호 이해와 긍정적 소통을 증진시킨다. 또한 친구의 글을 완전히 이해한 후 피드백을 작성하기 때문에 문해력 향상에도 효과적이다.

10~11차시 나에게 맞는 직업 알아보기

학생들은 8, 9차시에 걸쳐 작성한 자기 성격 분석 요약문을 바탕으로 적성에 맞는 직업을 탐색하는 활동을 시작했다. 이 과정에서 보다 효과적인 진로 탐색을 위해 AI 챗봇 '코파일럿^{Copilot}'을 활용하는 방법을 소개했다. 코파일럿은 앱을 통해 쉽게 접근할 수 있으며, 음성 인식 기능을 통해 진로에 관한 다양한 대화를 나눌 수 있다. 처음 챗봇을 사용하는 학생들을 위해 교사가 시연을 통해 사용법을 안내했다. 챗봇^{Chatbot}이 제공한 답변이 이해하기 어려울 경우, "Sorry, I don't understand. Could you say that again more simply, please?" 혹은 "That's too difficult for me. Can you make it easier?"라고 요청하면 중학생 수준의 쉬운 어휘로 답변을 수정해 준다.

Copilot: Hey, you're back! Good to see you again. What can I help you with today?

은미: Hi, I have some questions for you.

Copilot: I'm all ears. Feel free to fire away with your questions, and I'll do my best to assist you.

은미: <u>My personality type is</u> ENTJ. <u>Could you recommend a job that fits my personality type?</u>

Copilot: Certainly! As an ENTJ (Extraverted, Intuitive, Thinking, Judging), you possess valuable traits that can lead to success in various roles. Here are some job recommendations that align with your personality type:

1. Financial Analyst:
   - Salary: Varies, but they often earn competitive salaries.
   - Duties: Analyzing financial data, assessing investment opportunities, and providing strategic recommendations.
2. Insurance Sales Representative
3. Investment Banker

은미: Thanks for your advice, but <u>I'm not good with</u> numbers. <u>I'm interested in</u> working with people. Could you recommend other jobs for me?

Copilot: Sure, if you're a people person who thrives on human interaction, there are plenty of rewarding career paths to explore. Here are some job recommendations that align with your social nature.

챗봇에게 추천받은 직업이 자신의 적성과 맞지 않을 경우, "What are other career options for me?"와 같은 추가 질문을 할 수 있다. 추천 직업 목록 중 관심 있는 직업이 있으면 "Tell me more about

_____.", "What skills are important for _____?", "How can I improve that skill?" 등의 질문을 통해 필요한 정보를 수집할 수 있도록 안내했다. 학생들은 챗봇으로부터 얻은 정보를 바탕으로 발표를 준비했다. 발표 자료는 다양한 매체를 활용해 자유롭게 구성할 수 있지만 성격유형, 장단점, 진로 계획 등 필수 항목을 포함하도록 했다. 특히 진로 계획은 단기목표와 장기목표로 구분하여, 중학교 3학년 학생들의 당면 과제인 고등학교 진학 계획을 단기목표에 포함시켰다. 이를 통해 고등학교 선택이 장래 진로에 미치는 영향을 이해할 수 있도록 했다. 학생들은 자신에게 어울리는 직업을 탐색하고 발표 능력을 향상시킬 뿐만 아니라 AI 기술을 실제로 활용하는 방법과 체계적인 목표 설정의 중요성을 배울 수 있다.

프리젠테이션 구성

슬라이드 1	슬라이드 2	슬라이드 3	슬라이드 4	슬라이드 5	슬라이드 6
나의 성격유형	나의 장점	나의 단점	나에게 맞는 직업	나의 단기목표	나의 장기목표

12~14차시 나의 진로 계획 발표하기

프로젝트 마지막 3차시는 학생들이 자신의 꿈을 주제로 발표하는 시간으로 구성되었다. 각 학생은 3분 동안 발표를 진행하고, 발표가 끝나면 친구들로부터 피드백을 듣는다. 이때 중요한 것은 서로를 지지하는 분위기 속에서 친구의 강점을 토대로 어울리는 직업을 추천하며 긍정적이고 건설적인 피드백이 오갈 수 있도록 하는 것이다. 이러한 활동을 통해 학생들은 자신의 진로 계획을 구체적으로 표현하는 능력을 키울 수 있을 뿐만 아니라, 다른 사람의 미래 계획을 경청하고 발전적인 제안을 하면서 공감 능력도 향상시킬 수 있다. 결과적으로 이 발표 활동은 학생들이 자신의 진로를 심도있게 고민하고, 또래와의 상호작용을 통해 다양한 시각을 얻을 수 있는 소중한 기회가 된다.

수업을 나오며

You do you!

"You do you"는 자신이 정말 원하는 대로 행동하라는 단순하면서도 깊은 의미를 담고 있다. 이는 타인의 시선과 판단에서 자유로워져 진정한 자아를 찾고, 스스로의 선택을 신뢰하라는 메시지이다. "너 자신이 되어라" 혹은 "네가 행복해지는 길을 선택해라"라는 말은 우리에게 친숙하지만, 실제로 이를 실천하기란 쉽지 않다. 진정한 자아를 발견하고 그 본질을 지키며 살아가는 것, 그리고 그러한 삶을 선택할 용기를 갖는 것, 이것이 바로 내가 교육을 통해 추구하는 핵심 가치이다. 이러한 가치는 학생들만을 위한 것이 아니다. 우리 교육자들도 이 여정의 동반자가 되어야 한다. 우리가 먼저 자신의 진정성을 발견하고 그에 따라 살아갈 때, 비로소 학생들에게 진정한 롤모델이 될 수 있기 때문이다. 교실을 넘어 일상의 모든 순간에서 우리 모두가 각자의 '나다움'을 찾고 지켜나가길 희망한다. 이것이야말로 교육이 가진 진정한 힘이며, 우리가 함께 그려 나갈 미래의 모습일 것이다.

미래 교사의 첫걸음
아동의 생활 습관 형성을 위한 모의 수업

조미경 * 설화고등학교

어릴 적, 책을 통해 다채로운 세상을 탐험하며 자연스럽게 지리 교사가 되었습니다. 단순히 지식을 전달하는 것을 넘어, 학생들에게 넓은 시야와 열린 마음을 심어주고, 각자의 꿈을 응원하는 선생님이 되기 위해 노력해 왔습니다. 하지만 급변하는 교육 환경 속에서 교사로서의 고민이 깊어지는 시기에, 전문적학습공동체 나무학교를 만났고 여기서 함께하는 선생님들과 다양한 공부를 통해 거듭 성장하며 교사로서의 자존감을 지키고, 굳건히 교사의 길을 걷고 있습니다.

2022 개정 교육과정 전면 도입과 고교학점제는 교육 패러다임을 급격히 변화시키며 교사의 역할에 대한 새로운 기준을 제시하고 있습니다. 이런 변화에 맞추어 '가르치기'에서 '코칭'으로 패러다임을 전환하여 학생들이 스스로 탐구하고 성장할 수 있도록 돕는 코치가 되고자 노력하고 있습니다. 그동안 쌓아온 경험과 지식을 바탕으로, 학생들이 각자의 꿈을 향해 나아갈 수 있도록 코치 역할을 충실히 수행하며, 미래를 함께 열어가는 교사로서 교직 생활을 마무리하는 것을 소망합니다.

개정 교육과정 키워드에 대한 나의 수업 고민

2022 개정 교육과정과 학교 간 공동교육과정: 시너지를 창출하는 교육의 미래

2022 개정 교육과정은 학생 맞춤형 교육을 지향하며, 미래 사회가 요구하는 핵심 역량 함양과 학교 간 협력 강화를 목표로 한다. 이러한 교육 개혁의 핵심 요소인 고교학점제는 학생들에게 다양한 과목 선택권을 부여하여, 학생들이 자신의 진로와 적성에 맞춰 학습 계획을 설계하고, 미래 사회에 필요한 핵심역량을 함양할 수 있도록 돕는다. 2025년 전면 시행을 앞두고, 학교와 교사는 이러한 변화에 적극적으로 대응하고 있다.

고교학점제의 성공적인 안착을 위해 학교 간 공동교육과정이 주목받고 있다. 다양한 학교가 협력하여 특화된 교육과정을 개설하고, 교육 자원을 공유함으로써 학생들에게 더욱 다양한 학습 기회를 제공한다. 또한, 학생 간 교류 활성화를 통해 협력적 학습 환경을 조성하고, 지역교육공동체를 강화하는 데 기여하고 있다.

결론적으로, 고교학점제와 학교 간 공동교육과정은 상호 보완적인 관계를 형성하며, 학생 중심 교육을 실현하는 데 중요한 역할을 하고 있다. 이를 통해 학생들의 잠재력을 최대한 발휘하고, 미래사회의 주역으로 성장할 수 있는 환경을 마련해 주고 있다.

온라인 공동교육과정 '아동 생활 지도'의 수업 고민

학교 간 공동교육과정은 '수업 운영 방식'에 따라 오프라인 공동교육과정과 온라인 공동교육과정으로 구분된다. 온라인 공동교육과정은 수업을 수강하는 여러 학교 소속의 학생들이 온라인상에 모여 실시간·쌍방향 온라인 수업에 참여하는 방식으로 진행된다. 단위학교에 미개설된 교양과목과 소인수·심화과목, 진로선택과목을 온라인 플랫폼 '교실온닷'[1]을 이용하여 실시간 쌍방향 수업을 진행하고 있다. 학생들의 환경에 따라 과목 선택권이 제한되는 교육 불평등을 해소함으로써 학생 개별 진로 맞춤형 교육 기회 확대하고, 스스로 선택하고 책임지는 교육과정 활성화로 학생의 자기주도적 진로 설계 역량을 높여주는 디딤돌 역할을 하고 있다.

'아동 생활 지도'는 특성화고의 전문 교과이다. 교육과정 구조를 살펴보면, 보건·복지 교과(군), 보육과(기준학과), 전공 일반 학과로 편성되어 있다. "보건·복지 교과(군) 교육과정은 보건·복지 관련 분야의 전문 역량을 갖춘 현장 전문가 양성을 목표로 한다. 이를 위해 보건·복지 분야의 직무 수행 능력을 함양하는 데 필요한 기본 지식과 현장 실무 능력 및 태도를 학습하여, 보건·복지 분야 산업의 발전에 이바지할 수 있는 유능한 인재를 양성하는 것을 목표로 한다."라고 교과의 목표를 진술하고 있다.[2]

온라인 공동교육과정의 '아동 생활 지도'는 진로 선택과목으로 편성하여 개설하고 있다. '아동 생활 지도'의 교육과정의 성격은 "보육 종사자가 보육 교사가 지녀야 할 자질을 갖추기 위해 아동의 기본 생활 습관

---

1) https://edu.classon.kr/edu/main/index.do#page1
2) 교육부 고시 제2022-33호 보건·복지 전문 교과 교육과정, 교육부, 2022, p71.

형성과 사회·정서적 기술 습득을 지도하는 데 필요한 내용으로 구성된 이론 중심의 과목이다."라고 진술되어 있다.[3] 과목의 특성으로 아동을 대상으로 진로·직업을 설계하고 있는 학생들이 주로 온라인 공동교육과정으로 신청하고 있다.

아동 생활 지도의 교육과정 성격과 보건·복지 교과(군) 교육과정 목표를 아우르며, 학생들의 진로 희망을 고려하여 '학생들이 실제 아동과 상호작용을 하며 학습 내용을 적용할 수 있는 현장 학습 기회를 어떻게 제공할 수 있을까?'라는 고민을 바탕으로 수업을 구상하였다. 2022 개정 교육과정은 교과 간 연계와 통합, 학생의 삶과 연계된 학습, 학습에 대한 성찰을 바탕으로 한 깊이 있는 학습을 통한 핵심역량을 함양하는 것을 추구한다. 단편적이고 암기 위주의 지식을 학습하는 것보다는 삶과의 연계성 안에서 학생들이 살아갈 미래에 필요한 역량을 기르는 수업을 고민해야 하고, 학습 내용을 실생활의 맥락 속에서 이해하고 적용하는 기회를 제공해야 한다. 하지만, 온라인 공동교육과정의 수업 환경의 장벽은 높았다. 이 과목을 편성·운영하는 특성화고등학교가 적고, 온라인 공동교육과정으로 운영하는 사례도 드물어서 실무 수업에 대한 노하우와 자료를 얻기가 어려웠다. 온라인 공동교육과정으로 선택한 학생 또한 충남 전 지역의 학생으로 구성되어 있고, 특정한 날 대면 수업을 위한 일정 확보도 어려움이 있어 보육원과 유치원 현장 탐방 및 실습은 어렵다고 판단하였다.

---

3) 교육부 고시 제2022-33호 보건·복지 전문 교과 교육과정. 교육부. 2022. p81.

수업 구상 배경과 목적

아동 생활 지도의 중요성을 공감하는 '미래 교사'

'아동 생활 지도'는 일상생활에서 발생하는 문제 상황과 갈등을 아동 스스로 해결할 수 있도록 바람직한 방향으로 안내하고 지도할 수 있는 전문 소양을 갖출 수 있는 과목이다.

온라인 공동교육과정으로 선택한 학생들은 일반고 학생이 대부분을 차지하고 있었다. 유아교육, 보육, 사회복지, 상담 등의 대학 진학 후 어린이집의 보육교사, 유치원의 교사, 초등학교 돌봄교사, 보육 기관 관련 종사자, 아동심리상담가, 사회복지사 등의 진로를 희망하는 학생들이 대부분이었다. 학생들은 아동 생활 지도 과목을 개설한 강좌 중 탑재된 수업 계획서를 통해 수업 내용과 평가 계획을 살펴본 후 강좌를 선택하며, 한 강좌당 인원은 15명 이내로 마감한다. 해당 교과에 관심 있는 학생들이 신청하는 수업이기에 학습 동기와 수업 참여도가 대체로 높다. 아동 생활 지도의 성취 기준과 학습자 분석을 통해 지식 위주의 수업과 평가에서 2022 개정 교육과정에서 강조하고 있는 학생들의 주도성과 역량을 키우는 수업 평가 활동을 계획하였다.

비록 전 차시가 실시간 온라인 수업이지만 수업을 통해서 아동의 생활 지도에 대한 기본 지식을 바탕으로 예비 교사로서 아동의 생활 지도

역량을 키우는 모의 수업을 구상하였다. "아동의 기본 생활 습관을 형성하는 효과적인 지도 방법은 무엇인가?"라는 탐구질문을 통해 학생들이 자신의 직업 생애를 설계하고 직업 세계에서 필요로 하는 기본 소양을 갖추는 데 도움이 되고자 하였다.

수업 한눈에 보기

수업 개요

기본 생활 습관 지도 모의 수업		
과목 아동 생활 지도	**학년** 고등학교 1,2,3학년	**기간** 13차시
핵심 아이디어	• 보육교사가 제공하는 안전한 돌봄 환경에서 아동은 기본 생활 습관의 기초가 되는 자조 기술 형성이 향상된다.	
성취기준	[아생 03-01] 아동 생활 지도와 상호 작용의 기본 원리를 알고 아동 중심 생활 지도의 중요성을 설명할 수 있다. [아생03-02] 아동기는 기본 생활 습관이 형성되는 중요한 시기임을 인식하고 생활 습관 지도의 내용과 올바른 지도 방법을 모색할 수 있다.	
핵심역량	☐ 자기 관리 역량　　　■ 지식정보처리 역량　　　■ 창의적 사고 역량 ■ 협력적 소통 역량　　　☐ 생명 존중 의식 역량　　　☐ 공동체 역량	
탐구질문	아동의 기본 생활 습관을 형성하는 효과적인 지도 방법은 무엇인가?	

수업의 흐름

차시	주제	내용
1차시	수업 안내	• 기본 생활 습관 지도 계획서 작성 안내(수행평가 1) • 기본 생활 습관 지도 모의 수업 영상 제작 안내(수행평가 2)
2차시	기본 생활 습관 지도 내용 파악하기	• 기본 생활 습관 지도 내용 파악하기 • 기본 생활 습관 지도 사례 탐색하기
3차시	'기본 생활 습관 지도' 계획서 구상하기	• '기본 생활 습관 지도' 계획서 채점기준표 확인하기 • '기본 생활 습관 지도' 계획서 구상하기
4~6차시	'기본 생활 습관 지도' 계획서 작성하기	• '기본 생활 습관 지도' 계획서 작성하기(패들렛) • 피드백 & 개선하기(동료/교사)
7차시	'모의 수업' 안내	• '모의 수업' 사례 동영상 시청하기 • '모의 수업' 채점기준표 확인하기
8차시	'모의 수업' 동영상 제작 구상하기	• '모의 수업' 흐름 구상하기 • '모의 수업' 동영상 구상 발표하기 및 피드백하기
9차시	'모의 수업' 안내 표지 제작	• '모의 수업' 안내 표지 제작하기(미리캔버스/캔바) • '모의 수업' 안내 표지 공유하기(패들렛)
10~12차시	'모의 수업' 동영상 분석	• 모의 수업 영상 최종 결과물 공유하기(구글 드라이브) • 모의 수업 동영상 분석 및 평가하기(구글 설문지)
13차시	성찰하기	• 학습 활동에 대한 자기 성찰 작성하기(패들렛)

주요 결과물	• 개인 결과물: 기본 생활 습관 지도 계획서, 기본 생활 지도 모의 수업 동영상

채점기준표 1: 기본 생활 습관 지도 계획서

평가 요소		배점	채점 기준
계획서 작성	① 활동명이 제시되었는가? ② 활동 대상이 제시되었는가? ③ 활동 목표가 제시되었는가? ④ 활동 자료가 제시되었는가? ⑤ 활동 방법이 제시되었는가? ⑥ 주의 사항 또는 확장 활동이 제시되었는가?	100	제시한 평가 요소를 모두 만족한 경우
		90	제시한 평가 요소 중 5가지를 만족한 경우
		80	제시한 평가 요소 중 4가지를 만족한 경우
		70	제시한 평가 요소 중 3가지를 만족한 경우
		60	제시한 평가 요소 중 2가지를 만족한 경우
		50	제시한 평가 요소 중 1가지를 만족한 경우
		40	평가에 참여하였으나 평가 요소를 만족하지 못한 경우

채점기준표 2: 기본 생활 습관 지도 모의 수업

평가 요소	배점		채점 기준
수업과 아동 발달 수준의 적합성	30	30	아동의 발달 단계와 개별 차이를 고려하여 다양하고 흥미로운 학습 활동을 제공하고, 학습 과정을 지속적으로 점검하며 피드백을 제공하여 학습 효과를 높임
		20	대체로 아동의 발달 단계에 맞는 수업을 진행하였으나, 일부 부분에서 아동의 개별 차이를 충분히 고려하지 못함
		10	아동의 발달 수준을 고려하지 않고 성인 중심적인 수업을 진행하여 아동의 흥미와 참여를 유발하지 못함
교재·교구 활용	20	20	계획서에 제시된 모든 교재·교구를 활용함
		15	계획서에 제시된 교재·교구 중 일부 활용함
		10	계획서에 제시된 교재·교구를 활용하지 않음
아동과의 상호 작용	30	30	아동과 지속적이고 활발한 상호작용을 통해 아동들이 자발적으로 수업에 참여하며 교사와 자연스럽게 소통함
		20	아동들과 적절한 상호작용을 유지하지만, 상호작용의 빈도나 깊이가 다소 부족하여 아동들의 참여가 활발하지 않음
		10	아동과의 상호작용이 소극적이며, 아동들이 수업에 적극적으로 참여하지 못하고 교사와의 상호작용이 제한적으로 이루어짐
형성 평가의 적합성	20	20	형성평가가 학습 목표를 정확히 반영하고, 평가 방법이 아동의 발달 수준을 고려함
		15	형성평가가 학습 목표와 일치하나, 평가 방법이 아동의 발달 수준을 일부 고려하지 못함
		10	형성 평가가 학습 목표와 일치하지 않거나, 아동의 발달 수준을 고려하지 않음

세부 능력 및 특기사항

'식사 예절 지키기'를 주제로 한 모의 수업에서 아동의 발달 수준을 깊이 있게 이해하고 이를 수업에 효과적으로 반영함. 수업은 아동의 인지적, 사회적 발달 단계에 적합한 내용으로 구성되어 있으며, 아동이 흥미를 느낄 수 있는 다양한 활동을 통해 학습 목표를 자연스럽게 달성할 수 있도록 설계된 수업이 매우 우수함. 특히, 아동들이 친근하게 접근할 수 있도록 음식 및 식사 도구를 직접 제작하고 활용하는 등 적극성과 참신한 아이디어가 매우 돋보임. 아동들이 능동적으로 참여할 수 있도록 유도하는 상호작용 능력이 뛰어나며, 아동의 반응에 맞춘 즉각적인 피드백을 제공하여 식사 예절에 대한 깊이 있는 이해를 도움. 학습 목표 달성 여부를 확인하기 위해 스티커 붙이기, 손등에 도장찍기, OX 게임 등의 형성 평가를 적절하게 시행하고, 평가 결과에 따라 수업의 내용과 방법을 개선하려는 노력이 돋보임. 아동 생활 지도의 기본 원리와 지도 방법을 잘 이해하고, 이를 실제 수업에 적용하는 능력이 매우 탁월함.

수업에 들어가며

13차시로 구성된 '아동의 생활 습관 형성을 위한 모의 수업'은 수행평가 중심으로 운영되었다. 수업은 학생들이 이론을 바탕으로 실제 아동의 성장을 위한 맞춤형 생활 습관 지도 계획을 직접 설계하고 모의 수업을 진행하는 과정을 통해 미래 교사로서의 역량을 키울 기회를 가질 수 있도록 운영하였다. 학생들은 계획서 작성 및 모의 수업 진행에 많은 시간과 노력을 쏟았지만, 이를 통해 얻는 성취감과 전문성 향상에 만족감을 얻었다.

1차시 수업의 첫 단계, 수업 안내

'아동의 생활 습관 형성을 위한 모의 수업'은 Ⅰ, Ⅱ 단원에서 학습한 내용을 바탕으로 진행된다. 해당 단원들에서는 아동 생활 지도의 개념과 중요성, 아동의 행동에 영향을 끼치는 다양한 요인을 이해하고, 영유아의 발달에 적합한 생활 지도의 기초 지식을 학습하였다. Ⅲ단원의 성취기준은 "[아생03-02] 아동기는 기본 생활 습관이 형성되는 중요한 시기임을 인식하고 생활 습관 지도의 내용과 올바른 지도 방법을 모색할 수 있다."이다. 성취기준에 따라 바람직한 아동 생활 지도의 원리와 지도 방법을 익힌 후, '기본 생활 습관 지도 모의 수업'으로 구상하였다. 격

주 1회 3차시, 온라인 실시간 비대면 쌍방향 수업으로 이루어지는 특성상 사전에 충분한 안내가 필수적이다. 안내 자료는 온라인 수업 도구 패들렛에 탑재하여 지속적으로 학생들에게 안내하였다.

모의 수업은 기본 생활 습관 지도 계획서를 바탕으로 이루어지고 동영상으로 제작됨을 안내하였다. 계획서 양식은 구글 문서로 작성하였으며, 모의 수업 영상은 자신이 평소 잘 사용하고 있는 디지털 도구, 예를 들면 스마트폰 카메라나 노트북 등의 하드웨어와 미리캔버스(https://www.miricanvas.com), 캔바(https://www.canva.com) 등의 온라인 도구를 활용할 수 있도록 하였다. 기본 생활 습관 지도 계획서와 모의 수업은 수행평가로 제시하여 각각 만점의 30%와 40%가 반영된다고 안내하였으며, 보육교사로서의 자질을 갖추기 위해 실무 능력을 키울 수 있는 실습 경험을 강조한 후 개별 과제로 주어질 것임을 안내하였다.

2차시 기본 생활 습관 지도의 내용 파악하기, 사례 탐색하기

기본 생활 습관은 영·유아가 일생을 살아가는 데 필요한 가장 기본이 되는 지식, 기술, 태도 등의 생활 전반의 양식을 익히고 습관화하는 것이다. 올바른 기본 생활 습관의 형성은 영·유아가 일생을 살아가는 데 타인과의 관계 형성 및 사회화 과정에서 매우 중요한 역할을 한다. 기본 생활 습관 지도 내용은 교재로 사용한 서울시교육청 인정도서 '고등학교 아동 생활 지도(서울특별시교육청, 2018)'를 기준으로 안내하였다.

기본 생활 습관 지도 내용

기본 생활 습관 지도	중점 지도	세부 내용(예시)
식사 습관 지도	규칙적인 식사 습관 형성, 편식 개선, 바른 식습관 함양	식사 시간 지키기, 다양한 음식 맛보기, 식사 예절 배우기, 식사 중 TV 시청 금지, 과자 간식 줄이기
배변 습관 지도	배변 훈련, 배변 습관 형성, 배변에 대한 긍정적인 태도 형성	화장실 이용 교육, 휴지 아껴 쓰기, 용변 후 손 씻기
수면 습관 지도	규칙적인 수면 시간 유지, 편안한 수면 환경 조성, 충분한 수면 확보	정해진 시간에 잠들기, 잠자리에 들기 전 규칙적인 행동 하기, 벗은 옷과 침구 등은 스스로 정리하는 습관
청결 습관 지도	손 씻기, 양치질, 샤워, 옷 갈아입기 등 개인위생 관리, 주변 환경 정리 정돈	손 씻기, 매일 양치질, 규칙적인 샤워, 장난감 정리, 옷 정리, 공공 시설물 깨끗이 사용하기
예절 지도	인사, 감사, 존댓말 사용, 공동체 생활 규칙 준수	어른께 높임말과 고운 말 바르게 사용하기 및 인사하기, 다른 사람에게 도움을 받거나 잘못했을 때 감사나 미안함 표현, 자기 물건이 아닌 물건 사용 시 허락받고 사용하기
안전 생활 지도	위험 상황 인지, 안전 수칙 준수, 응급 상황 대처 능력 기르기	불조심, 칼 사용 주의, 낯선 사람에게 함부로 따라가지 않기, 길 건널 때 손잡고 걷기, 위험한 물건 만지지 않기

충분하게 기본 생활 습관 지도 내용을 파악한 후, 구체적인 사례를 탐색하였다. 교재로 사용하고 있는 교과서에 수록된 사례, 인터넷을 통해 탐색한 자료 등을 정리할 수 있도록 하였다. 이를 통해 가장 자신에게 맞는 사례를 선택하여 이후 계획서 작성에 기초자료가 될 수 있도록 안내하였다.

3차시   기본 생활 습관 지도 계획서 구상하기

　기본 생활 습관 지도 실제 사례를 탐색 후, 자신이 지도하고 싶은 활동을 구상하는 시간을 가졌다. '기본 생활 습관 지도 계획서' 채점기준표를 제시하여 학생들이 무엇을 배우고 어떤 수준까지 도달해야 하는지를 명확히 알 수 있게 하였다. 이는 학습 목표를 스스로 설정하고 학습 계획을 세우는 데 도움이 되어 자기 주도적인 학습 태도를 길러줬다. 또한 평가 기준이 불분명하게 전달되어 발생할 수 있는 오해나 불만을 사전에 방지하고 수업 이외의 시간에 평가에 대한 질의응답으로 교사와 학생이 허비하는 시간을 단축하는 데 도움이 된다.

4~6차시   기본 생활 습관 지도 계획서 작성하기

　3차시에서 구상한 내용을 바탕으로, 학생들은 구글 문서 양식을 활용하여 계획서를 작성하였다. 실시간으로 진행되는 DM 상담과 구글 문서 댓글 기능을 통해 교사의 피드백을 받으며 중도에 포기하지 않고 계획서 작성에 몰입하도록 하였다.

기본 생활 습관 지도 계획서 예시

활동명	
활동명을 선정한 이유	
활동 목표	
활동 자료	
활동 방법	
확장 활동	
주의 사항	

계획서가 완성되면 20분 정도 동료 피드백 시간을 가졌다. 서로의 계획서에 대해 우수한 점, 보완점 등을 댓글로 주고받으며 미비점을 수정 보완함으로써 계획서의 완성도를 높였다.

기본 생활 습관 지도 계획서 동료 피드백 사례

기본생활 습관 지도 계획서 (내용: 청결 습관 지도) 대상: 유아 (만3세~6세)		소속	고등학교
		학번 이름	2613
		제출 일시	2024.05.28.(화요일)
활동명	뽀득뽀득 양치를 해요!		
주제 선정 이유	36개월 전후로 아이들은 호기심이 많아진다. 그중 자기 몸에 대한 호기심도 클 것이다. 4세 유아를 대상으로 구강 건강과 관련지어 양치의 중요성에 대해 어떻게 아이들에게 설명하고 가르칠까에 대해 고민하던 중, 양치를 하지 않았을 때 충치가 생기는 과정을 인형극으로 보여주어 양치를 해야하는 이유를 가르쳐야겠다는 생각을 했다. 또한 양치법에 관해 설명을 하고 칠판과 보드마카를 활용한 양치 교구를 통해 올바른 양치법을 실천할 수 있도록 가르칠 것이다. 이 활동을 통해 올바른 양치법에 대해 이야기 한 후, 아이들에게 올바른 양치의 중요성을 알리고자 한다.		
활동 목표	- 양치의 중요성에 대해 이야기 할 수 있다. - 올바른 양치법에 대해 알고 실천할 수 있다.		
활동 자료	인형극 배경, 인형, 양치 교구 - 직접 제작		
자료 참조	1. 교과서(p152) : 개인 생활 습관 지도의 내용 2. 참고영상 : 치카치카 내가 바로 이 닦기 대장! / 치카치카 조아		

	도입
	1. 양치를 하는 경험을 환기시키며 유아들이 집중할 수 있도록 한다.
	   - "우리 햇님반 친구들 항상 밥먹고 꼭 해야하는게 뭐가 있을까요?"
	   - "맞아요 바로 양치예요. 근데 양치는 밥먹고나서 말고도 또 언제할까요?"
	   - "바로 자기 전이에요. 아침, 점심, 저녁 먹고 나서 자기 전에도 양치를 하고 자야해요."		

2024. 5. 28.

우수한 점: 인형극을 통해 수업을 진행하는 방식이 독특하다고 느꼈다. 교구를 직접 제작하는 부분도 우수하다.
보완점: 마무리 퀴즈를 넣으면 좋을 것 같다.
궁금한 점: 올바른 양치법을 알려줄 때 말로만 하는건지 활동지나 교구, 영상자료 등을 참고해서 수업하는 건지 궁금하다.

2024. 5. 28.

인형극을 활용한 수업으로 아이들의 흥미를 유발할 수 있다고 생각함. 양치 교구를 직접 만들고 이를 활용하여 수업을 진행하는 수업 과정에서 수업에 대한 철저한 준비성과 계획성이 돋보임

2024. 5. 28.

양치법을 알려줄 때 구강 모형을 이용하여 직접 시연할 겁니다.

익명
2024. 5. 28.

우수- 인형극을 활용해 아이들에게 흥미와 재미를 얻을수 있다고 느꼈다

7차시　기본 생활 습관 지도 모의 수업 안내

　모의 수업은 계획서를 바탕으로 이루어지므로 계획서는 모의 수업이 완성될 때까지 수정·보완이 지속되도록 하였다. 모의 수업은 동영상으로 제작하여 공유된 구글 드라이브에 탑재하도록 하였다. 촬영 도구는 기본적으로 스마트폰 카메라를 활용하도록 하였으며, 간단한 동영상 편집 앱을 소개하였다. 이외에 영상 길이, 제출 기한, 기타 유의 사항을 안내하고 음악이나 이미지 사용 시 저작권을 확인하도록 했다. 또한 개인 정보 보호 등을 안내하였다.

　모의 수업 동영상에 대한 채점기준표를 제시하고 질의응답을 통해 충분하게 숙지하도록 한 후 실제 모의수업을 잘 준비하도록 격려하였다. 이전 수강 학생들의 과제물 영상을 사례로 제시하여 우수한 점, 보완점 등을 함께 찾아보게 했고 이를 통해 동영상 제작에 도움을 얻을 수 있도록 하였다.

8차시　모의 수업 동영상 제작 구상하기

　'기본 생활 습관 지도 계획서'를 바탕으로 모의 수업 동영상 제작을 위한 구체적인 계획을 수립했다. 15분으로 주어진 시간에 맞춘 수업 전개, 촬영 일자, 촬영 장소, 촬영 장비, 등장인물 섭외, 교재 및 교구 준비, 영상 편집 도구, 교사의 복장 등을 고려하여 실제 수업과 같은 동일한 효과를 낼 수 있도록 모의 수업을 구상한 후 발표하도록 하였다. 동료들의 발표를 통해 다양한 시각과 정보를 공유하며 모의 수업에 대한 자신감 향상에 도움이 되었다.

9차시 모의 수업 안내 표지 제작하기

제작할 모의 수업을 안내하는 표지를 디자인하는 활동을 진행하였다. 가장 많이 사용하는 대표적인 디자인 프로그램으로 미리캔버스, 캔바 등을 소개하고 간단한 사용법을 설명하였다. 각 프로그램의 장단점을 비교한 후 자신에게 맞는 도구를 선택하도록 하였다. 이 활동을 통해 학생들은 자신이 제작할 모의 수업의 내용과 특징을 잘 나타낼 수 있도록 표지를 직접 디자인함으로써, 모의 수업을 구체화하고, 모의 수업 영상 제작에 대한 흥미를 더욱 높일 수 있었다. 완성된 표지는 패들렛에 탑재하여 공유하여 동료들이 감상할 수 있도록 하였다. 동료들은 댓글 달기 활동을 통해 작품의 독창적인 아이디어를 칭찬하고 건설적인 피드백을 제공하였다.

기본 생활 습관 지도 모의 수업 안내 표지 산출물

10~12차시 '기본 생활 습관 지도 모의 수업' 동료 평가

'기본 생활 습관 지도 모의 수업' 동료평가를 위해 사전 공지하고 완성된 모의 수업 동영상을 구글드라이브에 탑재하도록 하였다. 평가 내용은 "아동의 발달 단계와 개별 차이를 고려하여 수업과 활동이 적절히 이루어졌는가?", "교재와 교구가 계획서에 제시된 대로 활용되었는가?", "아동과의 상호작용이 원활하게 이루어졌는가?", "학습목표 평가를 시행하였는가?" 등으로 이루어졌으며 평가 항목은 구체적인 채점기준표를 기준으로 제시하였다.

학생들은 주어진 시간 내에 평가 내용을 구글 설문지를 통해 제출하였으며, 동료평가를 통해 자신의 모의 수업을 성찰할 수 있었다. 이후, 미비한 부분을 보완하여 모의 수업 동영상을 제출할 기회를 제공하였다. 동료평가 활동은 수업의 개선과 발전을 위한 피드백으로 활용되었으며, 이를 통해 동료 간의 상호학습과 성장의 기회가 되었다.

기본 생활 습관 지도
모의 수업 동영상 산출물

모의 수업 동료 평가 온라인 설문 내용

1. 이름 및 진로 희망
   · 예시: ○○고1_홍길동(유치원 교사)

2. 채점 기준표 및 동료의 모의 수업 동영상을 참고하였나요?
   · 예 / 아니오

3. ○○○ 모의 수업 동영상에 대한 채점 요소별 점수를 부여해 주세요.

   · 수업과 아동 발달 수준의 적합성
   30점 / 20점 / 10점

   · 교재·교구 활용 정도
   20점 / 15점 / 10점

   · 아동과의 상호 작용
   30점 / 20점 / 10점

   · 형성 평가의 적합성
   20점 / 15점 / 10점

4. ○○○ 모의 수업에 대한 피드백을 해주세요.
   · 우수한 점:
   · 보완할 점:

5. 동료 모의 수업에 대한 평가와 피드백을 통해 얻게 된 점이 있다면 무엇인가요?
   (자유롭게 서술해 주세요)

* 유의 사항: 3, 4번은 수강생 인원수에 맞게 제시함.

13차시 　수업 소감 및 성찰하기

기본 생활 습관 지도 모의 수업 활동에 대한 자기 성찰은 구글 설문지를 통해서 이루어졌다.

수업 소감 및 성찰 학생 사례

※ **학생 1**_논산 지역, 고2, 여, 장래 희망: 보육교사

　처음 모의 수업을 준비하면서 계획서부터 시연까지 모든 과정이 막막하게 느껴졌다. 특히 유아들의 눈높이에 맞춰 재미있고 교육적인 수업을 설계하는 것이 가장 어려웠다. 하지만 선생님과 동료들의 피드백을 통해 계획서를 수정하고 연습하면서 점차 자신감을 얻을 수 있었다. 유아들의 발달 단계에 맞는 놀이 활동, 안전에 대한 고려 등 사소한 부분까지 신경 써야 한다는 것을 깨달았고, 이런 경험이 앞으로 보육 교사로서의 역량을 키우는 데 큰 도움이 될 것 같다.

　내가 진행 한 모의 수업은 바른 양치법과 양치의 중요성을 내용으로 '뽀득뽀득 양치해요!'라는 주제로 청결 습관 지도를 진행하였다. 모의 수업을 위해 다양한 교구를 직접 제작하며 아이들의 흥미를 유발하고자 노력했다. 특히, 손 인형을 활용하여 이야기를 만들고, 악어 이빨 모형을 통해 양치하는 방법을 가르치는 활동을 기획했는데요. 처음에는 아이디어가 떠 오르지 않아 인터넷을 참고했지만, 문방구에서 교구 재료를 구매하다가 우연히 악어 이빨 모형을 만들 생각을 떠올렸다. 내가 만든 교구를 통해 아이들이 즐거워하며 학습 목표를 달성하는 모습을 상상하니 즐겁기만 하다.

　이번 모의 수업을 통해 유아교육의 중요성을 다시 한번 느꼈고, 아이들과의 상호작용에 대한 중요성을 깨달았다. 아이들이 건강하게 성장할 수 있도록 돕는 보육 교사가 되고 싶다는 꿈을 더욱 확고히 하게 되었다.

* **학생 2** _서산 지역, 고3, 여, 진로 희망: 유치원 교사

처음 모의수업을 영상으로 촬영한다는 사실에 긴장감이 가득했다. 특히 부모님을 유치원생으로 모시고 수업을 진행하려니 더욱 떨렸다. 하지만 몇 번의 촬영을 거치면서 부모님을 진짜 유치원생 친구들처럼 생각하게 되니 수업에 몰입할 수 있었다. 부모님께서도 유치원생 역할을 열심히 해주신 덕분에 더욱 실감 나는 수업을 만들 수 있었다. 계획서대로 모든 것을 완벽하게 해내지는 못했지만, 여러 번 촬영하고 수정한 끝에 만족스러운 모의 수업 영상을 완성하게 되었다.

이번 수업의 주제는 '아파하는 지구를 위해, 우리가 실천해요!'였다. 환경보호의 중요성을 알리고 실천 의지를 키우기 위해서는 재미있는 활동이 필요하다고 생각했다. 그래서 아이들이 직접 실생활에서 실천할 방법을 그림으로 그려 보고 친구들 앞에서 발표하는 시간으로 수업을 진행하였다. 하지만 아쉬운 점도 있었다. 유치원생들의 눈높이에 맞춰 더 다양하고 재미있는 활동 자료를 활용했더라면 더욱 즐거운 수업이 되었을 것 같다. 다음 기회가 온다면 아이들이 더욱 적극적으로 참여할 수 있도록 다양한 활동을 준비할 것이다. 이번 모의 수업을 통해 미래의 유치원 교사로서 교사의 역할에 대해 더욱 깊이 생각해 볼 수 있었다.

수업을 나오며

교육의 미래, 티칭이 아니고 코칭

수업 후, "모의 수업을 통해 예비 교사로서의 역량을 한층 성장시키는 기회였다. 아동의 발달 단계에 맞춰 학습 내용과 방법을 조절하고, 학생들의 다양한 흥미와 관심을 반영한 수업을 설계하면서, 단순히 이론을 암기하는 것을 넘어 실제 교육 현장에서 교사로서 어떤 역할을 수행해야 하는지 깊이 있게 고민할 수 있는 시간이었다." 등 긍정적인 수업 소감을 확인할 수 있었다.

2022 개정 교육과정에서 강조하는 자기 주도적 학습 능력 함양을 위해 학생들이 스스로 문제를 해결하고 탐구할 수 있는 수업 설계가 중요하다. 13차시 '기본 생활 지도 모의 수업 과정'에서 학생들은 스스로 활동 주제를 선정하고 탐구하며 결과물을 만들어 내는 경험을 했다. 이 과정에서 창의적인 아이디어를 구체화하고, 협력하여 문제를 해결하는 능력을 조금이나마 키울 수 있었을 것이다. 또한 학생들이 주어진 과제를 수행하는 과정에서 어려움을 겪을 때, 단순히 정답을 알려주기보다는 스스로 해결책을 찾을 수 있도록 동료와 교사의 피드백 주고받기 활동을 의미 있게 가졌다. 학생들은 문제해결 능력뿐만 아니라 자신감마저 향상할 수 있었다. 나는 앞으로도 수업에서 학생들이 스스로 탐구하고 성장할 수 있도록 돕는 코치로서의 역할을 수행하고자 한다.

- 4부 -

미래를 준비하는
슬기로운 교실

- 미래사회 대비를 위한 역량 함양 -

지능정보기술을 활용한 물리학 실험
p.293

다 있는 수학 내용에 에듀테크 잘 뿌리기
p.313

지속가능성과 생태 감수성을 배우는 친환경 농업 프로젝트
p.331

생태 감수성을 지닌 세계시민으로 성장하는 지속가능한 발전 수업
p.353

지능정보기술을 활용한
물리학 실험

강장현 * 천안쌍용고등학교

고등학생일 때 처음으로 가졌던 꿈인 교사가 되고자 사범대로 진학했습니다. 힘든 시기도 있었지만 물리학에 대한 순수한 열정과 관심으로 깊게 공부하며 행복한 시간을 보냈습니다. 이후 여러 번의 도전 끝에 2016년에 임용 시험에 합격하였고 그토록 바라던 물리 교사가 되었습니다. 첫 발령을 받은 중학교에서 강의식 수업을 진행하면서 스스로 새로운 도전과 변화가 필요함을 느꼈고 고등학교로 근무지를 옮기며 다양한 물리학 실험 수업을 실천해 볼 수 있었습니다. 늘 지금처럼 초심을 잃지 않고 즐거운 과학 수업을 통해 한 단계씩 성장해 나가는 교사가 되고 싶습니다.

개정 교육과정 키워드에 대한 나의 수업 고민

지능정보기술을 활용한 디지털 소양 함양

이번 2022 개정 교육과정 중 과학 교과에서 새롭게 강조하는 점은 지능형 과학실 환경을 활용하여 탐구수업의 다양화 및 활성화를 통해 디지털 소양 또는 역량 함양을 추구한다는 점이다. 특히 과학실 온라인 플랫폼인 '지능형 과학실 ON'을 연계한 수업이나 지능정보기술을 활용한 과학 탐구 프로그램을 구성하도록 권장하고 있다. 이는 전통적인 과학실험을 통한 창의적 탐구활동이 가능한 창의융합형 과학실에서 첨단 과학기술을 활용하여 창의융합형 탐구활동이 활발히 이루어지는 지능형 과학실로 변화되고 있음을 의미한다.

이런 움직임에 따라 과학중점학교인 우리 학교는 2022년 말에 지능형 과학실을 구축하였고 모둠별로 제공할 수 있는 다양한 컴퓨터 기반 과학실험 Microcomputer Based Laboratory(이하 MBL) 장치들과 개인별로 제공할 수 있는 태블릿과 노트북을 확보하였다. 또한 전자칠판과 스마트 TV를 과학실에 모두 배치하였으며 다양한 최신 첨단기기들을 활용한 다양한 탐구활동이 교과 수업, 동아리, 과제연구 Research and Education, R&E 등에서 폭넓게 활용되고 있다. 이처럼 우리 학생들의 과학적 소양과 디지털 소양을 함양할 수 있는 유익한 환경을 제공할 수 있어 요즘 과학

교사로서 큰 설렘과 보람을 느끼고 있다.

다만 첨단과학기술을 활용한 과학 실험 활동이 강조됨에 따라 오히려 전통적인 과학 실험 활동이 자칫 소외될 수 있다는 우려스러운 생각이 든다. 예를 들면 뉴턴의 운동 법칙을 탐구하기 위해 MBL 센서를 활용한 가속도 측정 실험을 수행할 때 센서 사용법과 활용법을 배우고 적용하느라 정작 측정 과정에서의 기본적 탐구 과정을 놓칠 수 있어, 긍정적인 부분만 있는 것은 아니다. 그래서 직접 실험 과정을 설계해보고 다양한 도구를 활용하여 실험할 수 있는 전통적인 과학적 탐구 역량도 매우 중요하다. 이를 기초로 지능정보기술 활용을 통한 과학실험이 원활히 잘 이뤄질 것이고 더 나아가 올바른 디지털 소양을 함양할 수 있을 것이다.

수업 구상 배경과 목적

지능정보기술을 활용한 물리학 실험과 디지털 소양 함양

'어떻게 하면 우리 학생들에게 물리학이란 과목을 조금 더 쉽게, 그리고 의미 있게 다가가게 할 수 있을까?'에 대해 고민이 생길 때가 많았는데, 가장 중요한 것은 '학생 주도의 실험'이라고 생각한다. 학생들이 직접 실험을 설계하고 탐구하는 과정에서 다양한 어려운 문제 상황에 직접 부딪혀 보고 해결 과정을 탐색하는 것이 반드시 필요하다. 이런 과정을 통해 어려운 개념과 수식으로 구성된 물리학을 조금 더 수월하게 이해할 수 있고 다양한 문제 상황에 적용할 수 있는 역량이 향상될 수 있다. 더 나아가 도출된 결과를 이론과 연계하여 해석하는 과정을 통해 과학적 탐구력과 문제해결력이 크게 향상될 수 있다고 생각한다.

그래서 교사의 지원을 바탕으로 학생들이 능동적으로 실험을 수행할 수 있는 MBL과 가상 시뮬레이션 PhET^{Physics Education Technology}(이하 PhET)를 활용한 실험 방법 세 가지를 소개하고자 한다. PhET는 콜로라도 대학에서 개발한 무료 온라인 플랫폼으로, 과학과 수학 분야의 다양한 시뮬레이션을 제공한다(https://phet.colorado.edu/ko/). 이 플랫폼은 직관적이고 게임과 유사한 환경에서 학생들의 참여를 유도하며, 물리학, 화학, 생물학, 지구과학, 수학 등 다양한 STEM 분야를 다룬다. 학생들은 이를 통해 실제 현상을 탐구하며 중요한 과학 개념을 이해할 수 있어, 수업에 다양하게 활용할 수 있다.

소개할 세 가지 실험 방법은 다음과 같다:

- **1학년 통합과학**: MBL 센서를 이용한 전자기 유도 실험
- **2학년 물리학 I**: 무선 스마트 카트를 이용한 운동량 보존 실험
- **3학년 물리학 II**: PhET을 활용한 용수철 진자의 단진동 운동 실험

전통적인 실험 방법도 여전히 중요하지만, 지능정보기술을 활용한 물리학 실험은 실시간 데이터 수집과 정확한 결과 분석이 가능하다는 장점이 있다. 이러한 방법은 적은 오차로 더 정확한 실험 결과를 얻을

수 있어, 앞으로 더 많이 활용될 것으로 예상된다. 따라서 이 글에서는 이러한 첨단 기술을 활용한 실험 방법에 중점을 두고 소개하고자 한다.

수업 한눈에 보기

1. 통합과학 I

수업 개요

MBL을 활용한 전자기 유도 실험		
과목 통합과학 I	학년 고등학교 1학년	기간 4차시

핵심 아이디어	• 에너지는 여러 형태로 존재하면서 끊임없이 형태를 전환하는데, 이를 활용하여 전기 에너지를 얻을 수 있으며, 에너지의 지속가능하고 효율적인 활용이 중요하다.
성취기준	[10통과2-02-05] 발전기에서 운동 에너지가 전기 에너지로 전환되는 과정을 이해하고, 열원으로서 화석 연료, 핵에너지를 이용하는 발전소가 인간 생활에 미치는 영향을 조사·발표할 수 있다.
핵심역량	☐ 자기관리 역량 ■ 지식정보처리 역량 ■ 창의적사고 역량 ☐ 심미적 감성 역량 ■ 협력적 소통 역량 ■ 공동체 역량
탐구질문	1. 전자기 유도의 개념과 원리를 탐구하기 위한 전통적인 실험법과 MBL을 활용한 실험법의 공통점과 차이점은 무엇일까? 2. 발전기에서 일어나는 에너지 전환 과정을 설명하고 이를 일상생활에 활용한 분야에 무엇이 있을까?

수업의 흐름

1차시	전자기 유도의 과학적 원리 및 사례 학습하기	• 자기장의 세기가 변할 때 전류가 유도되는 현상을 담은 학습 동영상을 시청하고 전자기 유도의 과학적 원리를 학습하기 • 발전기에서 운동 에너지가 전기 에너지로 전환되는 과정과 전자기 유도와 관련된 일상생활 속 다양한 사례 탐구하기
2~3 차시	전자기 유도 실험 수행 및 분석하기	• MBL 실험 장치(무선 전압 센서, 코일, 노트북, Sparkvue 소프트웨어 등)의 사용 방법 학습하기 • <실험1> 코일, 자석, 검류계 등을 이용하여 전자기 유도 실험을 수행하고 전자기 유도 현상을 관찰하여 분석하기 • <실험2> MBL 실험 장치를 이용하여 전자기 유도 실험을 수행하고 전자기 유도 현상을 관찰하여 분석하기
4차시	탐구 결과 공유 및 전기 에너지 생산 과정 탐구하기	• 지능형 과학실 ON을 이용하여 모둠별 실험 결과를 함께 공유하고 발표하기 • 화력 발전소, 원자력 발전소에서 전기 에너지를 만드는 과정 탐구하기

주요 결과물	• 모둠 결과물: 지능형 과학실 ON에 전자기 유도의 과학적 원리를 작성하고 공유하기 • 개인 결과물: 다양한 발전기에서 전기 에너지를 만드는 과정을 설명하기

채점기준표

평가 요소 (채점 요소)	채점 기준(점수)	배점
실험 설계 및 수행 (30점)	전자기 유도를 탐구하기 위한 실험 설계 과정, 측정 기구를 이용한 측정 과정 모두를 올바르게 측정함.	30
	전자기 유도를 탐구하기 위한 실험 설계 과정, 측정 기구를 이용한 측정 과정 중 1가지만 올바르게 측정함.	20
	전자기 유도를 탐구하기 위한 실험 설계 과정, 측정 기구를 이용한 측정 과정 모두를 올바르게 수행하지 못함.	10
자료 분석 및 해석 (40점)	자료 분석 및 해석에 관한 4개의 탐구 활동 모두를 올바르게 수행함.	40
	자료 분석 및 해석에 관한 4개의 탐구 활동 중 3개를 올바르게 수행함.	35
	자료 분석 및 해석에 관한 4개의 탐구 활동 중 2개를 올바르게 수행함.	30
	자료 분석 및 해석에 관한 4개의 탐구 활동 중 1개를 올바르게 수행함.	25
	자료 분석 및 해석에 관한 4개의 탐구 활동 모두를 올바르게 수행하지 못함.	20
결론 도출 및 평가 (30점)	결론 도출 및 평가에 대한 4개의 질문에 대해 3개 이상 올바르게 해석함.	30
	결론 도출 및 평가에 대한 4개의 질문에 대해 2개 이상 올바르게 해석함.	20
	결론 도출 및 평가에 대한 4개의 질문에 대해 1개 이하로 올바르게 해석함.	10

2. 물리학 I

수업 개요

무선 스마트 카트를 이용한 운동량 보존 실험		
과목 물리학 I	학년 고등학교 2학년	기간 6차시

핵심 아이디어	• 물체에 알짜힘이 작용하면 속도 변화가 일어나며, 이러한 관계는 일상생활에서 안전하고 편리한 삶에 적용된다.
성취기준	[12물리01-02] 뉴턴 운동 법칙으로 등가속도 운동을 설명하고, 교통안전 사고 예방에 적용할 수 있다. [12물리01-03] 작용과 반작용 관계와 운동량 보존 법칙을 알고, 스포츠, 교통수단, 발사체 등에 적용할 수 있다.
핵심역량	☐ 자기관리 역량　■ 지식정보처리 역량　☐ 창의적사고 역량 ☐ 심미적 감성 역량　■ 협력적 소통 역량　■ 공동체 역량
탐구질문	1. 공기 저항과 마찰이 없다고 가정할 때 두 물체의 1차원 충돌을 충격량과 운동량의 관계로 설명할 수 있을까? 2. MBL 실험 장치로 측정한 충격량 및 운동량 변화량 실험값이 이론값과 어떤 오차로 인해 차이점이 발생할까?

수업의 흐름

차시	주제	내용
1~2차시	작용 반작용 법칙과 운동량 보존 법칙 학습하기	• 뉴턴의 운동 제3법칙(작용 반작용 법칙)과 운동량 보존 법칙 학습하기 • 두 물체의 1차원 충돌에서 작용 반작용 법칙, 운동량 보존, 충격량과 운동량의 관계를 적용하여 탐구하기
3차시	충돌 종류 및 MBL 실험 장치 탐구하기	• 충돌의 3가지 종류와 일상생활 속 구체적 사례 탐색하기 • 탄성충돌 실험장치를 이용하여 탄성 충돌 현상 관찰하기 • MBL 실험 장치(무선 스마트 카트, 레일, 노트북, Sparkvue 소프트웨어) 사용법 및 실험 과정 안내하기
4~5차시	다양한 충돌 실험 수행 및 탐구하기	• 모둠별로 탄성 충돌, 비탄성 충돌, 완전 비탄성 충돌 실험을 수행하고 측정값 기록하기 • 1차원 충돌 과정에서 충격량과 운동량의 관계 확인하기

6차시	실험값 및 오차 원인 분석하기	• 이론값과 실험값을 비교하고 오차의 원인을 분석하기 • 지능형 과학실 ON을 이용하여 모둠별 실험 결과를 함께 공유하고 발표하기

주요 결과물	• 모둠 결과물: 3가지 충돌의 특징 분석 및 일상생활 속 다양한 충돌 사례 공유하기 • 개인 결과물: 두 물체의 1차원 충돌 과정의 다양한 물리량 변화 탐구하기

채점기준표

평가 요소 (채점 요소)	채점 기준(점수)	배점
이론적 배경 (10점)	실험에 대한 이론적 배경과 실험 내용을 올바르게 이해하여 작성한다.	10
	실험에 대한 이론적 배경과 실험 내용 중 1가지만 이해하여 작성한다.	5
	실험에 대한 이론적 배경과 실험 내용을 모두 올바르게 이해하지 못하여 작성하지 못한다.	0
성실성 (30점)	모둠 내 역할을 정확하게 인지하여 수행하고 3가지 충돌 실험 과정에서 주도적으로 이끌고 성실하게 참여한다.	30
	모둠 내 역할을 인지하여 수행하고 3가지 충돌 실험 과정에 성실하게 참여한다.	25
	모둠 내 역할을 인지하여 3가지 충돌 실험 과정에 소극적으로 참여한다.	20
	모둠 내 역할을 인지하지 못하고 3가지 충돌 실험 과정에 불성실하게 참여한다.	15
정확성 (30점)	3가지 충돌 실험 과정 모두 정확하게 수행하고 올바른 실험 결과를 도출 및 분석한다.	30
	3가지 충돌 실험 과정 중 2가지를 정확하게 수행하고 올바른 실험 결과를 도출 및 분석한다.	20
	3가지 충돌 실험 과정 중 1가지 이하만을 정확하게 수행하고 올바른 실험 결과를 도출 및 분석한다.	10
협동성 (30점)	3가지 충돌 실험 과정에서 모둠원들과 함께 충돌 실험을 수행하고 적극적으로 협력하여 수행한다.	30
	3가지 충돌 실험 과정에서 모둠원들과 함께 충돌 실험을 수행하고 대체적으로 협력하여 수행한다.	25
	3가지 충돌 실험 과정에서 모둠원들과 함께 충돌 실험을 수행하지만 소극적으로 협력하여 수행한다.	20
	3가지 충돌 실험 과정에서 모둠원들과 함께 충돌 실험을 수행하지 않고 개인별로 수행한다.	15

3. 물리학 II

수업 개요

가상 시뮬레이션(PhET)을 활용한 용수철 진자의 단진동 실험		
과목 물리학 II	학년 고등학교 3학년	기간 4차시

핵심 아이디어	• 탄성파가 매질을 통해 진행·투과·반사하는 성질과 간섭 현상은 소음 제어 기술에 중요하게 이용된다.
성취기준	[12역학03-01] 용수철 진자를 통해 단진동을 이해하고, 가속도와 변위 사이의 관계를 설명할 수 있다.
핵심역량	☐ 자기관리 역량　■ 지식정보처리 역량　☐ 창의적사고 역량 ☐ 심미적 감성 역량　■ 협력적 소통 역량　■ 공동체 역량
탐구질문	1. 용수철 진자의 단진동 운동에서 변위와 가속도는 어떤 관계가 성립하는가? 2. 공기저항이 있을 때 용수철 진자의 단진동 운동을 에너지 전환 과정이 어떻게 될까?

수업의 흐름

1차시	용수철 진자의 단진동 운동 학습하기	• 용수철 진자의 단진동 운동의 변위, 속도, 가속도 사이의 관계를 학습하기 • 공기저항과 마찰이 없을 때 단진동 운동의 에너지 전환 과정을 학습하기
2~3차시	가상 시뮬레이션을 활용한 단진동 실험 수행하기	• 가상 시뮬레이션(PhET)을 활용한 용수철 진자의 단진동 실험을 수행하고 과학적 원리 탐구하기 • <실험1> 용수철 진자의 단진동 주기에 미치는 요인 탐구하기 • <실험2> 용수철 진자의 단진동 과정에서 에너지 변화 탐구하기
4차시	단진동 주기 및 영향 요인 분석하기	• <실험1>을 통해 용수철 상수와 추의 질량이 용수철 진자의 단진동 주기에 미치는 영향 및 관계식 탐구하기 • 지능형 과학실 ON을 이용하여 모둠별 실험 결과를 함께 공유하고 발표하기

주요 결과물	• 모둠 결과물: 용수철 진자의 단진동 주기에 미치는 요인 분석 및 공유하기 • 개인 결과물: 용수철 진자의 단진동 운동의 관계식 및 에너지 변화 탐구하기

채점기준표

평가 요소 (채점 요소)	채점 기준(점수)	배점
실험 설계 및 수행 (30점)	용수철 진자의 단진자 운동을 탐구하기 위한 실험 설계 과정, 측정 기구를 이용한 측정 과정 2가지 모두를 올바르게 측정함.	30
	용수철 진자의 단진자 운동을 탐구하기 위한 실험 설계 과정, 측정 기구를 이용한 측정 과정 중 1가지만 올바르게 측정함.	20
	용수철 진자의 단진자 운동을 탐구하기 위한 실험 설계 과정, 측정 기구를 이용한 측정 과정 모두를 올바르게 수행하지 못함.	10
자료 분석 및 해석 (40점)	자료 분석 및 해석에 관한 4개의 탐구활동 모두를 올바르게 수행함.	40
	자료 분석 및 해석에 관한 4개의 탐구활동 중 3개를 올바르게 수행함.	35
	자료 분석 및 해석에 관한 4개의 탐구활동 중 2개를 올바르게 수행함.	30
	자료 분석 및 해석에 관한 4개의 탐구활동 중 1개를 올바르게 수행함.	25
	자료 분석 및 해석에 관한 4개의 탐구활동 모두를 올바르게 수행하지 못함.	20
결론 도출 및 평가 (30점)	결론 도출 및 평가에 대한 4개의 질문에 대해 3개 이상 올바르게 해석함.	30
	결론 도출 및 평가에 대한 4개의 질문에 대해 2개 이상 올바르게 해석함.	20
	결론 도출 및 평가에 대한 4개의 질문에 대해 1개 이하로 올바르게 해석함.	10

세부 능력 및 특기사항 예시 (MBL을 활용한 전자기 유도 실험)

컴퓨터 기반 과학실험을 활용한 전자기 유도 실험에서 무선 전압 센서를 활용하여 코일 속을 막대자석이 통과할 때 다양한 변화를 탐구함. 모둠 내 역할로 실험 수행을 담당하여 성실히 수행하는 모습이 관찰되며 실험 장치를 구성하고 실험을 진행하는 과정에서 적극적으로 의견을 제시함. 고정된 코일 속을 막대자석이 통과할 때 자기장 변화가 발생함을 관찰하고 시간에 따른 전압 변화 그래프를 정확하게 해석하는 등 뛰어난 디지털 소양 역량이 엿보임. 활동 결과를 다른 모둠과 실시간으로 공유하여 공통점 및 차이점을 비교하고 탐구 내용을 바탕으로 다양한 발전 방식에서 전기 에너지를 생산하는 원리를 탐구함.

수업에 들어가며

MBL을 활용한 전자기 유도 실험

실험 수업 전 MBL 실험 장비들을 모둠별로 미리 준비해두면 수업 중 실험 시간을 충분히 확보할 수 있고 지체되거나 혼란을 줄여줄 수 있어서 해두는 것을 추천한다.

1차시 수업에서 코일을 통과하는 자기장의 세기가 변할 때 전류가 유도되는 실험 영상을 안내하고 전자기 유도의 개념과 과학적 원리를 도입한다. 이때 자석이 코일을 통과할 때 자기장(자기 선속)의 변화로 인해 코일에 유도 전류가 흐르고 유도 기전력이 발생하는 과정을 정성적인 개념 도입을 통해 설명한다. 또한 코일의 감은 수나 자석의 세기, 자석의 속도와 관련된 패러데이 법칙과 같은 정량적인 부분은 2학년 물리학Ⅰ에서 배우지만 필요한 경우 함께 제시하여 개념 이해에 도움이 되도록 안내한다. 다음으로 발전기의 발전 방식을 담은 구조도를 함께 제시하여 운동 에너지가 전기 에너지로 전환되는 과정을 설명하고 전자기 유도와 관련된 일상생활 속 다양한 사례를 제시하고 설명한다. 이를 바탕으로 학생들이 스스로 전자기 유도의 원리를 적용한 다양한 사례를 탐색할 수 있도록 안내하고 모둠별로 발표 시간을 가져서 적용 사례를 공유하는 것이 좋다.

2~3차시 수업에서 무선 전압 센서, 코일, 노트북, 스파크뷰 SPARKvue

소프트웨어 등 MBL 실험 장치의 사용 방법 및 실험 유의점을 소개하고 모둠별로 전자기 유도 실험을 스스로 진행할 수 있도록 지도한다. 여기서 스파크뷰는 파스코^{PASCO}라는 과학 교육 장비 회사에서 제공하는 소프트웨어이다. 이 프로그램은 다양한 센서와 호환되어 실험 데이터를 쉽게 수집하고 그래프로 표현할 수 있게 해준다. 마치 디지털 실험 노트북과 같은 역할을 하여 학생들이 실험 결과를 더 쉽게 이해하고 분석할 수 있도록 돕는다. 이 과정에서 생소한 실험 장치 사용으로 인해 학생들이 어려움을 느낄 수 있어서 실험 도구부터 실험 과정까지 꼼꼼히 안내하는 것이 중요하며, 모둠별로 진행되는 실험 과정에서 지속적인 모니터링이 필요하다.

다음으로 전통적인 실험 방법인 <실험1> 코일, 자석, 검류계 등을 이용한 전자기 유도 실험, MBL을 활용한 실험 방법인 <실험2> MBL 실험 장치를 이용한 전자기 유도 실험 총 2가지를 모둠별로 진행한다. 이후 전자기 유도 실험 결과를 분석하여 <탐구질문>의 첫 번째 질문인 <실험1>과 <실험2>의 공통점과 차이점을 비교하도록 안내한다.

4차시 수업에서 '지능형 과학실 ON'에 모둠별로 전자기 유도 실험 결과를 작성하여 모둠별로 공유할 수 있도록 지도한다. 이때 모둠별로 1명씩 발표하여 공유하는 것도 좋고 지도 교사가 '지능형 과학실 ON'에 공유된 자료를 안내하는 것도 괜찮다. 이후 화석 연료의 화학 에너지를 전기 에너지로 전환하는 화력 발전소와 핵에너지를 전기 에너지로 전환하는 원자력 발전소를 탐구하고 그 외의 다양한 발전소에서 전기 에너지를 생산하는 과정을 조사하여 발표하는 활동을 수행한다.

무선 스마트 카트를 이용한 운동량 보존 실험

1~2차시 수업에서 뉴턴의 운동 제3법칙(작용 반작용 법칙)과 운동량 보존 법칙, 충격량과 운동량의 관계를 학습하여 실험에 적용되는 과학적 개념과 원리를 미리 탐구한다. 또한 두 물체의 1차원 충돌에서 작용 반작용 관계에 있는 두 힘의 크기와 방향을 비교하고 충격량과 운동량의 변화량이 같다는 결과를 수식으로 확인한다.

3차시 수업에서 충돌의 3가지 종류인 탄성 충돌, 비탄성 충돌, 완전 비탄성 충돌의 종류를 소개하고 일상생활 속 다양한 충돌 예시를 탐색할 수 있도록 안내한다. 이때 대부분의 충돌 예시는 비탄성 충돌이므로 탄성 충돌과 완전 비탄성 충돌 관련 예시는 지도 교사가 안내해 주는 것이 좋다. 이후 모둠별로 탄성 충돌 실험 장치를 이용하여 탄성 충돌 현상을 직접 관찰하고 위로 들어올린 진자의 수에 따라 충돌 후 튀어오른 진자의 수가 달라짐을 관찰하고 그 이유를 에너지 관점에서 해석할 수 있도록 안내한다. 그리고 모둠별로 준비된 무선 스마트 카트, 레일, 노트북, 스파크뷰 소프트웨어 등 MBL 실험 장치의 사용법과 실험 과정을 안내하고 실험 유의점을 소개한다.

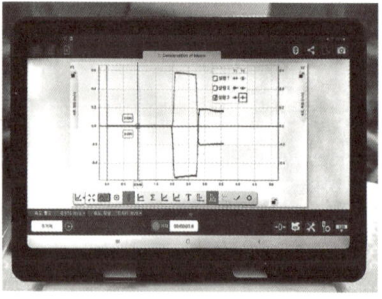

4~5차시 수업에서 모둠별로 탄성 충돌, 비탄성 충돌, 완전 비탄성 충돌 등 3가지 실험을 차례대로 수행하고 측정값을 기록하여 분석한다. 그리고 두 물체의 1차원 충돌 과정에서 MBL 센서를 통해 측정한 충돌 시간과 충격력을 이용하여 충격량을 계산하고 이를 운동량의 변화량과 일치하는지 탐구하도록 안내한다. 실험 과정에서 무선 스마트 카트와 레일과의 마찰이나 공기저항 등의 이유로 인해 정확하게 측정되지 않거나 오차가 큰 데이터가 도출될 수 있으므로 반복 실험과 평균값을 이용하여 오차를 줄이는 노력이 필요하다.

6차시 수업에서 모둠별로 측정한 실험값과 계산된 이론값을 비교하게 하여 오차를 분석하고 오차가 발생한 다양한 원인에 대해 탐색하는 활동을 할 수 있도록 안내한다. 그리고 여유가 된다면 일상생활 속 다양한 충돌 현상에서 운동량과 운동 에너지가 모두 보존되는 탄성 충돌, 운동량은 보존되지만 운동 에너지가 보존되지 않는 비탄성 충돌 및 완전 비탄성 충돌 등의 다양한 사례를 탐색할 수 있도록 지도한다. 활동 내용과 결과를 바탕으로 모둠별로 '지능형 과학실 ON'에 실험 결과를 작성하여 공유할 수 있도록 안내하고 우수한 결과 사례를 소개하도록 한다.

가상 시뮬레이션 PhET을 활용한 용수철 진자의 단진동 실험

나는 학교에서 직접 실험을 수행하기 어렵거나 실험 결과를 정교하게 분석하고 싶은 경우에 가상 시뮬레이션을 활용한 물리 실험 방법을 추천한다. 이미 많은 가상 시뮬레이션 사이트가 있지만 특히 역학, 전자기학, 열역학, 파동 등 영역별로 다양한 시뮬레이션이 탑재되어 있는 PhET의 사이트(https://phet.colorado.edu/ko/)를 평소에 물리학 수업 및 수행평가에 매우 유용하게 활용하고 있다.

1차시 수업에서 용수철 진자의 단진동 운동의 변위, 속도, 가속도 사이의 관계를 학습하고 공기저항과 마찰이 없을 때 단진동 운동 과정의 에너지 전환 과정을 안내한다. 특히 용수철 진자에 물체를 매단 후 가만히 놓았을 때 중력과 탄성력이 같은 새로운 평형점이 생긴다는 점도 소개한다.

2~3차시 수업에서 PhET를 활용한 용수철 진자의 단진동 실험을 수행하고 과학적 원리를 탐구한다. 그리고 <실험1> 용수철 진자의 단진동 주기에 미치는 요인 탐구하기, <실험2> 용수철 진자의 단진동 과정에서 에너지 변화를 탐구하기 등 2가지 실험을 모둠별로 진행한다. 이때 실험 과정에서 모의실험 담당, 데이터 정리 담당, 분석 담당 등 모둠 내 역할을 나누어 실험을 진행할 수 있도록 안내한다.

4차시 수업에서 <실험1>의 결과를 바탕으로 용수철 진자의 단진동 운동 주기에 미치는 요인을 탐색하여 용수철 상수가 작을수록 추의 질량이 클수록 주기가 길어진다는 점을 탐구한다. 활동 내용과 결과를 바탕으로 모둠별로 '지능형 과학실 ON'에 실험 결과를 작성하여 공유할 수 있도록 안내하고 우수한 결과 사례를 소개하도록 한다.

수업을 나오며

함께 만들어 가는 실험 수업

여기서 소개된 MBL 센서와 가상 시뮬레이션을 활용한 물리학 실험 3가지 실험 이외에도 나는 등속 운동과 등가속도 운동, 옴의 법칙, 저항의 직렬연결 및 병렬연결, RLC 교류 회로 등 다양한 물리학 실험을 직접 해보면서 많은 즐거움과 기쁨을 느꼈다. 처음에 센서 사용법과 실험 과정을 자세히 안내하는 것이 조금 어려웠지만 반복된 실험과 경험을 통해 결국 학생들은 스스로 또는 모둠별로 자율적으로 잘 진행이 되는 모습이 많이 관찰되어 2022 개정 교육과정에서 강조하는 디지털 소양을 함양할 뿐만 아니라 협력적 의사소통 역량도 함께 성장할 수 있을 것으로 기대된다. 다만 매번 수업 시간마다 실험 수업을 진행하는 것은 교사에게 너무 부담이 크며 실험 과정 중에 개인별로 참여하는 정도가 달라서 지도 교사의 지속적인 관찰이 필요하다는 어려운 점도 많이 있었다.

MBL 센서와 가상 시뮬레이션을 활용한 수업의 장점

MBL 센서와 가상 시뮬레이션을 활용한 물리 실험 및 수업을 진행하면서 느낀 대표적인 2가지 장점은 다음과 같다. 첫째, 간편하게 조건 설정이 가능하여 정확한 실험 결과를 도출하기에 유리하다는 점이다. 예를 들어 PhET을 이용한 포물선 운동 실험에서 공기저항과 마찰을 없도록 설정할 수 있으며 발사각 및 질량을 조절하여 포물선 운동의 궤적을 바꿀 수 있으며 날아간 거리, 최대 높이, 걸린 시간을 정확하게 측정할 수 있다. 이를 통해 측정값과 이론값을 비교해 보면 거의 차이가 나타나지 않을 정도로 높은 정확성을 가져서 학생들이 오개념을 갖거나 실험 결과를 다르게 해석하는 경우가 줄어들 수 있다. 둘째, 모둠별 탐구 실험이나 과제연구에서 좋은 도구로 활용될 수 있다는 점이다. 특히 과학 중점학교인 우리 학교에서 매 학기 진행하고 있는 과제연구는 실험 주제별로 필요한 물품을 사들여 배부하고 관리를 해야하는 부담이 있지만 가상 시뮬레이션을 활용하면 그럴 필요도 없고 효과적인 실험이 가능하여 필요한 경우에 사용하고 있다.

과학 실험, 시작이 반이다!

학교는 늘 바쁘게 돌아간다. 2022 개정 교육과정이 시행되면 아마도 학기별로 개설되는 과학 과목이 많아질 것으로 예상되며 역시 중요한 평가로 인해 수업 시간에 여유롭게 진도만 나가기에도 어려울 수 있다. 수업도 잘해야 하고 생활 지도도 해야 하며 맡은 업무도 정확하게 처리해야 하는 많은 고충이 있다는 점들을 아마도 많은 선생님께서 함께 공감하실 것으로 생각한다.

교사는 결국 수업이다. 열심히 준비한 수업 자료를 통해 내가 담당한 50분 수업을 성공적으로 잘 마친다면 그것만큼 유의미한 점들이 있을까? 나는 수업이란 과정을 통해서 학생들은 과학적 지식과 원리를 배우게 되고 교사는 자존감을 키우고 성취감을 느낄 수 있다고 생각한다. 또한 학생들이 직접 실험을 설계하고 수행하면서 배운 과학 개념을 적용해보고 도출된 결과를 분석하면서 과학적 탐구력과 창의성, 문제해결력이 크게 성장할 수 있다고 본다.

다 있는 수학 내용에 에듀테크 잘 뿌리기

황윤상 * 수청중학교

교직의 꿈을 품고 걸어온 길 위에서, 저는 제 열정과 재능이 수학교육에 있음을 발견했습니다. 이 깨달음을 따라 수학교사의 길로 방향을 전환했고, 오랜 노력 끝에 그 꿈을 이루었습니다. 현재 수학교사로서 끊임없는 학습과 성찰을 통해 지속적인 성장을 추구하고 있습니다. 부족한 점을 인정하고 이를 개선하고자 늘 고민하며, 더 나은 교육자가 되기 위해 끊임없이 노력하는 수학교사입니다.

개정 교육과정 키워드에 대한 나의 수업 고민

2022 개정 교육과정에서의 기초 소양

2022 개정 교육과정에서는 자기주도적인 사람, 창의적인 사람, 교양 있는 사람, 더불어 사는 사람 등 총 4가지 추구하는 인간상을 명시하였다. 이러한 인간상을 구현하기 위해 학교에서의 모든 교육과정 속 활동에서 중점적으로 기르고자 하는 기초 소양의 요소로 수리 소양, 디지털 소양, 언어 소양 등을 제시하였다.

교육부에서 제시하는 위의 소양에 대한 설명은 구체적으로 다음과 같다. 첫째, 수리 소양이란 다양한 상황에서 수리적 정보와 표현 및 사고 방법을 이해, 해석, 사용하여 문제해결, 추론, 의사소통하는 능력이다. 둘째, 디지털 소양이란 디지털 지식과 기술에 대한 이해와 윤리의식을 바탕으로, 정보를 수집·분석하고 비판적으로 이해·평가하여 새로운 정보와 지식을 생산·활용하는 능력이다. 셋째, 언어 소양이란 언어를 중심으로 다양한 기호, 양식, 매체 등을 활용한 텍스트를 대상, 목적, 맥락에 맞게 이해하고, 생산·공유, 사용하여 문제를 해결하고 공동체 구성원과 소통하고 참여하는 능력이다.

기초 소양에 대한 이해와 수업과의 연결 고민

여기서, 기초 소양에 대한 정의를 명확히 할 필요가 있다. 기초 소양은 모든 교과의 깊이 있는 학습을 지원하는 기본 요소이다.[1] 이는 2022 개정 교육과정의 개념 기반 교육과정과도 관련이 있다. 그런데 '소양'이라는 용어는 영어의 'literacy'에 해당하며, 이는 문해력과 관련된다.[2] 기초 소양의 개념은 다양한 맥락을 이해하고 활용할 수 있는 능력으로 확장할 수 있다.[3] 이러한 이해를 바탕으로, 수학 수업에서 기초 소양을 어떻게 함양할 수 있을지 고민하게 된다.

현재 나는 알지오매스(Algeomath)와 같은 프로그램을 활용하여 수학 수업을 진행하고, 학생들이 데스모스(Desmos)나 퀴즈앤(QuizN)에서 문제를 해결하는 활동을 포함하고 있다. 최근에는 구글 폼을 통해 수학 학습 소감문을 작성하는 과정 중심 수행평가를 시도하였다. 그러나 여전히 디지털 소양 함양을 위한 수업 실천의 방향을 설정하는 데는 지속적인 노력이 필요하다.

본 글은 2022 개정 교육과정을 바탕으로 수업과 평가를 운영하는 예비교사와 현장교사에게 도움이 되고자 하며, 내가 시도한 수학 수업의 디지털 소양 관련성을 제시하고자 한다.

---

1) 「초·중학교 교육과정 구성 방안 연구」, 교육부·경인교육대학교, 2020
2) 「2022 개정 초·중학교 교육과정 개선 연구」, 한국교육과정평가원 연구보고서, 한국교육과정평가원, 2021
3) 「교육과정에서 기초소양으로써 수리 소양에 관한 연구」, 한국수학교육학회지 시리즈 E 수학교육 논문집 37권, 한국수학교육학회, 2023

수업 구상 배경과 목적

에듀테크를 연계한 수학 수업 운영의 필요성

수학 수업에 에듀테크를 도입하는 것은 디지털 시대에 맞는 교육적 변화로, 다음과 같은 이유에서 필요하다.

첫째, 에듀테크는 개정 교육과정의 디지털 소양을 반영한 수업 설계와 평가를 가능하게 한다. 2022 개정 교육과정은 학생들의 디지털 역량 강화와 개별 학습 성장의 구체적 기록을 요구한다. 기존에 내가 시행한 수학 문제 해결 과정 중심 평가는 학생의 실질적 성장과 학습 효과를 충분히 반영하지 못했다. 2024년 『학교생활기록부 기재요령』과 『중·고등학교 학업성적관리 시행지침』의 조항은 이를 반영해 더욱 정교한 평가와 기록을 요구하고 있다. 에듀테크를 활용하면 학생 개개인의 학습 과정을 자세히 분석하고, 더 나은 피드백과 성장을 지원하는 기록을 작성할 수 있다.

『2024학년도 학교생활기록부 기재요령(중학교)』 118쪽 일부 내용

자. 정규교육과정 외에 학생이 수행한 결과물에 대해 점수를 부여하는 과제형 수행평가는 실시하지 않는다.
※ 과제형 수행평가 금지에는 사전 준비가 필요한 암기식 수행평가 등이 포함됨을 유의하여야 함.

출처: 『2024학년도 학교생활기록부 기재요령(중학교)』, 교육부. 2024

『2024학년도 중·고등학교 학업성적관리 시행지침』 일부 조항

제14조 (수행평가) 제4항
수행평가는 교과 수업 시간 중에 실시하는 것을 원칙으로 하며, 정규교육과정 외에 학생이 수행한 결과물에 대해 점수를 부여하는 과제형 수행평가는 실시하지 않고, 일제고사 형태는 지양한다.

출처: 『2024학년도 중·고등학교 학업성적관리 시행지침』, 충청남도교육청, 2024

둘째, 에듀테크는 수학교사들의 매너리즘 해소를 도울 수 있다. 그동안 수학 교육과정은 큰 틀에서 변화가 없어, 교사들은 동일한 수업 방식을 반복하게 되었다. 이는 교사들에게 매너리즘과 교직 생활에 대한 회의감을 유발할 수 있다. 에듀테크를 활용하면 새로운 수업 도구와 방법을 통해 수업에 활력을 불어넣을 수 있다. 변화하는 교육 환경에 맞춰 새로운 교수·학습 방식을 시도함으로써, 교사들은 지속적으로 성장하고 학생들에게 더 나은 학습 경험을 제공할 수 있다.

학생의 기초 소양 함양에 효과적인 에듀테크 연계 수학 수업

에듀테크를 연계한 수학 수업은 학생들의 기초 소양을 효과적으로 함양할 수 있는 수업 방식이다. 그 이유는 다음과 같다.

첫째, 에듀테크를 활용한 수업은 학생들의 수리 소양 함양에 도움을 준다. 전통적인 수업에서는 학생들이 정답 찾기에 치중했지만, 에듀테크 도구는 학생들의 흥미를 유발하고 지속시키면서 수학적 개념을 깊이 이해하도록 한다. 이를 통해 학생들은 수학적 개념을 즐겁게 탐구하며 자연스럽게 수리 소양을 함양할 수 있다.

둘째, 에듀테크 프로그램은 학생들의 언어 소양 증진에 기여한다. 다양한 에듀테크 도구를 통해 학생들은 수학적 언어로 답을 제시하거나 온라인 설문지로 학습 소감을 표현할 수 있다. 이미 온라인에서 활발하게 소통하고 있는 학생들의 경험을 수업에 접목하면 더욱더 효과적이다. 에듀테크를 통해 자기 생각을 글로 표현하고 타인과 소통하는 활동은 언어 소양을 지속적으로 함양하게 한다.

셋째, 에듀테크를 활용한 수업은 학생들이 디지털 소양 향상에 도움을 준다. 오늘날 학생들의 일상적인 디지털 기기 사용을 고려할 때, 수학 수업에서도 디지털 도구를 활용한 문제 해결 경험이 필요하다. 디지털교과서와 데스모스와 같은 에듀테크 프로그램을 통한 학습은 학생들이 수업 중 자연스럽게 디지털 소양을 체득하게 한다. 이는 학생들의 디지털 역량을 증진하는 중요한 계기가 된다.

수업 한눈에 보기

수업 개요

에듀테크 도구와 함께하는 수학 수업		
과목 수학	학년 중학교 3학년	기간 19차시

핵심 아이디어	• 사칙계산은 자연수에 대해 정의되며 정수, 유리수, 실수의 사칙계산으로 확장되고 이때 연산의 성질이 일관되게 성립한다. • 수와 사칙계산은 수학 학습의 기본이 되며, 실생활 문제를 포함한 다양한 문제를 해결하는 데 유용하게 활용된다. • 수와 그 계산은 문자와 식을 사용하여 일반화되며, 특정한 관계를 만족시키는 미지의 값은 방정식과 부등식을 해결하는 적절한 절차를 거쳐 구해진다. • 한 양이 변함에 따라 다른 양이 하나씩 정해지는 두 양 사이의 대응 관계를 나타내는 함수와 그 그래프는 변화하는 현상 속의 다양한 관계를 수학적으로 표현한다.
성취기준	[9수01-07] 제곱근의 뜻과 성질을 알고, 제곱근의 대소 관계를 판단할 수 있다. [9수01-08] 무리수의 개념을 이해하고, 무리수의 유용성을 인식할 수 있다. [9수01-10] 근호를 포함한 식의 사칙계산의 원리를 이해하고, 그 계산을 할 수 있다. [9수02-19] 다항식의 곱셈과 인수분해를 할 수 있다. [9수02-20] 이차방정식을 풀 수 있고, 이를 활용하여 문제를 해결할 수 있다.
핵심역량	■ 문제해결 역량　　□ 추론 역량　　■ 의사소통 역량 □ 연결 역량　　　　■ 정보처리 역량
탐구질문	1. 제곱근, 무리수, 다항식의 인수분해, 이차방정식 등 주요 수학 내용을 학습한 후 구체적으로 어떤 것을 배웠는지, 어떤 부분이 어려웠는지, 그리고 앞으로 복습을 어떻게 할 것인지 들의 소감을 적절히 제시할 수 있는가? 2. 에듀테크 프로그램을 토대로 학생들이 개인별 또는 팀별로 활동에 참여할 때, 자신들이 배운 수학 내용을 적절히 적용하여 문제를 해결하는 역량을 발휘할 수 있는가?

수업의 흐름

1~6 차시	실수 체계 관련 내용 이해하고 설명하기	• 제곱근, 무리수, 실수의 대소 관계, 근호를 포함한 식의 사칙계산 등의 주요 수학 내용 이해하기 • 구글 폼(Google Forms)에 접속하여 위의 수학 내용을 이해하는 데 필요한 주요 원리 및 앞으로의 학습계획을 제시하는 소감문 작성하기
7차시	에듀테크 도구와 함께 학습 내용 점검하기	• 퀴즈앤(QuizN) 어플에 접속하여 문제해결을 통한 자신의 수학 학습 정도 점검하기 • 팀 구성 후 수학 문제해결 활동에 함께 참여하기
8~12 차시	다항식 계산 관련 내용 이해하고 설명하기	• 다항식의 곱셈공식 및 다항식의 인수분해 등의 주요 수학 내용 이해하기 • 구글 폼(Google Forms)에 접속하여 위의 수학 내용을 이해하는 데 필요한 주요 원리 및 앞으로의 학습계획을 제시하는 소감문 작성하기
13 차시	에듀테크 도구와 함께 학습 내용 점검하기	• 퀴즈앤(QuizN) 어플에 접속하여 문제해결을 통한 자신의 수학 학습 정도 점검하기 • 팀 구성 후 수학 문제해결 활동에 함께 참여하기
14~18 차시	이차방정식 관련 내용 이해하고 설명하기	• 이차방정식 개념 및 풀이 방법 등의 주요 수학 내용 이해하기 • 구글 폼(Google Forms)에 접속하여 위의 수학 내용을 이해하는 데 필요한 주요 원리 및 앞으로의 학습계획을 제시하는 소감문 작성하기
19 차시	에듀테크 도구와 함께 학습 내용 점검하기	• 데스모스(Desmos) 프로그램에 접속하여 문제해결을 통한 자신의 학습 정도 점검하기 • 개별적으로 문제를 해결하며 실시간으로 자신의 문제해결 과정과 결과를 자체 점검하기

주요 결과물	• 개인 결과물: 수학 내용을 학습한 소감이 담긴 설문 결과, 데스모스 학생 활동 결과

채점기준표

평가 요소		채점 기준(점수)	
		아래 채점 요소를 만족함	아래 채점 요소를 만족하지 못함
소감문 작성하기 (형식)	- 제곱근 - 무리수 - 근호를 포함한 식의 덧셈과 뺄셈 - 다항식의 인수분해 - 이차방정식	각 개념에 대한 소감문 작성 시 "최소 3개 이상의 문장"을 사용하여 작성함.	각 개념에 대한 소감문 작성 시 "2개 이하의 문장"을 사용하여 작성함.
소감문 작성하기 (내용)		각 개념을 학습하고 나서의 배운 것, 어려웠던 것, 앞으로의 학습 계획 등을 적절히 제시함.	각 개념을 학습하고 나서의 배운 것, 어려웠던 것, 앞으로의 학습 계획 등을 적절히 제시하지 못함.

세부 능력 및 특기사항 예시

　수학 내용 학습 소감문 작성하기 활동에서 무리수, 다항식의 인수분해 등을 학습할 때 근호의 의미와 인수분해의 필요성 등을 새롭게 배움으로써 이러한 개념의 필요성을 알게 되었다는 소감을 남김. 이차방정식 개념을 배울 때 완전제곱식을 활용하는 것이 관련된 문제를 해결하는 데 있어 중요하다는 의견을 제시함. 특히 이차방정식이 실생활 문제해결에 어떻게 활용되는지 살펴보고 싶다는 의지를 표현함.

수업에 들어가며

수학 내용 학습 소감문 작성 방법 안내

학기 첫 수업 시간에 학생들에게 교과목 평가 방식을 간단히 안내하는 것이 필요하다. 평가 항목과 반영 비율, 수행평가 방식 등은 다른 수학 교사와 협의 후 상세히 안내하는 과정이 필요하다.

2024년에는 중학교 3학년 전체 반의 수업을 단독으로 담당하게 되어, 이미 구상해 둔 수행평가 방식을 안내하였다. 특히 수학 내용 학습 소감문 작성하기 수행평가는 구글 폼을 통한 온라인 설문지로 진행한다고 안내하였다. 학생들은 학습한 내용, 어려웠던 부분, 향후 학습 계획 등을 서술해야 함을 설명하였다.

이러한 수행평가 방식은 학생들의 디지털 소양, 수리 소양, 언어 소양을 동시에 함양할 수 있는 기회를 제공한다. 스마트폰을 활용한 온라인 활동으로 디지털 소양을, 수학 개념을 작성하면서 관련 원리나 문제해결 방법에 대한 이해를 점검하며 수리 소양을, 그리고 수학 개념 및 원리를 자신의 언어로 표현하면서 언어 소양을 함양할 수 있다.

수행평가는 날짜를 사전에 따로 공지하지 않고, 수업 중 자연스럽게 진행할 것임을 안내하였다. 다만 학교 홈페이지의 평가 계획서를 통해 어느 수학 영역에 대한 소감문을 작성할지는 미리 알 수 있다. 이는 사전 준비가 필요한 암기형 수행평가를 금지한 학교생활기록부 기재요령에 따른 것이다.

이러한 접근은 학생들이 예상치 못한 상황에서 즉각적으로 자신의 학습 내용을 표현하고, 디지털 도구를 활용해 실시간으로 반응하며 평가에 참여하도록 유도한다. 이는 2022 개정 교육과정이 추구하는 디지털 소양을 함양하는 데 기여하며, 학생들이 수업 시간에 스마트기기를 활용해 다양한 학습 활동에 참여하도록 돕는다.

수학 내용 학습은 강의식 수업으로

수학은 초등학교부터 고등학교까지 계통적으로 구성되어 있다. 이는 수학 내용 학습에 순서가 있음을 의미한다. 수학 개념은 순차적으로 학습되어야 하며, 이전 개념의 이해가 부족하면 다음 개념으로 나아가기 어렵다. 대부분의 교과서가 이전 학년의 내용을 상기시키는 것도 이러한 이유 때문이다.

따라서 수학 개념의 계통성을 인식시키기 위해 기본적인 수학 지식을 강의식 수업으로 전달하는 것이 효과적이다. 수업 전 간단한 탐구활동이나 동기부여를 통해 학생들의 흥미를 유발하는 것은 필요하지만, 기본적으로 강의식 수업이 수학의 계통적 이해를 돕는 데 중요한 역할을 한다.

2024년 수업 운영 흐름을 예로 들면, 약 5~6차시 동안 주요 수학 개념을 설명하는 강의식 수업을 진행한다. 제곱근, 무리수, 다항식의 인수분해, 이차방정식 등 중요한 개념과 원리를 다루며, 교과서 문제 풀이 방법을 구체적으로 안내한다. 더불어 교과서와 교육과정에 충실하게 수업을 운영하면서 학생들이 수학 개념의 계통성을 자연스럽게 익힐 수 있도록 했다.

이러한 강의식 수업 방식은 2022 개정 교육과정의 취지를 반영하면서도, 수학의 기본 개념과 원리를 체계적으로 전달할 수 있는 효과적인 방법이다. 에듀테크를 활용한 다양한 학습 활동과 병행하여 운영함으로써, 학생들의 수학적 이해를 더욱 깊이 있게 할 수 있다.

데스모스로 온라인 활동지에 실시간 참여

에듀테크 도구를 활용해 수업의 변화를 주는 것이 필요하다. 현재 나의 수학 수업에 가장 효과적인 변화를 가져다준 것이 에듀테크이다. 그 중에서도 데스모스 프로그램을 활용한 수업이 큰 도움이 되고 있다.

데스모스는 무료로 제공되는 온라인 그래핑 계산기 및 수학 학습 플랫폼이다. 내가 주목한 부분은 데스모스 프로그램 내에 있는 클래스룸Classroom 및 액티비티Activity 기능이었다. 이 프로그램의 특징은 다음과 같다.

- 온라인 활동지로 자원 절약이 가능하다.
- 링크만으로 학생들이 자유롭게 접속이 가능하다.
- 익명화 기능을 통해 학생들의 프라이버시를 보호할 수 있다.
- 대규모 학생들의 학습을 실시간으로 관리할 수 있다.
- 학생들의 활동 상황을 즉시 확인할 수 있다.
- 실시간 피드백이 가능하다.
- 동기화 또는 활동 제한 구간 기능으로 학생들의 집중을 유도할 수 있다.

자세한 것은 데스모스 사이트(https://teacher.desmos.com)에서 확인할 수 있다. 또한 글의 맨 마지막에 활동 링크를 남겨두었다. 해당 프로그램을 원활하게 사용하기 위하여 데스모스 프로그램을 설명한 책이나 강의 등을 살펴보기를 권장한다.

2023년부터 데스모스를 활용해 수업을 진행했으며, 학생들이 스마트폰으로 접속해 활동에 참여하도록 했다. 실시간으로 문제를 해결하거나 의견을 남기는 활동을 통해 학생들은 디지털 소양을 기르고, 문제해결 과정에서 수학적 사고력을 발전시킬 수 있었다.

결론적으로, 이렇게 온라인 활동지를 바탕으로 스마트폰을 매개체로 한 수업을 운영하면 학생들이 디지털 소양을 함양하도록 유도할 수 있다. 온라인 활동지에서 학생들이 직접 사진을 찾아 올릴 수 있고, 글을 쓸 수 있고, 심지어는 문제를 해결하는 과정과 결과를 작성할 수 있기 때문이다. 2022 개정 교육과정에서 말하는 기초 소양을 함양하는데 에듀테크 도구의 가능성은 무궁무진하다.

퀴즈앤 QuizN 으로 수학 수업에 활동성 더하기

퀴즈앤 프로그램을 활용해 수업에 활동성을 더할 수 있다. 매년 전 학년 대상 체육행사를 참관하다 보면, 학생들이 친구들과 함께 체육행사 내 여러 종목에 참여하며 즐겁게 활동하는 모습을 확인할 수 있다. 열심히 행사에 참여하는 이유 중에는 학급별로 주어지는 보상도 하나의 이유라는 생각을 하였다. 이렇게 종목에 참여하면서 학생이 속한 반을 위한 점수를 획득하고 이를 통해 내적 보상을 얻는 활동을 수학 수업에 어떻게 반영할지를 고민하였다.

위와 같은 고민을 해결할 수 있는 프로그램으로 퀴즈앤 프로그램을 활용하게 되었다. 이 프로그램은 초성퀴즈, 선택형, OX 퀴즈, 단답형 등 다양한 형태의 퀴즈를 제공하며, 개인전 또는 팀전 설정이 가능하다. 실시간으로 누적된 점수 현황과 오답을 확인할 수 있다. 나는 대단원 또는 중단원 기준으로 수업 내용 설명이 마무리되면, 학생들이 퀴즈에 참여하고, 점수를 누적시키는 방식으로 경쟁하며 활동에 임하게 하였다. 이는 학생들의 참여와 집중을 높이고, 수학에 대한 흥미를 유발하는 데 효과적이었다.

또한 이러한 에듀테크 도구의 활용은 2022 개정 교육과정에서 강조하는 기초 소양 함양에 크게 기여한다. 학생들은 디지털 도구를 활용하여 수학적 개념을 탐구하고, 문제를 해결하며, 동료들과 협력하는 과정에서 디지털 소양, 수리 소양, 협력적 문제해결 능력 등을 자연스럽게 기를 수 있다.

수업을 나오며

수학 수업은 학생들에게 관심과 흥미를 유발하기만 해도 성공

수학 수업에서 학생들의 관심과 흥미를 유발하는 것은 매우 중요하다. "수학은 왜 배워야 하나요?"라는 학생들의 질문에 대해, 수학이 컴퓨터나 스마트폰 등 현대 기술의 근간이며 미래에 핵심적인 역할을 할 것이라고 설명한다. 그러나 수학 자체에 대한 흥미를 불러일으키는 것은 여전히 큰 과제로 남아있다.

이러한 상황에서, 전통적인 강의식 수업만으로 진행하는 것이 최선인지에 대한 재고가 필요하다. 교과 진도를 효율적으로 나갈 수 있다는 장점이 있지만, 2022 개정 교육과정에서 강조하는 학습자 주도성을 고려할 때, 새로운 접근이 요구된다.

따라서 학생들의 일상에서 빼놓을 수 없는 컴퓨터와 스마트폰을 학습 도구로 활용하는 것은 큰 잠재력을 지니고 있다. 예를 들어 데스모스나 퀴즈앤과 같은 에듀테크 프로그램을 수업에 도입함으로써, 학생들의 수학에 대한 흥미를 점진적으로 높일 수 있다. 실제로 2023년부터 이러한 방식을 도입한 수업에서 학생들의 참여도가 눈에 띄게 향상되었음을 확인할 수 있었다.

더욱이 에듀테크 도구의 활용은 2022 개정 교육과정에서 강조하는 디지털 소양뿐만 아니라, 수리 소양과 언어 소양 함양에도 크게 기여할 수 있다. 인공지능과 컴퓨터 기술이 중심이 될 미래 사회를 대비하여,

학생들이 이러한 기술에 친숙해지도록 돕는 것이 중요하다.

이를 위해 청소년기부터 수업 시간에 디지털 소양을 지속적으로 함양할 수 있는 교육 방식을 적극적으로 도입해야 한다. 또한 2022 개정 교육과정에서 제시하는 수리 소양과 언어 소양 관련 성취기준을 고려한 수업 설계와 실천은 교사의 전문성을 높이는 좋은 기회가 될 것이다.

하지만 이와 동시에 디지털 중독 예방을 위해 수업 시간 외에는 기기 사용을 제한하는 등의 학교 규정 마련이 필요하다. 이를 통해 에듀테크의 장점을 최대한 활용하면서도 부작용을 최소화할 수 있을 것이다. 결과적으로 이러한 균형 잡힌 접근은 학생들의 전인적 성장을 돕고, 미래 사회에 필요한 역량을 갖추는 데 기여할 것이다.

학생의 성장을 위한 채점기준표 제시

채점기준표에 대한 고민은 이번 글을 쓰면서 가장 먼저 떠오른 생각이었다. 2024년 처음으로 평가 형식을 바꾸고, 교육부와 교육청에서 제시한 규정을 최소한으로 지키는 것을 우선하다 보니, 채점기준표가 다소 단순해진 것 같았다.

평가의 주요 목적은 학생의 성장을 촉진하는 데 있다고 생각한다. 현재 우리나라 중학교의 모든 평가는 성취평가제를 채택 및 시행하고 있다. 학생평가지원포털에서는 성취평가제는 상대적인 서열에 따라 학생을 평가하는 것이 아니라, 학생이 무엇을 얼마나 성취했는지를 평가하는 제도라고 밝힌다.

이러한 제도의 핵심은 원점수를 절대적 기준에 따라 평가하는 방식이다. 이를 통해 학생들은 자신의 성취 정도에 대한 구체적인 피드백을 받을 수 있다. 지도와 조언 중심의 피드백은 학생에게 학습과 관련된 유의미한 정보를 제공할 수 있고, 이는 2022 개정 교육과정에서 강조하는 여러 핵심역량을 함양하는 데 효과적일 수 있다.

따라서 채점기준표도 학생들에게 단순한 점수만이 아닌, 유의미한 피드백과 조언을 제공할 수 있는 형태로 만들어질 필요가 있다. 이번에 실시한 수행평가에서, 채점 기준이 단순했던 만큼 학생들은 평가 점수를 얻는 데 큰 어려움을 겪지 않았을 것이다. 하지만 이러한 방식이 학생들의 성장에 얼마나 도움이 되었는지에 대해서는 의문이 있다.

그러므로 앞으로는 학생의 부담을 최소화하면서도 성장을 돕는 채점기준표를 설계하기 위해 더 깊이 고민할 것이다. 이를 통해 교사로서의 전문성을 더욱 향상시키고, 학생들이 더 나은 학습 경험을 할 수 있도록 노력하겠다.

학생들의 후기 및 제안하는 말

스마트폰을 활용한 수학 수업과 평가 방식은 학생들의 적극적인 참여를 끌어냈다. 실제로 학생들이 흥미롭게 구성된 활동에 참여하면서 웃는 모습을 자주 볼 수 있었다. 데스모스를 활용한 수업 후, 학생들은 '정답을 맞힐 때 점수가 부여되어 재미있었다', '실시간으로 내가 풀고 있는 문제와 다른 학생들의 풀이 과정을 확인할 수 있어서 흥미로웠다'라는 긍정적인 피드백을 내게 주었다.

또한 퀴즈앤을 활용한 수업에서도 다수의 학생이 만족스러운 표정을 지으며 다양한 유형의 문제를 해결하려 노력하는 모습을 보여주었다. 특히, 모둠 활동을 진행한 학생들은 친구들과 함께 문제를 해결하는 과정이 재미있었다고 했다.

그러나 이러한 긍정적인 반응에만 만족하지 않는 것이 중요하다. 교사는 학생들의 긍정적인 피드백에서 보람을 느끼곤 하지만, 여기에 그치면 성장과 발전이 멈출 수 있다. 앞으로도 이와 같은 도구를 더 효과적으로 활용하는 방법을 모색하고, 수학 수업에서 새로운 접근 방식을 지속적으로 고민하는 것이 교사로서의 성장을 이어가는 길이다. 이를 통해 학생들의 학습 경험을 더욱 풍부하게 만들고, 2022 개정 교육과정의 목표에 부합하는 수업을 실현할 수 있을 것이다.

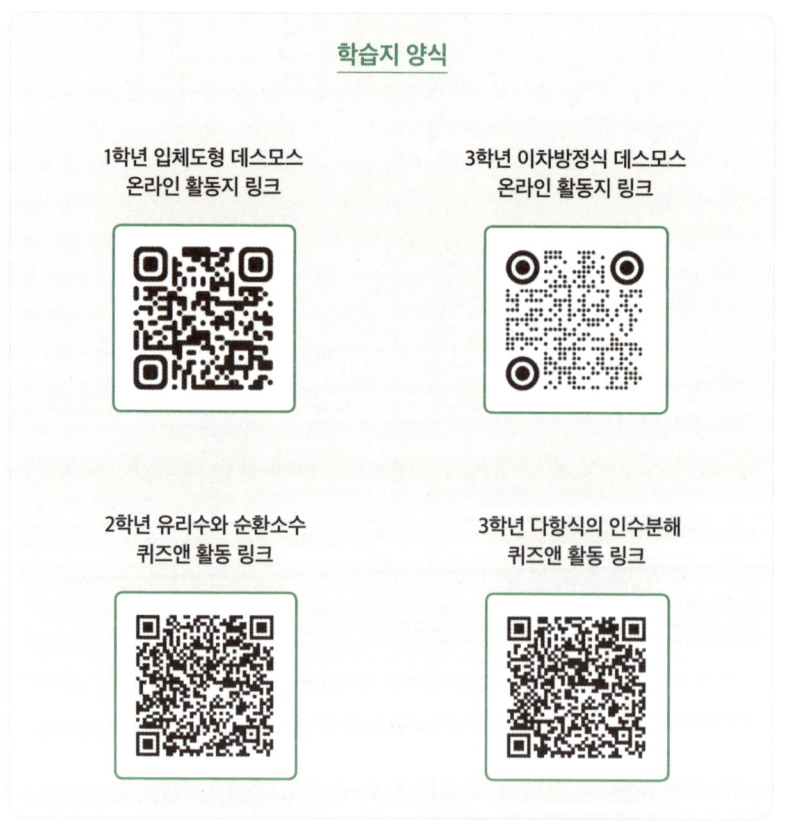

지속가능성과 생태 감수성을 배우는 친환경 농업 프로젝트

김준수 * 강당초등학교

세상이 한 발짝이라도 좀 더 좋은 방향으로 나아가는 데 도움이 되고 싶다는 꿈을 갖고 있습니다. 그리고 이 사회에 저와 같은 뜻을 가진 사람들이 조금 더 많아지기를 바라며 초등학교 선생님이 되었습니다.

누군가는 교사가 학교에서의 지겨운 일상을 반복하는 직업이라고 하지만 저는 학교에서의 단 하루도 지겹거나 심심한 적이 없었습니다. 저를 늘 심심할 틈 없게 만들고 그 속에서 저라는 인간을 성장시켜 준, 제가 만났던 모든 학생에게 고맙고 사랑한다는 말을 전합니다.

개정 교육과정 키워드에 대한
나의 수업 고민

미래사회에 대비하여 아이들은 어떤 역량을 갖추어야 하는가?

2018년 OECD에서 발표한 'Future of Education and Skills 2030'이라는 보고서는 현재의 학생들이 미래사회를 대비하기 위해 갖추어야 할 역량과 방향을 제시했다. OECD 교육 2030 프로젝트는 현재 중학생들이 사회에 진출하는 2030년 무렵에 필요할 것으로 예상되는 미래 핵심 역량이 무엇이고, 어떻게 가르쳐야 하는지에 대해 주목한다.[1]

현재 인류는 기후 위기, 전쟁, 식량 문제, 인권 문제 등의 다양한 긴장과 딜레마를 직면하고 있다. 그리고 이를 해결하기 위해서 OECD는 '변혁적 역량'이라는 개념을 제시하였다. 이는 단순히 정답이 정해져 있는 문제를 해결할 때 필요한 전통적인 지식이나 기능과는 구별된다. 예측 불가능한 사회 속에서 성찰 Reflection을 통해 문제를 깊이 이해하고, 예견 Anticipation을 통해 이 문제가 어떤 효과를 불러일으킬지를 예상한 후, 이에 대한 해결책을 제시하는 행동 Action까지 이어지는 총체적 능력이 학교가 학생들에게 가르쳐주어야 할 '변혁적 역량'이다.[2]

---

1) OECD 교육 2030 : 미래 교육과 역량. 김은영. 서울교육. 2018 여름호(231호). 2018. 서울특별시교육청교육연구정보원. https://webzine-serii.re.kr/oecd-교육-20301-미래-교육과-역량/
2) OECD 학습나침반 2030: 변혁적 역량과 민주시민교육의 접점. 김아미. 경기도교육연구원. 2019.

초등학교 시기:
작지만, 강력한 성공의 경험을 심어주고 싶다!

그렇다면, 학생들이 미래사회를 살아가는 데 꼭 필요한 변혁적 역량을 초등학교에서는 어떻게 키워주어야 할까? 초등학교는 학생이 작은 성공과 실패를 반복하며 배우고 성장하는 중요한 시기이다. 훌륭한 교사는 학생들이 사회를 살아가며 꼭 필요한 가치를 담아 학생이 성장할 수 있는 수업을 설계한다. 특히, 2022 개정 교육과정에서 강조하는 '미래사회 및 환경 변화에 대응하는 교육 내용 강화', 즉, 생태전환교육, 지속가능한 개발Sustainable Development 등의 개념은 학생들에게 꼭 전달해 주고 싶은 메시지였다. 현재를 살아가는 어른들보다도 미래의 세대는 환경 문제를 더욱 절실히 체감할 것이기 때문이다.

환경 문제에 대한 건전한 시각은 생명 하나를 가꾸고 키우는 데 얼마나 큰 노력과 관심이 필요한지를 아는 데에서부터 시작한다. 나는 초등학교 6학년 학생 10명과 먹을 수 있는 식물을 선택하여 농사짓는 방법을 함께 알아보고, 한 학기 동안 함께 키우기로 계획했다. 4~5개월의 시간 동안 학생들은 벌레 먹음, 시듦 등의 작은 실패도 경험했지만, 그 덕분에 '생명', '환경', '지속가능성'이라는 말이 가진 무게를 확실히 배울 수 있었다. 그리고 결국에는 그 실패들을 이겨내고 식물을 끝까지 키워냈다. 그 경험이 누군가에겐 작고 소박한 성공일 수도 있으나, 아이들의 마음속에는 오랫동안 남아있는 강력한 성공이기를 바란다.

수업 구상 배경과 목적

삶과 맞닿아 있는 교육의 중요성

미국의 심리학자인 존 켈러 John M. Keller 는 학습자의 동기유발을 위해 ARCS Attention, Relevance, Confidence, Satisfaction 의 모델을 제시하였다. 이 중, R에 해당하는 관련성 Relevance 은 학습 내용을 학습자의 경험과 어떻게 연결해야 할지, 그리고 어떤 방식으로 실용성에 중점을 둔 학습 목표를 제시할 것인지에 대해 고민하였다. 아무리 다양한 교구와 전문적인 교수법을 적용하여도 학생들이 수업에서 자신들의 삶과 관련된 가치를 학습에서 찾지 못한다면, 그 수업은 실패할 가능성이 크다. 초등학교 실과 교과는 학생들이 스스로 생활 속 문제를 해결하기 위해 실천하는 과정을 강조하는 교과이다.

나는 이번 프로젝트 수업에 학생들의 삶과 맞닿아 있는 다양한 분야를 학습에 반영하고자 노력했다. 한 마디로, 조금이라도 학생들에게 '쓸모 있는 경험'을 만들어주고 싶었다. 그래서 학생들이 식물을 직접 가꾸고 농사를 준비하는 활동에서 그치지 않고 소프트웨어 활용, 식생활 문제해결, 진로 탐색과 관련된 능력들을 기를 수 있도록 다양한 활동을 계획했고, 되도록 학생들이 스스로 해낼 수 있도록 유도하였다. 생활 속에서 마주치는 문제들을 주도적으로 해결할 수 있는 사람으로 성장하길 바라면서 말이다.

백문(百聞)이 불여일견(不如一見)이요,
백견(百見)이 불여일각(不如一覺)이며,
백각(百覺)이 불여일행(不如一行)

'백문이 불여일견'이라는 말을 살면서 자주 듣는다. '백 번 묻는 것보다 한 번 보는 게 낫다.'라는 의미로 직접 체험하는 것이 훨씬 더 빠르고 정확하게 이해하는 데 도움을 준다는 고사성어이지만, 교육에서 일견(一見)만으로는 부족한 순간이 많다. 일회성 행사 형식으로 이루어진 현장 체험학습을 생각해보자. 체험학습이 끝나고 학생들에게 소감을 물으면 열에 아홉은 "재미있었어요."라고 대답할 것이다. 어른들은 많은 걸 보여주면 아이들이 똑똑해지고, 저절로 학습할 수 있을 것으로 생각하지만, 이는 잘못된 생각이다. 학생들에게 배움이 없었다는 얘기는 체험학습 내내 생각할 기회가 부족했다는 뜻이다. 자신이 본 것의 특징, 배경, 역사, 메커니즘을 생각해 볼 때야 비로소 지식은 내 것이 되며, 이 과정은 많은 훈련과 경험이 필요하다. 교사는 학생이 백 번 보게 하는 것이 아니라 한 번 생각하게(一覺) 도와주어야 한다. 무언가를 볼 때, 어떤 관점에서 바라보아야 하는지를 가르쳐주고, 학생이 사고할 수 있게 도와주어야 한다.

하지만, 교사가 말을 많이 하지 않아도, 학생들이 스스로, 그것도 굉장히 많이 생각하며 배움이 일어나게 하는 방법이 있다. 그것은 직접 한 번 해보는 것(一行)이다. 식물을 잘 기르기 위해서는 식물의 특징을 알아야 한다. 물은 얼마나 자주 줘야 하는지, 햇빛은 얼마만큼 필요한지, 더

위나 추위에 약한지 등을 미리 숙지해야 농사 계획을 세울 수 있다. 자연스럽게 식물을 기르는 데 필요한 조건들을 준비하는 데에 생각이 미친다. 어떤 흙이 필요한지, 밭에 심을지, 화분에 심을지, 식물 이름표는 어떻게 만들 것인지 등 한 번의 행위로부터 생각이 꼬리에 꼬리를 물기 시작한다. 배움이 연쇄적으로 일어나기 시작하는 것이다. 학교마다 학교의 교육 환경과 사정이 다르겠지만, 작은 학교의 가장 큰 장점은 소수의 인원을 데리고 다양한 직접 체험 활동이 가능하다는 점이다. 보고 생각하는 것도 중요하지만, 직접 행동하며 배울 기회가 있다는 것은 수업 설계에 큰 도움이 되었다.

작지만 강한, 지속가능한 공동체

어느 순간부터인가 우리 사회에서 '지속가능성'이라는 단어를 사용하지 않는 분야를 찾아보기 어렵게 되었다. 환경, 정치, 경제, 사회, 인문 모든 영역에 거쳐 '지속가능성'은 미래사회를 준비하는 모든 조직에 필수 과제가 되어버렸다. 2022 개정 교육과정에서도 지속가능성과 생태환경교육을 강조하고 있는 것이 이러한 이유 때문이다. 하지만, 개인적으로 우리 사회가 '지속가능성'이라는 말을 들었을 때 환경에만 너무 초점을 두는 것이 아닌지 조금은 염려가 된다.

지속가능성이라는 말을 정확하게 이해하기 위해서는 우선 'ESG'라는 개념에 대한 이해가 필요하다. ESG는 원래 기업 경영에서 지속가능성을 달성하기 위한 3가지 핵심요소인 환경 Environment, 사회 Social, 지배

구조^{Governance}를 이르는 말이다.[3] ESG는 기업 경영과 관련지어 등장한 개념이지만, 현재 우리 사회의 모든 형태의 집단에 매우 중요한 개념이다. 특히, 초등학교처럼 미래의 사회구성원을 교육하는 교육기관에서 그 중요성은 이루 말할 수 없이 크다고 생각한다. 왜냐하면 학생들은 학교라는 작은 사회 속에서 환경, 사회, 지배구조에 대해 관점을 은연중에 학습하기 때문이다.

 내가 근무하는 초등학교는 전교생이 50명이 조금 넘는 작은 시골 학교이다. 이렇게 작은 조직에서도 한 가지 일을 두고 구성원들의 지속적인 협력과 상호작용이 요구된다. 친환경 농업 프로젝트 수업을 통해 생명을 가꾸는 일, 농업과 요리에 필요한 물자와 공간을 구하는 일에는 많은 학교 구성원의 협조와 노력이 필요했다. 이 과정에서 학생들은 자신들을 둘러싼 조직과 환경이 나에게 어떻게 도움을 주는지를 학습하게 된다. 자신들이 계획한 수업을 적극적으로 지원해주는 학교를 보았을 때 학생들은 학교에 대한 긍정적 인식뿐만 아니라 협력적이고 민주적인 사회 분위기와 구조를 간접적으로 학습하게 될 것이다. 이때 경험한 공동체 의식과 조직문화에 대한 기억을 바탕으로 학생들은 어른이 되어 그러한 공동체를 바람직한 것으로 여기고, 자연스럽게 지속가능한 공동체를 추구하게 될 것이다.

---

[3] 한국거래소에서는 Korea Exchange ESG 포털(이하 KRX ESG포털)을 운영한다. https://esg.krx.co.kr

수업 한눈에 보기

수업 개요

	생태 감수성을 기르는 친환경 농업 프로젝트		
과목 실과		**학년** 초등학교 6학년	**기간** 20차시(4개월)
핵심 아이디어	• 일상생활에서 지속가능한 선택을 지향하는 것은 현재 생활공동체와의 공존과 함께 미래세대의 건강한 삶을 위한 책임 있는 행동이다. • 생명기술은 다양한 기술과 융합하여 발달하고 있으며, 식량자원의 활용과 농업의 순환체험은 지속가능한 미래 생활을 위한 기초가 된다. • 생활의 기본 조건으로서 의식주 생활의 수행 능력을 갖추는 일은 창의적이고 가치 있는 삶을 설계하고 영위할 수 있는 기초가 된다. • 컴퓨터로 처리할 수 있는 데이터는 디지털 데이터이며, 문제해결을 위한 명령은 명확한 절차가 필요하다.		
성취기준	[6실02-04] 식재료 생산과 선택의 중요성을 인식하고 여러 식재료의 고유하고 다양한 맛을 경험하여 자신의 식사에 적용한다. [6실02-05] 음식의 조리과정을 체험하여 자기 간식이나 식사를 스스로 마련하는 식생활을 실천한다. [6실04-02] 생활 속 디지털 기술의 중요성을 이해하고, 디지털 기기와 디지털 콘텐츠 저작 도구를 사용하여 발표 자료를 만들어보면서 디지털 기기의 활용 능력을 기른다. [6실04-08] 생활 속 동식물을 기르고 가꾸는 방법을 알고, 동식물을 기르고 가꾸는 체험을 통해 생태 존중감을 가진다. [6실04-10] 생활 속에서 농업 활동과 관련된 모습을 분석하고 이에 따른 농업활동을 체험하여 농업에 대한 관심을 두고 이를 생활 속에서 실천한다.		
핵심역량	■ 실천적 문제해결 역량 ☐ 기술학적 지식 역량	■ 생활 자립 역량 ■ 기술적 실천 역량	☐ 관계 형성 역량 ☐ 기술적 문제해결 역량

탐구질문	1. 미래 사회에 친환경 농업이 중요한 이유는 무엇인가? 2. 지속가능한 사회를 만들기 위한 실천 방안에는 어떤 것 있는가? 3. 스스로 건강한 식생활을 실천하기 위해 할 수 있는 일에는 어떤 것들이 있는가? 4. 일상생활에서 활용할 수 있는 소프트웨어의 종류에는 어떤 것이 있으며, 어떠한 방법으로 삶의 도움이 되도록 활용할 수 있는가?

수업의 흐름

1~2 차시	지속가능성과 친환경 농업 이해하기	• 지속가능한 사회의 개념 학습하기 • 친환경 농업의 중요성을 이해하고 사례 조사하기
3~4 차시	농사 활동 준비하기	• 친환경 농업 프로젝트를 위한 계획 수립하기 • 유용성과 현실성을 고려하여 키울 작물 선택하기 • 식물을 기르는 데 필요한 준비물 조사하기
5~6 차시	소프트웨어를 활용하여 이름표 만들기	• 인터넷 검색을 통해 작물의 특징과 기르는 방법 알아보기 • 미리캔버스 프로그램을 활용하여 식물 설명 슬라이드 만들기 • QR코드를 활용하여 식물 설명서 및 이름표 제작하기
7~18 차시	친환경농업 프로젝트 실행	• 씨앗 관찰하기 • 화분과 배양토를 준비하고 씨앗 심기 • 물 주고 가꾸기 • 새싹 관찰 및 주변 잡초 뽑기 • 가지치기 및 줄기에 지지대 세우기 • 꽃, 잎, 열매를 관찰하고 작물 손질법 익히기
19~20 차시	수확 및 요리하기	• 작물을 수확하고 손질하기 • 친환경 재료를 이용한 음식(피자) 만들기 • 요리한 음식을 나누어 먹기 • 느낀 점 나누기

주요 결과물	• 농업 프로젝트를 통해 키운 작물(바질, 토마토, 상추), QR코드 설명을 활용한 작물 이름표, 작물을 이용해 만든 음식(피자)

채점기준표

평가 요소		채점 기준		
		잘함	보통	노력 요함
친환경 농업	친환경 농업 실천하기	친환경 농업의 중요성을 이해하고 농작물을 키우기 위한 물 주기, 잡초 뽑기, 가지치기 등 구체적인 농사 방법을 적용하여 친환경 농업을 실천함.	친환경 농업의 중요성과 농작물을 키우기 위한 농사 방법에 대해 이해하고 있으나, 실천 과정에서 다소 어려움을 느낌.	친환경 농업의 중요성을 이해하지 못하고, 농작물을 키우는 방법을 적용하여 농업 활동을 실천하는 데 어려움을 느낌.
	조리 활동에 참여하기	재료의 맛과 특징을 이해하고 조리기구를 올바른 방법으로 활용하여 음식을 만드는 활동에 능숙하고 적극적으로 참여함.	재료의 맛과 특징을 이해하고 조리기구를 활용하여 음식을 만드는 활동에 참여함.	재료의 맛과 특징에 대한 이해가 다소 부족하고, 조리 활동에 대한 참여도가 다소 부족함.
	소프트웨어를 활용하여 실생활 문제 해결하기	소프트웨어를 적절하게 활용하여 식물의 특징을 설명하는 팻말을 만들고 실생활 문제를 능숙하게 해결하고 그 과정을 즐김.	소프트웨어를 활용하여 식물의 특징을 설명하는 팻말을 만들어 실생활 문제를 해결함.	소프트웨어를 활용하여 식물의 특징을 설명하는 팻말을 만드는 데 어려움을 느낌.

세부 능력 및 특기사항 예시

지속가능한 미래사회를 위한 친환경 농업의 중요성을 이해하고 바질, 토마토, 상추 등의 작물을 직접 키우며 생태 감수성을 기름. 응용 소프트웨어를 활용하여 기르는 식물의 특징을 설명하는 이름표를 제작하는 과정을 통해 실생활의 문제를 해결함. 재료를 손질하고 조리기구를 올바른 방법으로 안전하게 활용하여 스스로 음식을 만들어 먹는 식생활 역량을 함양함.

수업에 들어가며

"우리 손에 하나의 생명이 달려있어!"

직접 체험 활동은 초등학교 학생들이 매우 좋아하는 수업 방식 중 하나이다. 이는 초등학교 최고 학년인 6학년에게도 마찬가지이다. 친환경 농업 프로젝트에 대해서 처음 입을 연 그날 아이들은 매우 신이 났다. 게다가, 직접 기른 식물을 이용해서 요리도 할 수 있다고 하니, 아이들은 매우 들떴다.

"자, 즐거운 건 알겠지만, 이제 집중이 필요한 순간입니다. 여러분들이 직접 한 학기 동안 기를 식물들을 정해야 하거든요."

나의 말에 학생들은 스마트 패드를 이용하여 기르고 싶은 식물에 대해 검색하기도 하고, 할머니 댁에서 키우는 농작물 관련 이야기를 하며 신나는 회의를 시작했다. 회의 중에 장난기가 많은 어떤 학생들은 "야, 망고 키우자! 망고 빙수 만들어 먹으면 진짜 좋겠다!" 등과 같이 다소 허황된 주장을 말하기도 했다. 소란스러운 분위기로 회의가 산으로 가는 것은 아닌지 걱정되어 내가 개입하려고 했을 때, 한 여학생이 입을 열었다.

"얘들아, 우리가 직접 식물을 기르는 거야. 우리가 제대로 준비하지 않으면 식물들도 죽고 프로젝트도 실패하겠지. 우리 손에 생명이 달린 거야! 좀 진지해지자!"

여학생의 말에 장난스러웠던 분위기가 사뭇 진지해졌다. 수확 후의 맛있고 재미있는 요리 시간만 생각하다가 자신의 두 손에 생명이 달려 있다는 사실을 문득 깨달았는지 학생들은 집중하여 회의를 이어나갔다. 낮에는 햇볕이 강하고, 밤에는 바람이 많이 부는 학교 주변의 기후와 농사짓는 기술이 부족한 자신들의 수준을 진지하게 고려하여 현실적으로 키울 수 있는 식물 후보들을 정해 좁혀나가기 시작했다. 결과적으로, 초보자들이 키우기 쉬우면서도, 햇볕을 좋아하는 식물인 바질, 방울토마토, 로메인 상추를 키우기로 했다. 그리고 이 식물들을 학기 말인 7월에 수확한 후 피자를 만들어 먹기로 계획했다.

키울 식물을 정한 다음 주에 학교 시설 주무관님의 도움을 받아 그 씨앗을 심을 화분과 배양토를 준비했다. 학생들은 직접 거름과 흙을 섞어 배양토를 만들고 스무 개가량의 화분을 만들면서 땀을 뻘뻘 흘렸다. 4월이지만 한낮의 햇볕은 따가웠다. 힘들었지만, 크게 불평하는 학생은 없었다. 자기 손에 하나의 생명이 달렸고 그 책임감의 무게를 조금은 실감하게 되었으니 말이다. 아이들의 마음속에 생태 감수성이라는 자그마한 싹이 돋아난 순간이었다.

컴퓨터와 태블릿PC는 새로운 미술 재료

2022 개정 교육과정은 미래 세대 핵심역량으로 디지털 기초 소양 강화와 정보교육의 확대를 강조한다. 2022 개정 교육과정 이전부터 디지털교과서 시행, 창의·융합형 스마트 교실 구축 등의 노력은 학교 현장에서 예전부터 진행되고 있는 교육적 시류였다. 미술 시간에 사인펜과 수채화물감이 아닌 컴퓨터와 태블릿PC가 준비물로 사용되는 것은 더 이상 이상한 일이 아니다. 실제로도 일부 학생들은 정보기기와 소프트웨어를 활용하여 어른들보다 더 뛰어난 실력으로 웹툰, 웹 포스터, 동영상 등의 디지털 창작물을 만들어낸다.

화분에 씨앗을 심은 후, 학생들은 자신이 심은 바질, 토마토, 상추에 이름표를 만들어주고 싶어 했다. 나는 학생들이 이름표를 만드는 과정을 통해 앞으로 키울 식물에 대해 조금 더 세심하게 공부하기를 바랐다. 문득 최근에 식물원을 방문했을 때, 식물들을 알려주는 이름표와 팻말에 긴 설명이 아닌 QR코드가 그려져 있는 것이 떠올랐다. 식물에 대해 자세한 설명을 이름표에 써넣는 것은 한눈에 들어오지 않지만, QR코드를 통해 식물에 대한 설명이 적힌 웹 페이지를 보게 되면 내가 궁금한 식물에 대한 정보를 스마트폰으로 곧바로 확인할 수 있는 장점이 있었다.

"얘들아, 너희 QR코드를 이용해서 이름표를 만들어 볼래? 스마트폰으로 너희 화분 이름표 위의 QR코드를 찍으면, 식물의 이름, 특징, 기르는 법 등 식물에 대한 정보를 한눈에 확인할 수 있는 거지!"

나의 제안에 대한 학생들의 반응은 예상보다 좋았다.

"그럼, 너희들은 QR코드를 통해 너희들이 심은 식물의 정보를 알 수 있는 웹 페이지를 만들어야 해. 어떤 프로그램을 사용하면 좋을까?"

나의 질문에 학생들은 몇 가지 생각을 주고받더니 프레젠테이션 소프트웨어 중 하나인 미리캔버스를 이용하자고 제안했다. 학생들이 5학년 때도 사용해 본 적이 있어, 비교적 친숙한 프로그램이었다. 이후 학생들은 자신이 심은 바질과 방울토마토를 소개하는 웹 페이지를 만들기 시작했다. 이 웹 페이지는 다른 사람들이 볼 수도 있는 것이기 때문에, 이 과정에서 학생들은 자신이 기를 식물들에 대해 한 번 더 자연스럽게 공부하는 시간을 가졌다. 물을 주는 주기, 식물의 특징, 키울 때 유의할 점 등 여러 내용을 슬라이드에 담고, 페이지를 나름대로 예쁘게 꾸미기도 했다. 슬라이드를 완성한 친구들은 웹 페이지 형태로 저장하고, 페이지와 연결된 QR코드를 만들어 이름표를 디자인했다. 이렇게 세상에 하나밖에 없는 나만의 식물 이름표가 완성되었다.

AI와 소프트웨어의 활용 방안은 무궁무진하다. 몇 가지 키워드만으로 보고서, 이미지, 영화를 만드는 인공지능 프로그램은 우리 일상 속 깊숙한 곳으로 다가왔고, 매일 매일 새로운 소프트웨어와 프로그램이 만들어지고 있다. QR코드로 식물 이름표를 만든 것은 이에 비하면 대단한 수준의 소프트웨어 활용 교육은 아니다. 하지만 자신이 정말로 필요한 것을 만드는 과정에 소프트웨어를 활용해 본 경험을 통해 학생들은 자연스럽게 소프트웨어가 일상생활에 도움이 될 수 있다는 사실을 깨달았다. 2022 개정 교육과정에서 문제를 해결하기 위한 기초 소양 중 하나로 디지털 소양을 제시한다. 이제 디지털 기기의 활용은 문자를 읽고 셈하는 것처럼 기본적인 문제해결 능력 중 하나가 될 것이고 학생들은 미약하나마 그 능력을 키우는 경험을 했다.

하나의 존재가 성장하는 과정

화분에 이름표를 꽂고, 씨앗을 심은 지 1주일이 되던 날, 아주 작은 새싹들이 화분 위로 고개를 내밀었다. 밝은 연두색의 귀여운 새싹들이 처음 세상에 나온 날, 학생들은 "우와!"라는 감탄사를 연발했다. 하지만, 새싹이 돋았다는 것은 본격적으로 식물을 가꾸고 기르는 노력이 필요한 시기가 되었다는 것을 뜻한다. 바질과 상추 새싹이 자라면서, 씨앗이 너무 빽빽하게 심어진 곳은 새싹들이 잘 자라지 않는다는 문제가 생겼다. 가까이 있는 새싹끼리 영양분을 더 얻고자 경쟁하기 때문이었다.

또, 화분에는 우리가 기르려는 식물 외에 잡초도 무성하게 자라나기 시작했다. 학생들에게 닥친 첫 번째 시련이었다. 우리들은 과하게 몰려 있는 바질과 상추의 싹을 뽑아 균일한 간격으로 다시 심고, 잡초를 뽑기로 했다. 이 과정은 생각보다 매우 어려웠다. 학생들은 초기에 얼마만큼의 간격으로 싹을 배치해야 하는지, 어떤 것이 잡초이고 어떤 것이 바질인지 구별하기 어려워했다.

이 과정에서는 학교 환경미화 보조원 여사님의 도움이 컸다. 집에서 농사를 직접 짓는 베테랑의 도움 덕에 학생들은 잡초를 구별하는 법을 배우고, 식물을 다루는 데 조금은 더 능숙해졌다. 학교 공동체의 따뜻한 도움을 바탕으로 첫 번째 시련을 잘 극복할 수 있었다.

두 번째 시련은 방울토마토의 성장과 함께 나타났다. 5월 말, 여름의 초입에 다가서자, 방울토마토 줄기는 꽤 크게 자라났다. 방울토마토에 가지치기와 지지대 세우기가 필요한 순간이 왔다는 것을 알 수 있었다. 과실을 맺는 식물은 영양분이 다른 가지로 분산되어 열매가 부실해지는 것을 막기 위해 불필요한 가지를 찾아 적절히 잘라주어야 한다. 또한, 가지가 많아지며 줄기가 휘청이거나 꺾이는 경우가 생기는데, 그 전에 지지대를 세워 방울토마토가 곧바로 클 수 있게 해주어야 한다. 이 과정은 어렵지는 않지만, 손이 많이 가고, 정성이 필요한 작업이다. 학생들은 더위로 빨개진 자신들의 볼처럼 붉게 익을 방울토마토 열매를 생각하며 열심히 가지를 치고, 지지대를 세웠다. 이 과정에서 우리 학교 학부모 도서 위원이자 학부모님인 어머니께서도 섬세한 도움을 주셨다. 학생들은 한 생명을 가꾸는 일이 쉽지 않다는 것을 마음속으로 느끼며 두 번째 시련도 무사히 넘길 수 있었다.

세 번째 시련은 벌레와의 싸움이었다. 장마철의 많은 비와 여름의 뜨거운 햇볕은 식물이 자라나기 좋은 환경이지만, 이는 벌레에게도 마찬가지이다. 학생들이 직접 먹고 요리 재료로 쓸 식물이기 때문에, 학생들은 무농약을 원칙으로 식물을 가꾸고 있었다. 6월에 푸르고 싱싱한 잎사귀를 보여주던 바질의 잎사귀에 갈색 총채벌레가 끼기 시작하더니, 잎에 구멍이 송송 뚫리고, 잎의 뒷면에는 벌레들의 검은색 배설물이 끼기 시작했다. 이대로라면, 잘 자라고 있는 다른 바질에도 이 벌레가 영향을 끼칠 것은 너무나도 당연했다.

학생들은 이야기 끝에 아깝더라도, 벌레가 먹은 잎의 바질잎을 뜯거나, 상태가 심각한 바질은 뿌리째 뽑아 제거하기로 했다. 학생들은 '친환경', '무농약' 채소나 과일을 마트에서는 많이 봐왔을 것이다. 농사를 짓는 경험이 없었다면 단순하게 '농약을 안 쓰고 기른 채소이니 몸에 좋구나.' 정도로만 생각했을 것이다. 하지만, 실제로 친환경, 무농약으로 식물을 기른다는 것이 얼마나 힘든 일인지 학생들은 깨달았다. 이는 환경보호, 건강, 그리고 경제성 사이에서 학생들이 농업인의 처지에서 고민할 기회가 되었다.

농약 사용에 대한 학생들의 의견은 저마다 달랐다. '약을 쓰면, 더 많은 작물을 쉽게 재배하여 더 많이 팔 수 있으니 이득이다.', '환경보호와 소비자의 건강을 위해 어렵더라도 농약 사용은 최소화해야 한다.' 정답은 없다. 실제로 많은 농업인이 각자 다른 선택을 하고 있다. 하지만, 한 가지 확실하게 모든 학생이 공통으로 느낀 것은 '친환경', '지속가능성', '환경보호' 등 말의 무게가 매우 무겁고 실천하는 데 큰 노력이 필요하다는 것이다.

책을 읽으며 입으로만 말하는 지속가능성과 몇 개월간 생명을 기르는 노력 속에 느낀 지속가능성에는 분명 차이가 있다는 것을 학생들은 세 번째 시련을 통해 느꼈다. 생명을 품은 하나의 존재가 성장하는 과정에서 많은 노력과 주변의 관심이 필요하다는 것 또한 배우며 말이다.

친환경 농업 프로젝트-잡초 뽑기

수확의 기쁨, 나눔의 행복

7월 초, 드디어 바질, 방울토마토, 상추가 먹을 수 있을 만한 수준으로 자랐다. 7월 중순, 방학식이 있는 주간에 수확과 피자 만들기 수업을 계획하며 교사인 나는 분주해졌다.

우선, 가장 중요한 것은 급식실과의 협조였다. 급식실에 있는 오븐을 활용해야만 맛있는 마르게리타 피자를 만들 수 있을 테니 말이다. 사실, 이렇게 직접 기른 작물을 재료로 한 요리 수업은 급식실이나 학교 관리자로서는 꽤 부담스러울 수 있다. 급식실에서 검수받아 인가되지 않은 재료로 음식을 만들어 먹다가 학생들이 탈이 나면, 학교 차원에서는 큰 낭패일 수 있기 때문이다. 다행히도, 영양사님은 재료의 세척과 소독을 꼼꼼히 한다는 조건으로 흔쾌히 6학년의 요리 수업에 오븐과 필요한 용구들을 지원하기로 결정하였다.

다음으로는 학교 관리자들과 행정실의 협조가 필요했다. 교장, 교감 선생님께서는 학생들의 활동을 의미 있게 봐주셨고, 필요한 지원을 충분히 해주셨다. 행정실은 피자 만들기에 필요한 재료들의 구입에 도움을 주었다. 많은 학교 구성원의 도움으로 피자를 만들 수 있게 된 6학년 학생들은 감사의 의미로 평소에 도움을 주신 교직원분들을 위한 피자도 함께 만들기로 했다.

피자를 만드는 날, 학생들은 한 학기 동안 정들었던 식물의 열매와 잎을 직접 따고 손질하기 시작했다. 그리고 피자 만들기 수업이 시작되었다. 식탁에 하나의 음식이 올라오기까지의 과정을 한 학기 동안 온몸으로 느껴서 그랬는지는 몰라도, 학생들의 수업 태도는 생각보다 차분했다. 저마다 진지하게 피자에 필요한 재료를 올리며 개성이 넘치는 10여 판의 피자를 만들었고, 급식실 오븐에 인계하였다. 피자가 오븐에서 구워지는 15분은 학생들에게 정말 긴 시간이었을 것이다. 드디어 향긋한 바질과 새콤한 토마토의 향기를 머금은 피자가 오븐에서 자태를 드러난 순간 모두가 감탄을 금치 못했다. 군침이 입을 가득 고였지만, 아이들은 성숙하게도 피자를 먹기 전에 도움을 준 모든 교직원에게 피자를 배달했다. 다행히, 모두 맛있게 피자를 드시며 6학년 학생들에게 엄지손가락을 세워주셨다. 뿌듯한 마음으로 교실로 돌아온 학생들도 피자를 한 입 먹었는데, 다들 '인생 피자'라고 감탄하던 것이 아직도 떠오른다. 자신이 직접 만든 재료로 만든 피자에는 뭔가 다른 맛이 있다고 생각한 것일지도 모르겠다.

친환경 농업 프로젝트 - 농작물 회의 과정과 피자 만들기 활동

친환경 농업 프로젝트를 통해, 학생들이 느낀 점을 생태 감수성의 함양이나 지속 가능한 농업의 중요성으로 요약할 수도 있겠지만, 나는 학생들이 '지속 가능한 공동체'의 모습을 조금이라도 느꼈기를 바란다. 지속 가능한 공동체란 무엇일까? 단순히 환경과 자원을 아끼고 [Environment] 지속적으로 활용하는 공동체를 넘어, 구성원들 간의 협력과 신뢰 [Social], 그리고 건강하게 소통할 수 있는 체계를 가진 [Governance] 공동체가 아닐까? 학생들은 환경을 생각한 농업 프로젝트를 계획하고 학교의 여러 공동체 구성원이 이 프로젝트에 도움을 주었다. 그리고 구성원들끼리 결과를 나누는 과정을 통해 학생들이 지속 가능성의 경험을 느끼는 프로젝트였기를 바란다. 끝으로, 수확한 작물 중에 상추는 세척과 소독 과정을 거친 후, 학교 급식에 수육이 나오는 날 전교생과 교직원이 함께 맛있게 나눠 먹었다.

수업을 나오며

**학습자 주도성이 발현되기 위해서는
학교 전체의 주도성이 필요하다.**

학습자 주도성을 강조하다 보니, 학생이 교육활동의 주인공이고 교사는 보조자가 된다는 느낌이 든다. 물론, 교사의 역할이 상대적으로 감소한다고 오해하기 쉽다. 하지만, 학습자 주도성이 발현되기 위해서는 오히려 교사의 주도성, 더 나아가 학교, 학부모, 지역사회 등 모든 교육 주체의 주도성이 필요하다. 학습자 주도성은 학생 개인의 이익이나 목표 달성이 아닌 사회적 기여와 관련된 목표 달성에서 언급되는 능력이기 때문이다. 지금까지의 교육이 자기 주도적 학습이 가능한 개인을 키우는 것에 만족했다면, 이제는 그 개인들이 모인 주도적인 공동체를 만드는 것에도 관심을 기울이고 있다. 특히, 이 과정은 학생과 교사뿐만 아니라 학교, 가정, 지역사회 모두의 노력이 있어야만 가능하다.

이번 프로젝트 수업이 성공적이라고 평가할 수 있는 까닭은 학생들의 주도적 참여 외에도 학교 구성원들의 주도적인 지지와 참여가 있었기 때문이다. 덕분에 학생들뿐만 아니라 교사인 나에게도 이 수업은 기억에 오래 남을 것이다. 함께 고생하며 서로 돕고 돕는 경험이 오래도록 기억에 남는 것처럼 말이다. 갈수록 인정이 메말라가는 사회라고 할지라도, 학교는 인간의 가치를 계속해서 능동적으로 가르치는 공간이 되어야 한다. 특히, 초등학교는 학생들이 사회의 모습을 간접적으로 볼 수 있는 첫 공간이라고 생각한다. 학생들이 학교에서의 수업과 생활을 통해 따뜻하고 협력하는 지속 가능한 공동체가 있다는 것을 이번 수업을 통해 배웠기를 바란다.

생태 감수성을 지닌 세계시민으로 성장하는 지속가능한 발전 수업

문진아 * 송남중학교

지리를 배우며 세상을 보는 법을 배웠고, 지리가 좋아서 교사가 되었습니다. 어쩌다 보니 계속 면 지역의 작은 학교로 발령을 받게 되어 교실에서 만나는 아이들의 세상을 넓혀주고 스스로 세상을 보는 법을 알려주려 매 수업 고민합니다. 아이들이 자신의 힘으로 땅 위에 바로 서고 자기 삶을 살아가는 사람으로 성장하길 바랍니다. 그리고 이런 생각을 함께하는 동료 선생님들과 계속해서 나눌 수 있기를 꿈꿉니다.

개정 교육과정 키워드에 대한
나의 수업 고민

나의 꿈은 '멋진 할머니'

학생들과 한 번씩 꿈에 관한 이야기를 나눈다. 보통 아이들은 '돈 많은 백수'라든지 '못 말리는 짱구', '노는 게 제일 좋다는 뽀로로'가 되고 싶다고 하고, 종종 '유명 아이돌 ○○○의 부인' 같은 꿈을 이야기하고는 한다.

"선생님의 꿈은 멋진 할머니가 되는 것이야."

아이들은 그게 무슨 꿈이냐고 웃는다. 그러면 아주 진지하게 '멋진 할머니'가 얼마나 대단한 꿈인지 설명을 한다. 멋진 할머니는 '멋짐'과 '할머니'라는 두 요소로 구성되어 있다. '멋짐'을 갖추기 위해 나는 몸과 마음을 가꾼다. 주 2~3회 운동도 하고, 문화생활도 즐긴다. 더 많이 생각하고 조금 더 나은 사회를 만들기 위해 노력한다. '할머니'가 되기 위해 나는 건강한 음식도 챙겨 먹고 운동도 하고 병원도 꼬박꼬박 잘 간다. 20세기 말에 태어나 21세기를 살아가는데 이왕 이렇게 된 거 22세기도 보고 싶다. 웃자고 하는 얘기지만 사주에서도 나 장수한다고 하더라.
그런데 나의 노력이 물거품이 될 수도 있다. 지금의 세계가 말이다.

나의 의지와 상관없이 나는 멋지지 못한 순간에 여러 번 놓이고, 할머니가 되기 전에 죽을 수도 있다. 내 꿈을 이루지 못할 위기에 처했다.

교사인 내가 꿈을 이루는 방법

2022 개정 교육과정의 사회과 교육과정은 사회과의 성격 및 정체성에 기초하여 학생들이 시민으로서 필요한 자질을 갖추도록 설계하였다. 사회과는 총론에서 비전으로 제시한 '포용성과 창의성을 갖춘 주도적인 사람'과 연계하여 사회과 역량을 창의적 사고력, 비판적 사고력, 문제해결력 및 의사 결정력, 의사소통 및 협업 능력, 정보 활용 능력으로 설정하였다.

또한 총론에서 미래 변화에 대응하는 교육 방향으로 강조한 민주시민 및 생태전환교육과 연계하여 사회과의 핵심 아이디어와 내용 요소에 공동체 의식, 평화, 인권, 문화 다양성 등의 민주시민 관련 내용과 기후위기 대응, 지속가능한 발전, 생태 감수성 등의 생태전환교육 관련 내용을 반영하여 구성하였다.

내가 사랑하는 지리는 땅 위에 사람이 바로 설 수 있게 해주는 학문이다. 나와 함께하는 지리 수업을 통해 학생들이 삶에서 바로 설 수 있기를 바란다. 그래서 나는 지리 현상을 인식하고 자연환경과 인문환경이 인간 생활에 미치는 영향과 상호작용을 파악하며 지속할 수 있는 세계를 위해 협력하고 실천하는 시민의 자질을 함양하도록 구성된 지리 관련 영역의 핵심 아이디어와 관련하여, 학생이 학습한 내용을 삶에서 실천하며 의미 있는 학습 경험이 되도록 하는 수업을 고민하였다. 교사인 내가 꿈을 이루는 방법은 나와 같은 꿈을 가진 이들이 늘어나도록,

나와 내가 만나는 아이들이 세상을 조금 더 나은 방향으로 만들기 위해 생각하고 행동하는 수업을 진행하는 것이다.

수업 구상 배경과 목적

**학생들의 세상을,
마을에서 세계로 확장하기**

2022 개정 교육과정에서는 학생의 주도성 함양을 강조한다. 주도성은 '자신의 삶과 주변 세계에 긍정적인 영향을 미치며 세계의 변화를 주도하되 자신의 행위에 대해 성찰하며 책임감 있게 행동하는 능력'이라고 한다. 어떻게 하면 내가 만나는 아이들에게 주도성을 길러줄 수 있을까, 우리 아이들이 행동하고 성찰하며 세계를 변화시킬 수 있는 것이 무엇이 있을까 생각했다.

우리 학교는 6년 차 혁신학교로 마을 교육활동이 잘 진행되어, 학생들은 주변 세계에 관심이 많다. 마을의 생태환경을 이해하고 반딧불이를 보호하는 반딧불이 모니터링 활동도 하고, 세대공감과 돌봄으로 이웃에 살고 계신 어르신에게 반찬 배달 봉사도 진행한다. 마을을 사랑하는 어른들과 마을에서 나고 자란 청년들이 멘토가 되어 학생들의 진로 상담을 해주는 캠프도 운영하고, 마을과 연계하여 4·16 기억식도 진행한다. 이런 아이들에게 학교에서 배우는 것들이 그냥 배워야 해서

하는 공부가 아닌, 우리 삶과 밀접하게 연결되어 있다는 것을 느끼기를 바랐다.

그래서 나는 학생들이 학교와 가정 등 삶의 여러 영역에서 행동하고 성찰하는 지속가능한발전 수업을 구상하였다. 그리고 학생들의 세상이 내가 살고 있는 마을만이 아니라 세계로 확장될 수 있도록 세계시민의 관점에서 바라보는 수업으로 설계하였다.

수업 한눈에 보기

수업 개요

생태감수성 지닌 세계시민으로 성장하는 지속가능한발전 수업			
과목 사회		학년 중학교 3학년	기간 7차시
핵심 아이디어		• 조화를 이루며 살아가려는 인간의 신념 및 활동은 지구환경의 지속가능성을 가능하게 한다. • 인류는 공동의 번영과 공존을 위해 지역적 수준에서 지구적 수준까지 다양한 공간적 스케일에서 상호 협력 및 연대가 필요하다.	
성취기준		[9사(지리)12-02] 지역 개발과 환경 보존을 둘러싼 글로컬 환경 이슈에 관심을 가지고 자신의 웰빙 및 공동체의 지속가능한 발전을 위해 참여하고 실천한다. [9사(지리)12-03] 더 나은 지역을 만들어 가는 사람들의 노력을 국내외 사례를 통해 살펴보고, 자신이 사는 지역의 문제를 해결하기 위한 방안을 모색하고 이를 실천한다.	
핵심역량		■ 창의적 사고력　　　■ 비판적 사고력　　　■ 문제 해결력 및 의사 결정력 ■ 의사소통 및 협업 능력　■ 정보 활용 능력	

탐구질문	1. 세계시민으로서 우리가 당면한 환경 이슈를 해결하기 위해 삶과 연계하여 어떤 것을 실천할 수 있을까? 2. 개인과 사회의 지속가능한 삶을 구현하기 위해 일상생활에서 무엇을 실천할 수 있을까?

수업의 흐름

1차시	오리엔테이션	• 기후변화, 스스로 점검하기 • 세계시민, 지속가능한 삶, 지속가능발전목표 등 개념 학습하기 • 수업 흐름에 대한 안내
2차시	기후변화, 제대로 알기	• 기후변화에 대해 제대로 알기
3~4차시	글로컬 환경 이슈 알아보기	• 다큐멘터리 「지속가능한 지구는 없다 2부. 재활용 식민지」를 함께 보고 생각 나누기
5차시	지속가능한 삶 실천 글쓰기	• 나의 삶에서 발생하고 있는 환경 이슈 발견하기 • 지속가능한 삶을 위한 개선 방안을 실천한 것을 글쓰기
6차시	지속가능한 삶 실천 글쓰기 2	• 나의 삶에서 발생하고 있는 환경 이슈 발견하기 • 지속가능한 삶을 위한 개선 방안을 실천한 것을 글쓰기 • 피드백 제공하기
7차시	활동 마무리	• 나의 실천 내용 공유하기 • 수업의 의도 알리기

주요 결과물	• 개인 결과물: 지속가능한 삶을 위한 개선 방안 실천 글

채점기준표

평가 요소	채점 기준		
	잘함	보통	노력 필요
학교에서 실천하기	학교에서 발생한 환경 문제를 적절하게 선정하고, 관련 사진 또는 영상을 제시함. (4)	학교에서 발생한 환경 문제를 적절하게 선정하였으나, 관련 사진 또는 영상을 제시하지 않음. (2)	학교에서 발생한 환경 문제를 제시하지 않거나, 선정한 환경 문제가 적절하지 않음. (0)
	선정한 환경 문제가 전 지구적으로 미치는 영향과 자기 삶에 미치는 영향을 서술한 내용이 우수함. (10)	선정한 환경 문제가 전 지구적으로 미치는 영향 또는 자기 삶에 미치는 영향 중 하나만 적절하게 서술함. (7)	선정한 환경 문제가 전 지구적으로 미치는 영향과 자기 삶에 미치는 영향을 서술한 내용이 모두 적절하지 않음. (4)
	세계시민의 관점에서 지속가능한 삶을 위한 개선 방안을 실천한 글 내용이 우수함. (10)	개선 방안을 실천한 글 내용에 세계시민의 관점 또는 지속가능한 삶과의 연계성이 부족함. (7)	개선 방안을 실천하지 않았거나, 작성한 내용이 매우 미흡함. (4)
가정에서 실천하기	가정에서 발생한 환경 문제를 적절하게 선정하고, 관련 사진 또는 영상을 제시함. (4)	가정에서 발생한 환경 문제를 적절하게 선정하였으나, 관련 사진 또는 영상을 제시하지 않음. (2)	가정에서 발생한 환경 문제를 제시하지 않거나, 선정한 환경 문제가 적절하지 않음. (0)
	선정한 환경 문제가 전 지구적으로 미치는 영향과 자기 삶에 미치는 영향을 서술한 내용이 우수함. (10)	선정한 환경 문제가 전 지구적으로 미치는 영향 또는 자기 삶에 미치는 영향 중 하나만 적절하게 서술함. (7)	선정한 환경 문제가 전 지구적으로 미치는 영향과 자기 삶에 미치는 영향을 서술한 내용이 모두 적절하지 않음. (4)
	세계시민의 관점에서 지속가능한 삶을 위한 개선 방안을 실천한 글 내용이 우수함. (10)	개선 방안을 실천한 글 내용에 세계시민의 관점 또는 지속가능한 삶과의 연계성이 부족함. (7)	개선 방안을 실천하지 않았거나, 작성한 내용이 매우 미흡함. (4)
삶에서 실천하기	학교, 가정 외 삶의 다양한 영역에서 발생한 환경 문제를 적절하게 선정하고, 관련 사진 또는 영상을 제시함. (4)	학교, 가정 외 삶의 다양한 영역에서 발생한 환경 문제를 적절하게 선정하였으나, 관련 사진 또는 영상을 제시하지 않음. (2)	학교, 가정 외 삶의 다양한 영역에서 발생한 환경 문제를 제시하지 않거나, 선정한 환경 문제가 적절하지 않음. (0)
	선정한 환경 문제가 전 지구적으로 미치는 영향과 자기 삶에 미치는 영향을 서술한 내용이 우수함. (10)	선정한 환경 문제가 전 지구적으로 미치는 영향 또는 자기 삶에 미치는 영향 중 하나만 적절하게 서술함. (7)	선정한 환경 문제가 전 지구적으로 미치는 영향과 자기 삶에 미치는 영향을 서술한 내용이 모두 적절하지 않음. (4)
	세계시민의 관점에서 지속가능한 삶을 위한 개선 방안을 실천한 글 내용이 우수함. (10)	개선 방안을 실천한 글 내용에 세계시민의 관점 또는 지속가능한 삶과의 연계성이 부족함. (7)	개선 방안을 실천하지 않았거나, 작성한 내용이 매우 미흡함. (4)
성찰하기	실천 과정을 성찰하며 지속가능한 삶을 위해 일상생활에서부터 문제 개선을 실천하는 태도를 내면화하는 것이 드러남. (28)	실천 과정을 성찰하였으나 지속가능한 삶을 위해 일상생활에서부터 문제 개선을 실천하는 태도를 내면화하는 것이 부족함. (28)	실천 과정을 성찰하지 않았거나, 작성한 내용이 매우 미흡함. (16)

세부 능력 및 특기사항 예시

전 지구적인 차원에서 발생하는 기후변화의 원인과 그에 따른 다양한 지역 변화 사례를 조사함. 학교에서 분리배출이 잘 안돼 자원이 낭비되고 쓰레기 처리 비용이 많이 들며, 쓰레기가 소각되면서 온실가스가 배출되어 기후변화를 초래한다는 문제를 인식하고, 이를 해결하기 위해 교내에 올바른 분리배출 가이드를 만들어 이를 널리 알림. 가정에서 사용하지 않는 플러그가 계속 꽂혀 있어 대기전력이 발생하고, 이에 따라 전기를 생산하는 과정에서 탄소가 배출되어 지구온난화 및 생물 다양성에 악영향을 준다는 문제를 인식함. 이를 해결하기 위해 가정 내에서 낭비되는 전기를 점검하는 활동을 수행함. 또한 수많은 메일 데이터를 유지하느라 데이터센터에서 우리나라에서만 연간 1,700만 톤의 이산화탄소가 배출된다는 사실에 큰 충격을 받고, 스팸메일을 차단하고 불필요한 메일을 주기적으로 삭제하기 위해 알림을 맞추는 등 적극적으로 노력함. 이처럼 환경 문제를 해결하기 위해 학교, 가정, 삶의 다양한 영역에서 실천하고, 그 과정에서 자신의 삶을 성찰하며 지속가능한 삶을 위해 꾸준히 노력함. 사회 문제에 관심을 가지고 문제해결에 이바지하려는 태도를 가짐.

수업에 들어가며

세계시민으로 성장하는 지속가능한 삶 실천 글쓰기

이 수업의 탐구 질문은 "세계시민으로서 우리가 당면한 환경 이슈를 해결하기 위해 삶과 연계하여 어떤 것을 실천할 수 있을까?"이다. 2015 개정 교육과정의 성취기준인 "[9사(지리)10-01] 전 지구적인 차원에서 발생하는 기후변화의 원인과 그에 따른 지역 변화를 조사하고, 이를 해결하기 위한 지역적·국제적 노력을 평가한다.", "[9사(지리)10-02] 환경 문제를 유발하는 산업이 다른 국가로 이전한 사례를 조사하고, 해당 지역 환경에 미친 영향을 분석한다.", "[9사(지리)10-03] 생활 속의 환경 이슈를 둘러싼 다양한 의견을 비교하고, 환경 이슈에 대한 자신의 의견을 제시한다."가 2022 개정 교육과정의 성취기준에도 반영되어 있다.

수업의 전반부는 기후변화의 원인, 기후변화에 따른 다양한 지역 변화 사례, 기후변화 현황 및 해결을 위한 노력에 관해 알아본다. 이는 2022 개정 교육과정의 사회과 핵심 아이디어인 "인류는 공동의 번영과 공존을 위해 지역적 수준에서 지구적 수준까지 다양한 공간적 스케일에서 상호 협력 및 연대가 필요하다."와도 연관된다.

수업의 후반부는 자기 삶에서 발생하고 있는 환경 문제를 발견하고, 그 환경 문제가 전 지구적으로 미치는 영향과 자기 삶에 미치는 영향을 탐구하고, 세계시민의 관점에서 지속가능한 삶을 위해 자신의 일상생활에서부터 문제 개선을 위해 실천하며 그 태도를 내면화하는 과정이다. 수업의 전 과정에서 세계시민으로서 우리가 당면한 환경 이슈를 해결하기 위해 삶과 연계하여 실천할 수 있는 자세를 가지도록 계속해서 생각하고 글을 쓰고 이야기를 나누도록 하였다. 자신의 실천 과정을 성찰하며 지속가능한 삶을 위해 자신의 일상생활에서부터 문제 개선을 위해 실천하는 태도를 내면화하도록 한다.

오리엔테이션

1차시는 수업 전반에 대해 안내하고 학습자를 분석하는 오리엔테이션으로 진행했다. 먼저 학생들과 세계시민으로서 기후변화에 대해 제대로 알고 있는지, 글로컬 환경 이슈에 대해 얼마나 관심이 있는지 이야기를 나누며 스스로 점검하도록 한다.

기후변화에 대한 사전 지식이 얼마나 있는지에 대한 발문에 학생들은 "벌써(4월) 이렇게 더운 걸 보면 점점 지구온난화가 심각해지고 있는 것 같다.", "기후변화 문제는 심각하고, 이를 해결하기 위해 전 세계가 함께 노력해야 한다.", "여러 번 들어보았지만, 솔직히 정확히는 알지 못한다.", "어떻게든 되지 않을까 생각한다.", "어른들이 제대로 노력하지 않는다." 등으로 대답했다. 학생들 사이에 기후변화를 바라보는 시각차가 있는 것을 알 수 있었다.

다음으로 세계시민, 지속가능성, 지속가능발전목표 등 주요 개념에 대해 학습한다. 유튜브의 3~5분 정도의 짧은 영상을 참고 자료로 활용하였다.

이후 채점기준표를 바탕으로 수업 흐름을 설명한다. 이 수업은 학생들이 자신의 삶에서 환경 문제를 발견하고, 지속가능한 삶을 위한 개선 방안을 실천하여 글로 표현하는 활동을 포함한다. 따라서 학생들은 수업 외에도 주변을 관찰하고, 직접 행동하며, 성찰하는 것이 중요하다. 수업 시간이 아니더라도 지속가능성에 대해 계속 생각하고, 자기 삶에서 발생하고 있는 환경 문제를 사진이나 영상으로 기록하도록 안내했다. 또한, 세계시민의 관점에서 이 문제들이 개인의 삶과 전 지구적으로는 어떤 영향을 미칠지 고민하도록 지도했다.

기후변화, 제대로 알기

2차시는 '기후변화 제대로 알기'이다. 지구온난화로 인한 된더위, 혹한, 홍수, 가뭄 등 극단적인 기후 현상이 늘어나면서 학생들도 기후변화를 하지만, 실제로는 잘 알지 못하는 경우가 많았다. 이를 보완하기 위해 기후변화 관련 영상을 함께 시청하고 내용을 학습했다.

요즘에는 기후변화와 관련된 영상이 많으므로, 학습자 특성에 가장 잘 맞는 것으로 선정하면 된다. 영상 시청 중간중간 학생들의 이해도를 확인하고 보충 설명을 추가하며 이후 수업도 진행하려면 영상 길이는 20분을 넘지 않는 것이 적당하다. 교사가 참고했으나 시간상 보여주지 못한 영상은 학습지에 QR코드로 제공했다.

학생들은 영상을 보며 가장 인상적인 내용 2~3가지를 정리하고, 본 후의 생각을 3줄 내외로 작성하게 했다. 인상적인 내용은 전체 학생들과 공유하며 이야기를 한 번 더 나누었다. 이후 교과서 내용을 보며 기후변화의 원인과 지역 변화를 학습해, 학생들이 기후변화의 심각성을 이해하도록 했다.

영상을 보고 나서 학생들이 '기후위기는 이미 극복할 수 없어. 이건 우리 같은 개인의 노력으로 해결할 수 없는 문제야. 기후위기는 절대 해결되지 않을 거야.'라고 생각하며 무기력하거나 우울해지지 않도록 주의가 필요하다. 기후 위기 극복을 위해 국제기구와 국가 정책이 중요하지만, 개인의 행동이 필수적임을 강조하며 우리가 이런 수업을 진행하는 것이 큰 의미가 있다는 것을 학생들이 인식하도록 진행해야 이 수업을 유의미하게 이끌어갈 수 있다.

'재활용 쓰레기'에 대한 오해

3~4차시에서는 재활용 쓰레기 문제를 다루었다. 이 수업은 2015 개정 교육과정의 "[9사(지리)10-02] 환경 문제를 유발하는 산업이 다른 국가로 이전한 사례를 조사하고, 해당 지역 환경에 미친 영향을 분석한다.", 2022 개정 교육과정의 "[9사(지리)12-02] 지역 개발과 환경 보존을 둘러싼 글로컬 환경 이슈에 관심을 가지고 자신의 웰빙 및 공동체의 지속가능한발전을 위해 참여하고 실천한다."와 관련이 있다.

학생들은 "재활용 쓰레기란 무엇인가?", "내가 가장 많이 버리는 재활용 쓰레기는 무엇인가?", "내가 버리는 재활용 쓰레기는 지금 어떻게 되어 있을까?"에 대한 답을 했다. 가장 많이 버리는 재활용 쓰레기는 플라스틱이었으며, 학생 대부분은 자신이 깨끗하게 분리배출한 페트병이 새로운 페트병이나 다른 플라스틱 제품으로 재활용되고 있을 것이라 예상했다. 플라스틱은 모양을 바꾸기도 쉽고 썩지도 않으니까. 무엇보다도 '재활용' 쓰레기라고 하니까 말이다.

국내 생활계 폐플라스틱 처리 현황 자료를 보여주었다. 환경부에 따르면, 2021년 우리나라 플라스틱 폐기물의 재활용률은 약 73%였고, 생활계 폐기물만 보면 약 57%였다. 이는 2019년 기준 전 세계 플라스틱 재활용률이 9%, EU의 재활용률이 32.5%인 것과 비교하면 높은 수치이다. 그러나 '2023 플라스틱 대한민국 2.0 보고서'에 따르면, 2021년 우리나라 생활계 플라스틱 폐기물 중 물질 재활용률은 약 16.4%에 불과하며, 나머지는 에너지 회수(38.2%), 소각(32.6%), 매립(12.8%)으로 처리되었다.

이 차이는 우리나라와 EU가 재활용을 정의하는 방식의 차이에서 발생한다. EU는 플라스틱의 물성을 변화시키지 않고 재사용하거나 가공해 이용하는 '물질 재활용'만을 재활용으로 간주한다. 반면, 우리나라는 에너지 회수도 '열적 재활용'으로 포함한다. 그러나 열적 재활용은 사실상 플라스틱을 태우는 것으로, 친환경적이지 않다. 따라서 우리가 생각하는 '재활용'의 실제 비율은 매우 낮으며, 심지어 상당량의 폐플라스틱이 해외에서 처리된다. "그렇다면 해외로 보내지는 폐플라스틱은 어떻게 처리될까?" 이에 대해 학생들에게 질문을 던지며 수업을 이어갔다.

다큐멘터리 제목을 보고 내용 추측하기

환경 수업을 할 때 학생들과 다큐멘터리 한 편은 꼭 함께 보려고 한다. 이번에 선정한 다큐멘터리는 KBS <다큐 인사이트>에서 지난 2024년 1월 18일 방영한 「지속가능한 지구는 없다 2부. 재활용 식민지」이다. 이 다큐멘터리는 유튜브에서 전체 영상을 무료로 볼 수 있다.

'재활용 식민지'라는 제목을 보고 영상에 나올만한 내용을 추측해 보았다. 학생들은 "우리가 분리배출한 재활용 쓰레기를 쓰고 있는 나라의 이야기일 것 같아요.", "과거 제국주의 국가들이 아시아와 아프리카를 식민 지배하며 자원을 수탈한 것처럼, 선진국들이 개발도상국의 뭔가를 수탈하는 내용이 나올 것 같아요.", "우리나라의 폐플라스틱도 상당량이 해외에서 처리된다고 하셨는데, 그 해외가 과거 식민 지배를 받았던 국가일까요?" 등 다양한 추측을 하였다.

재활용 식민지

다큐멘터리는 검은 연기가 뒤덮은 인도네시아 자와티무르의 평범한 농촌 마을에서 시작된다. 연기의 근원지를 향해 가는 니나는 숨 막히는 검은 연기의 정체가 잘게 분쇄된 플라스틱 더미라는 것을 발견한다. 이곳은 쓰레기 소각장이 아니라, 플라스틱을 연료로 사용하는 석회 가마이다. 과거에는 나무를 땔감으로 사용했으나, 나무가 비싸지면서 플라스틱이 저렴한 대체 연료가 되었다. 그러나 플라스틱을 태우면 염화수소와 다이옥신 같은 유해물질이 발생해 마을 전체를 오염시키는 것이다.

또 다른 공장에서도 플라스틱 쓰레기가 연료로 사용되며, 그중에는 한국에서 온 쓰레기도 포함되어 있다. 원래 이곳에 오지 말았어야 할 불법 수입 쓰레기이다. 전 세계 191개국은 바젤 협약에 따라 플라스틱 폐기물의 수출입이 엄격히 규제되지만, 여전히 플라스틱 쓰레기는 수입되어 이 공장에서 태워진다. 더 충격적인 사실은, 이 공장에서 만드는 제품이 두부라는 점이다. 학생들은 플라스틱 쓰레기가 연료로 사용되어 음식을 만드는 장면에 큰 충격을 받는다. 특히 그 플라스틱이 한국에서 온 것이라니 더 놀라워한다. 영상 중간중간 일시 정지를 하며, 학생들에게 이런 일이 왜 일어나는지 질문을 던져 계속해서 생각해보게 한다.

니나는 자신의 마을에 쌓여가는 플라스틱 쓰레기의 실태를 알리는 청소년 환경운동가이다. 왜 그녀의 마을은 플라스틱 쓰레기로 뒤덮이고 있을까? 2022년 기준 세계 플라스틱 생산량은 4억 톤이며, 2060년에는 그 양이 3배로 증가할 것으로 예상된다. 폐기물도 빠르게 늘고 있다. 그러나 많은 '친환경' 국가는 재활용할 수 있는 자원이라는 명목으로 폐플라스틱을 규제가 약한 나라로 보내고 있다. 독일, 네덜란드, 미국 같은 나라들이 재활용률을 높이는 동안, 니나의 마을에는 수입된 쓰레기가 쌓여가고 있었다. 니나는 이 불합리한 현실에 충격을 받았고, 환경운동가로서 첫 발걸음을 내디뎠다.

재활용되지 않는 재활용품들

우리나라는 독일과 함께 재활용 선진국으로 꼽히지만, 실제로 재활용이 가능한 플라스틱은 드물다. 연간 약 700만 톤의 플라스틱이 재활용된다고 하지만, 색상과 소재가 단일한 투명 페트병 같은 경우는 흔치 않기 때문이다. 하나의 제품처럼 보이지만, 혼합된 재질의 플라스틱은 재활용되지 않으며, 내용물이 남아있는 플라스틱은 화학 처리가 필요해 비용이 많이 들어 재활용되지 않는 경우가 많다. 비닐도 성분에 따라 재활용이 어렵고, 대부분 위탁 처리된다.

재활용이 어려운 플라스틱은 오히려 처리 비용이 든다. 다큐멘터리에서 홍수열 자원순환사회경제연구소장은 "플라스틱 문제를 재활용으로 해결하는 것은 불가능에 가깝습니다. 처리비가 톤당 10만 원에서 20만 원 이상 들어가는데, 저개발 국가로 수출하면 적은 돈으로 처리할 수 있으니까요."라고 말한다. 학생들은 재활용에 대한 기존의 인식이 환상에 가깝다는 것을 깨닫고, 왜 재활용되지 않는 플라스틱을 우리가 재활용된다고 믿고 사용해 왔는지 의문을 가지게 된다.

다큐멘터리는 학생들이 주변의 환경 문제를 인식하고, 세상을 새롭게 바라보게 하는 여러 내용을 다룬다. 학생들은 가장 인상적인 내용을 2~3가지 정리하고 느낀 점을 작성한 후, 짝과 먼저 이야기를 나누고 전체 학생들과 공유했다. 이후 세계시민, 지속가능성, 지속가능발전목표 등의 개념과 연관하여 생각해보도록 했다.

지속가능한 삶 실천 글쓰기

5~6차시는 지속가능한 삶을 위해 실천 내용을 글로 쓰는 시간이었다. 학생들은 자신의 삶에서(학교, 가정, 그 외) 발생한 환경 문제를 발견하고, 관련 사진이나 영상을 제시하며, 그 문제가 전 세계와 자기 삶에 미치는 영향을 탐구했다. 그런 다음, 세계시민의 관점에서 개선 방안을 실천하고, 그 과정을 글로 작성했다. 이 과정에서 학생들은 자신의 실천을 성찰하며, 지속가능한 삶을 위해 일상에서 문제 개선을 실천하는 태도를 내면화했는지 점검했다. 이 글쓰기는 2차시에 걸쳐 구글 클래스룸을 통해 이루어졌으며, 교사는 학생들의 글을 수시로 확인하며 피드백을 제공했다.

예를 들어, 한 학생은 "우리 학교의 환경부 부장으로서 반성하게 되었다. 나는 내가 나름 쓰레기 분리배출을 잘한다고 생각했는데, 실제로는 그렇지 않았다는 것을 알게 되었다. 플라스틱 쓰레기 문제는 정말 충격적이었다. 환경부 부장으로서 내가 잘못하고 있으면서도 다른 학생들을 지적했던 것이 부끄럽지만, 이번 기회에 깨달음을 얻은 다행이다." 라는 글을 작성했다. 이에 교사는 "○○이가 환경부 부장으로서 많은 것을 느꼈구나. 네가 알게 된 점을 모르는 친구들에게 알리고, 모두 함께 실천할 방법을 학생회 활동과 연결해보는 것은 어떨까?"라고 피드백했다. 이후 그 학생은 환경부 부원들과 함께 교내에 올바른 분리배출 가이드를 만들어 학생들이 올바르게 분리배출을 실천하고, 무엇보다도 가장 좋은 방법은 일회용품 사용을 줄이는 것이라는 점을 안내하게 되었다.

활동 마무리

7차시는 4인 1모둠으로 구성하여 각자 자신의 실천 내용을 공유한다. 각자의 삶에서 어떤 환경 문제를 발견하고, 지속가능한 삶을 위해 어떤 개선 방안을 실천하였는지 나눈다. 학생들이 성찰한 내용을 바탕으로 우리가 앞으로 어떤 삶의 태도를 가져야 할지 이야기한다. 그리고 학생들에게 이 수업의 의도를 알리며 마무리한다.

수업을 나오며

'그럼에도 불구하고'
: 지속가능한 발전을 주제로 환경 수업을 하는 이유

기후변화에 관한 정부 간 협의체IPCC의 제6차 평가보고서에 따르면 "현 수준의 온실가스 배출량을 유지한다면 2030년대 중반에 지구 평균기온이 1.5도 상승할 가능성이 높다."라고 한다. 이는 2018년 인천 송도에서 발표한 '1.5도 특별보고서'보다 10년 앞당겨진 전망이다. 보고서는 "인간의 영향으로 대기, 해양, 육지가 온난화한 것은 자명하며, 이에 따라 폭염, 호우, 가뭄 등 기상 극한 현상이 발생하고 있다."라고 평가한다.

그린피스의 설문조사에 따르면, "기후변화의 원인은 무엇이라고 생각하십니까?"라는 질문에 대해 응답자의 7.8%가 자연변동, 34.4%가 인간활동, 53.5%가 인간활동&자연변동, 4.3%가 잘 모르겠다라고 답변했다고 한다. 그러나 IPCC는 2001년부터 "기후변화는 인간활동 때문이다."라는 결론을 점점 더 확실히 내리고 있다. 우리는 과연 기후변화의 심각성을 제대로 알고 있는 걸까?

최근 환경운동의 중심에는 청소년들이 있다. 그레타 툰베리의 1인 시위로 시작된 이 운동은 전 세계 173개국으로 확산하였다. 청소년들이 나서는 이유는 기후위기가 세대 간 정의의 문제이기도 하기 때문이다.

2000년 이후 태어나는 아이들은 1940~60년대생에 비해 평생 배출할 수 있는 이산화탄소량이 1/6 수준이라고 한다. 기후위기에 대한 대책을 마련할 수 있는 지금의 어른들은 정작 이 문제를 외면 중이기에, 청소년들이 나선 것이다.

그래서 나는 매년 학생들이 생각하고 실천하는 환경 수업을 하고자 한다. 과학자들은 "우리는 기후위기를 인식한 첫 세대이자, 이를 막을 수 있는 마지막 세대"라고 말한다. 개인이 문제를 해결할 수는 없지만, 개인과 개인이 모여 사회를 만들기에. 각자의 자리에서 각자의 방법으로 기후위기를 넘기려 노력하다 보면 언젠가 IPCC의 보고서를 '매우 의미 있었던 경고' 정도로 생각하게 되는 날이 오지 않을까 생각한다. 그래서 내가 선택한 교사로서의 방법은 학생들과 기후위기에 대해 제대로 아는 수업을 진행하는 것이다.

그동안 많은 환경캠페인은 '북극곰을 위해서', '생태계를 위해서', '지구를 위해서' 환경을 보호하자고 강조했다. 마치 내가 아닌 '남'을 위하는 것처럼 말이다. 하지만 실제로 위험한 것은 '지구'가 아니라 '인류'이다. 지구는 인간 없이도 새로운 생물과 생태계로 살아갈 수 있다. 지구가 위험한 것이 아니라 인류가 살 수 없는 환경으로 변하기 때문에 '인류'가 위험한 것이다. 지금껏 해왔던 "지구가 아프다"라는 표현은 마치 인류가 지구의 주인인 것처럼 생각하는 우리의 오만한 표현이다.

그래서 나는 이 수업을 통해 학생들이 환경 문제가 '나'의 문제인 것을 알기를 바란다. 관련 정책과 해결 방안 등을 찾아보고 학교에서 무엇을 할 수 있는지, 더 나아가 일상에서 어떻게 실천할 수 있을지 고민하기를 희망한다. 또한, 학교에서 배우는 것들이 단순한 공부가 아니라 우리 삶과 밀접하게 연결되어 있음을 느끼길 꿈꾼다.

[참 고 문 헌]

- 교육부(2014). 2015 문·이과 통합형 교육과정 총론 주요 사항(시안). 보도자료(2014. 9. 23.).
- 교육부(2021). '2022 개정 교육과정' 총론 주요사항 발표 보도자료(2021. 11. 24.).
- 교육부(2022a). 2022 개정 초·중등학교 교육과정 총론. 교육부 고시 제2022-33호. [별책1].
- 교육부(2022b). 2022 개정 초등학교 교육과정. 교육부 고시 제2022-33호 [별책2].
- 교육부(2022c). 2022 개정 중학교 교육과정. 교육부 고시 제2022-33호 [별책3].
- 김갑수, 민미경(2024). 2022 개정 교육과정에 따른 초등학생 기후변화 교육 영역 분석 - 디지털 및 AI 소양 중심으로 -, 에너지기후변화교육 14(1), 29-42
- 김기대(2015). 생태교육의 내용과 전망. 홀리스틱융합교육연구, 19(1), 1-19.
- 김다원(2021). 기후변화 대응의 관점에서 초등 지리의 기후교육 방향 논의. 한국지리환경교육학회지, 29(2), 1-17.
- 김신애, 방준성, 권희경(2018). 교육 분야 국가디지털전환 기획의 방향성 탐색. 한국교육, 45(4).
- 김용민(2023). 역량 중심 교육과정의 역할에 대한 고찰 -2015 개정 및 2022 개정 교육과정을 중심으로-. 열린교육연구, 31(6), 1-21
- 김현진(2019). 『민주시민육성을 위한 미디어 리터러시 교육 방안 연구. 연구보고 KR 2019-4. 대구: 한국교육학술정보원.
- 노경주(2023). 교사교육과정의 개념적 이해와 개발을 위한 비판적 성찰 교육과정 분권화와 자율화 강화 모색. 시민교육연구, 55(4), 283-316.
- 노철현(2023). 학습자 주체성 개념의 교육학적 의의 일고찰. 통합교육과정연구, 17(4), 83-109.
- 박기락(2024). 기후 행동이 참여자에게 미치는 영향과 고등학교에서 행동 교육이 어려운 이유. 대한지구과학교육학회, 70-85
- 박수아(2024). 인공지능교육 정책에 대한 비판적 담론 분석. 교육사회학연구, 34(2), 165-207.
- 박종서, 전승화, 이윤, 최윤희(2022). 디지털 사회로의 전환과 시민 교육. 글로벌교육연구, 14(3), 5-32.

- 신영준(2021). 기후변화교육 관련 연구 동향 분석 - 에너지기후변화교육학회 학술지를 중심으로 -. 에너지기후변화교육 11(1), 1-12.
- 신영준(2023). 기후변화교육 관련 2022 개정 교육과정 내용 분석. 에너지기후변화교육, 13(1), 23-34.
- 신원섭, 전예름, 신동훈(2020). 2015 개정 초·중등 교육과정에서 기후변화교육내용 분석. 에너지기후변화교육, 10(2), 121-129.
- 안정민, 소금현(2020). 스마트기기를 활용한 기후변화교육 프로그램이 초등학생의 기후변화에 대한 지식, 인식 및 태도에 미치는 영향. 에너지기후변화교육, 10(1), 51-60.
- 안종복, 배영직, 임재일, 정진아, 정나미, 정수현, 이수종 (2021). 생태전환교육 목표 체계 구축 및 성과관리 방안 연구. 서울특별시교육청 교육연구정보원.
- 윤선인(2023). 2022 개정교육과정에 나타난 디지털 교육 개념에 대한 성찰 허욱(Yuk Hui)의 디지털 대상 논의를 중심으로. 교육철학연구, 45(2), 71-100
- 이봉우, 이세연, 조헌국(2021). 기후변화 소양 측정을 위한 기후변화 교육 관련 국제 연구 문헌 분석. 에너지기후변화교육 11(1), 79-94
- 이은경(2020). 국내외 초·중등학교 인공지능 교육과정 분석. 한국컴퓨터교육학회논문지 23(1), 37-44
- 조민환(2023).국민과 함께했던 2022 개정 교육과정. 한국교육개발원 교육정책포럼 기고문
- 조호제, 김남준, 김정숙, 김정윤, 김혜숙, 박은하, 박일수, 백종민, 채은경, 최은아(2023). 개념 기반 교육과정 수업 설계의 이론과 실제. 박영스토리.
- 주은정, 임보라, 고홍규(2023). 학교장의 식물기르기에 대한 교육적 신념으로 촉발된 생태교육의 운영과정과 그 의미. 한국초등교육, 34(4), 381-400
- 채현정(2023). 디지털 기기의 도구성과 행위성을 고찰하기 - 디지털 전환 정책과 학부모 인식의 갈등적 쟁점을 중심으로. 교육인류학연구, 26(4), 45-71.
- 최수진, 이재덕, 김은영, 김혜진, 백남진, 김정민(2017). OECD 교육 2030 참여 연구: 역량 개념틀 타당성 분석 및 역량 개발을 위한 교육체제 탐색. 한국교육개발원 연구보고 RR 2017-18
- 최철훈, 신동훈(2024). 생태교육 프로그램에서 나타난 소그룹 초등학습자의 생태소양 변화. 에너지기후변화교육, 14(2), 85-98.
- 한혜정(2023). 총론과 각론의 연계 관점에서 2015 개정과 2022 개정 각론 개발 지침 비교 분석 및 시사점 고찰. 학습자중심교과교육연구, 23(5) 367-385
- 홍선주, 황요한, 박연정 and 이상민(2024). AI 디지털교과서 도입의 기대와 우려: AI 및 디지털 도구 활용 실태 조사를 기반으로. 언어연구, 40(1), 7-20.

- Fenwick, N., P. Burris & R. Klehm.(2015). Digital Predator Or Digital Prey?: Six BT Transformation Strategies to Energize Your Digital Business. Cambridge: Forrester Research, Inc.
- IDC(2015). IDC Digital Transformation (DX): An Opportunity and an Imperative. adopted from Maturity Scape: Digital Transformation (DX). Document #254721. March 2015.
- IPCC (2021). Climate change 2022: Impacts, adaptation and vulnerability. https://www.ipcc.ch/report/ar6/wg2/
- OECD(2002). Definition and selection of competencies(DeSeCo): Theoretical and conceptual foundations-Strategy paper. OECD Press.
- OECD(2005). The definition and selection of key competencies: Executive summary. Paris: OECD.
- OECD(2019). OECD Future of Education and Skills 2030. Conceptual learning framework. Concept note: OECD Learning Compass 2030
- https://www.oecd.org/en/about/projects/future-of-education-and-skills-2030.html#resources
- U.S. Global Change Research Program(2009). Climate literacy: The essential principles of climate science: A guide for individuals and communities. https://www.climate.gov/teaching/essential-principles-climate-literacy/essential-principles-climate-literacy
- WEF(2016). New Vision for Education: Fostering Social and Emotional Learning through Technology. Prepared in collaboration with The Boston Consulting Group.
- 교육부 고시 제2022-33호 [별책 1](2022년 12월). 초·중등학교 교육과정 총론. https://ncic.re.kr/new/mobile.kri.org4.inventoryList.do
- 교육부 고시 제2022-33호 [별책 4](2022년 12월). 고등학교 교육과정. https://ncic.re.kr/new/mobile.kri.org4.inventoryList.do
- 교육부 고시 제2022-33호 [별책 14](2022년 12월). 영어과 교육과정. https://ncic.re.kr/new/mobile.kri.org4.inventoryList.do
- Erickson, H. L., Lanning, & L. A. & French, R.(2019). 개념기반 교육과정 및 수업: 생각하는 교실을 위한 (온정덕 & 윤지영, 역). 학지사. (원저 출판 2017년)
- 조호제, 김남준, 김정숙, 김정윤, 김혜숙, 박은하, 박일수, 백종민, 채은경 & 최은아.(2023). 개념기반 교육과정 수업 설계의 이론과 실제. ㈜피와이메이트.
- 『사랑 수업』 윤홍균. 심플라이프. 2020.
- 아동 생활 지도. 서울특별시교육청. 2018.

- 교육부(2022b). 2022 개정 교육과정(교육부 고시 제2022-33호). [별책1] 초·중등학교 교육과정 총론
- 교육부(2022c). 2022 개정 교육과정(교육부 고시 제2022-33호). [별책3] 수학과 교육과정
- 온정덕, 김종훈, 박상준, 박수련, 이승미, 정기효, 정소영(2020). 초·중학교 교육과정 구성 방안 연구(발간등록번호 11-1342000-000670-01). 경기도: 경인교육대학교.
- 이승미, 이미숙, 이은경, 이수정, 강현석, 설규주, 박정유, 임용덕, 장경환, 최성이, 김영아, 임성은(2021). 2022 개정 초·중학교 교육과정 개선 연구. 한국교육과정평가원 연구보고서 연구보고 CRC 2021-18. 충청북도: 한국교육과정평가원.
- 박수민(2023). 교육과정에서 기초소양으로써 수리 소양에 관한 연구. 한국수학교육학회지 시리즈 E 수학교육 논문집 Vol.37 No.3. p.349-368. 서울: 한국수학교육학회.

2022 개정 교육과정과
깊이 있는 수업

초판 1쇄 발행 2025년 2월 25일

지은이 배움의 숲 나무학교
_백순우 오서현 조혜진 최은정 정다정 양철웅 김진권 신경훈 이광현
김선명 박준일 권은미 조미경 강장현 황윤상 김준수 문진아

발행인 김병주
편집위원회 방나희 김춘성 한민호
디자인 정진주 **마케팅** 진영숙
에듀니티교육연구소 이문주 백헌탁

펴낸 곳 (주)에듀니티
도서문의 1644-5798
일원화 구입처 031-407-6368 (주)태양서적
등록 2009년 1월 6일 제300-2011-51호
주소 서울특별시 중구 남대문로 117, 동아빌딩 11층
출판 이메일 book@eduniety.net
홈페이지 www.eduniety.net
페이스북 www.facebook.com/eduniety
인스타그램 www.instagram.com/eduniety/
www.instagram.com/eduniety_books/
포스트 post.naver.com/eduniety

문의하기

투고안내

ISBN 979-11-6425-175-9

값은 뒤표지에 있습니다.

- 이 책은 저작권법에 따라 한국 내에서 보호를 받는 저작물이므로 무단 전재 및 복제를 금합니다.
- 잘못된 책은 구입한 곳에서 바꿔드립니다.